税理士のための租税法講座

紛争予防税法学

増田英敏 著

TKC出版

はしがき

本書は、第一線で活躍される税理士および税理士事務所の職員の方々を主な読者対象としている。

税理士・公認会計士向けの月刊誌『ＴＫＣ』に五年間にわたって、隔月掲載した同名シリーズの連載原稿が本書の中核になっている。同連載は、『租税正義』を根底に据えた租税法の基礎理論を平易に解説する、「租税法講座」の執筆を編集部から依頼されたことによる。会計事務所経営の要諦は、『租税正義』の理念を中核にしたブレることのない職務の遂行により、紛争を予防することにあると確信する。

税理士実務における紛争予防は、租税法律主義を基本に据えたリーガルマインドの構築にあるという点に尽きる。すなわち、租税法律主義は予測可能性と法的安定性を納税者に付与する租税法の基本原理であるから、税理士実務の基本に、「税法のとおりに」という租税法律主義に基づく法的思考を構築することにより、租税法上の法的紛争を予防することも可能になるはずである。租税法律主義を税理士実務に展開することこそが紛争予防に直結するのである。本書のコンセプトは、この紛争予防のための租税法学の理論構築にある。

法的ではなく主観的判断は、状況によりブレることは必然といえよう。一方、法的判断は、クライアントにその判断の根拠を明示できるばかりでなく、税務調査時にも調査官を説得する唯一の根拠となり得る。なぜならば、税務行政を担う調査官も租税法律主義の支配の下に置かれているからである。

徴税額を極大化したい国家と、納税額を最小化したい納税者の間には鋭い対立・紛争が生じるのは不可避である。

しかし、その紛争は、租税法の適正な解釈・適用のあり方を両者が真摯に探究することにより回避されるはずである。国家も納税者も租税法律主義を尊重することにより、両者の紛争は予防できるのである。

本書の「紛争予防」とは、調査官による修正申告の勧奨に安易に応じることを意味するのではない。修正申告の勧奨に安易に応じれば、結果として依頼者である納税者から損害賠償の請求を求められかねない。租税正義の理念を忘れた安易な妥協は納税者との紛争を誘発する。

本書における紛争予防は、確固たるリーガルマインドに立脚した法的判断を常に導出することによる「租税正義」を根底にした紛争予防である。

本書の書名を『紛争予防税法学』とした所以は、税理士がクライアントの信頼を勝ち得る不可欠な要素は、紛争の予防にあり、それが税理士の職務と責任の中核となり、税理士事務所の発展の要諦と考えたからである。

複雑な経済取引を対象とする租税法の解釈・適用には困難さを伴う。その困難さゆえに「紛争」を誘発しやすい。ここで紛争とは、税務調査に象徴される課税庁との見解の相違によって生じる課税庁との紛争と、クライアントに対する税理士の職務と責任をめぐる紛争をも含む。

税務調査における課税庁との紛争は、租税法の解釈・適用の適正性が争点とされるのであるから、適正な租税法の解釈・適用とは何かを事前にしっかり学び、的確な処方箋を構築することがまさに紛争予防に直結する。

課税庁の見解に迎合することを意味しない紛争予防は、同時にクライアントからの批判も回避できる。権力におもねることなく、「租税正義の実現」という租税法の目的のとおりに租税法を解釈・適用し、その結果として、クライアントの信頼と幸福を獲得していくことこそが、税理士の使命といえよう。

本書の内容は、「租税正義」の理念を中心に据えた租税法における紛争予防のための理論である。具体的には、税理士の職務と責任、租税法を学ぶ意義、租税法律主義と租税公平主義、税務調査における紛争予防、個人所得課税における紛争予防、法人所得課税における紛争予防、相続税における紛争予防などについて基礎理論と実務を踏まえた内容を取り上げた。このほか税理士が取り組む、巡回監査や税理士法三三条の二による書面添付などの租税法上の意義も明らかにした。

思えば、筆者の恩師である松沢智先生には、常々、租税法研究の根底に「租税正義」を据えるべきであると指導していただいた。

その松沢智先生が、ＴＫＣ全国会の創設者の飯塚毅先生との対談を契機に、飯塚毅先生が「租税正義」の実現を全国の税理士の方々に啓蒙されている事実と、その哲学を知ることとなり、感嘆されていたお姿が昨日のことのように思い出される。

一九九二（平成四）年八月の第一回租税資料館賞授賞式で、飯塚毅先生から、筆者の研究に対して温かい激励をいただいたことに奇しき縁を感じる。その激励は、光栄なことであり、筆者のその後の研究生活の大きな励みになったことはいうまでもない。

このお二人との出会いは筆者にとって大変な幸運であった。

お二人の「租税正義」に対する崇高な志を受け止めることができているか否かは、心もとないが、筆者なりに自身の研究に今後も常に問いかけていく覚悟である。

本書を、恩師松沢智先生と飯塚毅先生に捧げることをお許しいただきたい。

なお、ＴＫＣ全国会会員の中川俊治先生には専修大学と筆者の研究室に毎年、研究助成をいただいている。そして、松沢智先生の創設された桜税会を母体とする租税法務学会の会員税理士の方々には、毎月の定例研究会にて、実務家の視点から有益なご教示をいただいてきた。ここにお礼申し上げる。

また、勤務先である専修大学には、昨年四月より一年間、サバティカルをいただき研究に専念する機会を与えていただいた。このサバティカルにより本書をまとめることもできた。専修大学と同僚に感謝したい。

最後になるが、ＴＫＣ出版の石野清専務取締役をはじめ編集部の方々、とりわけ篠原いづみさんに一方ならぬお世話になった。

私事にわたり、恐縮であるが、筆者の研究をあたたかく見守ってくれる家族（妻の貴子、娘の美佳子・由佳子）にも感謝する。

本書が実務の最前線で活躍される方々の一助になれば、これ以上の喜びはない。

二〇一五年三月

ハワイ・イリカイホテルにて

増田　英敏

目次

凡例

◆本書で引用・参照している判例集・判例評釈書誌の略称

(1) 裁判所等の公的刊行物
行集（行裁例集）＝行政事件裁判例集（法曹会）
高民＝高等裁判所民事判例集（判例調査会）
裁時＝裁判所時報（法曹会、最高裁事務総局編）
裁判集民＝最高裁判所裁判集民事
刑集＝最高裁判所刑事判例集（判例調査会）
民集＝最高裁判所民事判例集（判例調査会）

(2) その他の官庁刊行物
訟月＝訟務月報（法務省訟務局）
税資＝税務訴訟資料（国税庁）

(3) 一般刊行物
判時＝判例時報（判例時報社）
判タ＝判例タイムズ（判例タイムズ社）
ジュリ＝ジュリスト（有斐閣）

序章　リーガルマインドと紛争予防

一　はじめに

紛争予防は確かな理念と理論、そして、スキルにより構成される。その理念とは**租税正義**であり、理論は**租税法律主義と租税公平主義**である。そこで、理念と理論を税理士実務に展開していくためのスキルであるリーガルマインドについて平易に解説しよう。

スキルは実務の中において練成される。しかし、何がスキルとして重要なのかを意識して実務を展開しなければ身につくものではない。その意味では税理士自身の自覚がなければ、十年、二十年の実務経験を経てもリーガルマインドは自分のものにはならない。つまり、何が租税正義を実践に移すうえで必要なスキルなのかを考え、意識して熟練しなければ税理士の力量は確かなものにならないのである。

関与先数を増やせば会計事務所は発展するという時代は過ぎ去った。現在は本物志向の時代ともいえる。資格により保護された時代も昔のことである。頼るべきは確かな税理士としての実力である。本物志向の時代の要請に税理士がいかに応えていけるか。確かなスキルとしてのリーガルマインドの要請に税理士の成功のカギはあるといっても過言ではない。リーガルマインドは次に述べるように問題解決の思考法であるから汎用性は高い。

この論理的な考え方は経営指導や租税以外の他の税理士の職務にも展開できる能力である。

二　リーガルマインドとは？

私たちは学校教育の始まりの小学校時代からよく暗記の訓練を受けてきた。勉強することは暗記することと思い違いするほど、暗記を学生時代から強いられてきた。暗記力がある者が学生時代の成績が優れていると評価された。税理士試験も例外ではない。演習問題の模範解答を丸暗記して試験に臨むことが合格への近道とされる。このように暗記教育の洗礼を受けた私たちは、自分の頭で考える習慣をつける機会を逸してきたといってよい。

ところで、リーガルマインドとは法的思考と訳すことができるが、その意義は端的にいうと暗記ではなく自分の頭で考えることにある。それも法的に考えることである。

租税法を学ぶ意義は、この自分の頭で法的に考える力を養うことにある。すなわち、**「物事を法的に筋道を立てて考え的確に判断する能力を養い、法的なものの考え方、いわゆるリーガル・マインド（Legal Mind）を身につけること」**注(1)が、税理士が租税法を学ぶ目的である。

税理士に求められる能力は時代とともに変遷してきている。一昔前の税理士には美しい会計帳簿を作成する能力（数字の美しさも含め）や、計算の正確性とスピードが求められた。ところが、それらの能力はコンピュータの出現により大きな価値を持たなくなった。たとえば、所得税の確定申告書も国税庁のサイトに接続するだけで、いとも簡単に美しい申告書が作成できるようになってしまった。

そうすると、現在の税理士に求められる能力は何か。それは、暗記や計算力とは異質の、まさに問題解決のための分析・判断能力であるといえる。経営上のアドバイスには、顧問会社の経営上、何が問題かを洞察し、その問題を排除し、未来を拓くための手法を提案する能力が不可欠である。

税理士の本来業務である税務代理業務では租税法の解釈・適用上の事柄が問題となる。たとえば、節税戦略はクライアントには大きな関心事である。節税をするうえで何が問題であるかを突き止め、その問題を整理し、クライアントに提案する。事業承継と課税問題を論じる場合にも、税法体系を踏まえたうえで問題点を整理し、早い段階から法的に判断を加え、対処する戦略が必要となる。すなわち、税理士に**「物事を法的に筋道を立てて考え的確に判断する能力」**が今ほど求められる時代はかつてなかったともいえる。

この時代の要請に応えるために、「法的に」筋道を立てて考え、判断する能力とは具体的に何かを、税理士自らが理解する必要がある。なぜ「法的に」判断する能力が重要かといえば、税理士の実務は租税法律主義により支配されているからである。絶大なる権力を保持する課税当局に対して、税理士のポジションは法律により強固にされているのであるから、税理士実務を法の支配の下に置くことが不可欠である。そこに「法的に」判断することの重要性があるのである。**この法的に判断する能力がリーガルマインドなのである。**

また、このリーガルマインドは天賦のものではなく、スキル（技術）であるから訓練すれば身につくものであることを忘れてはならない。

三　法的に考え、判断するとは？——それは法的三段論法の考え方

リーガルマインドは法的に考え、判断する能力ということができる。では法的に考えるとは、具体的にはいかに

考えることなのかを次の事例により確認しよう。

甲弁護士は神保町駅前のビルの一室で法律事務所を十年前に開業した。業務は順調に拡大し、顧問先数も一〇〇社を超え、平成二十一年の年収も五〇〇〇万円を超す勢いであった。そこで、開業時よりこれまで事業所得として青色申告してきたが、給与所得控除を利用した節税を思いついた。そこで、その節税策として、今年は一〇〇社のうち五〇社の社長と相談のうえ雇用契約を締結し、顧問料収入合計八〇〇万円を給与所得として申告することにした。顧問料は毎月二十五日に指定口座に定期的に振り込んでもらい、その都度給与明細書を受領し、源泉徴収をしてもらうことにした。また、各社には自分用の机を用意し、さらに、毎月二回は約四時間その会社で社長の相談や従業員の雇用上の法的問題について助言をするなどの執務をこなした。

この甲弁護士から乙税理士が、このような収入を事業所得から給与所得に変更するというスキームを構築することにより節税が可能であるか否かの相談を受けたとする。

甲弁護士の相談に対する回答は単純化すると、肯定する場合と否定する場合で二通りの回答が想定できる。さらに肯定する場合にも法的に考えて肯定する場合と、そうではない場合の二通り、否定の場合も二通り考えられる。すなわち、合計四通りの回答方法が考えられる。

ここでは、否定する場合を取り上げる。第一の回答法は、常識を働かせるか、もしくはフィーリングで考える方法である。すなわち、従来事業所得で申告していたものを、雇用契約書を作成し、机を置いたからといって給与所得に所得区分することは形式的に過ぎる。よって税務調査で否認されるからその節税策は失敗すると回答する。

一方、法的回答法とは、所得税法二八条が「給与所得とは、俸給、給料、賃金、歳費及び賞与並びにこれらの性質を有する給与に係る所得をいう（所税二八条一項）。」と定めていることを根拠として判断する方法である。この定義規定の解釈から導かれた給与の性質を有する所得か否かの実質的な判断基準を最高裁判例等の判例から導出する。すなわち、①雇用又はこれに類する原因に基づいて、②雇用者の指揮命令に属して、③非独立的に提供する労務の対価で、退職に伴う一時支給金を除いたものである注(2)か否かの三要件を、前記の事実にあてはめて判断する方法である。

そうすると、①の雇用関係の有無は、契約書の存在により一応充足、②の指揮命令の存否も事例によれば社長の求めに応じて役務提供していると見ることができるので充足、しかし、③の非独立的に提供する労務の対価か、というと神保町の駅前に事務所を有し、弁護士という独立した立場で役務提供をしているのだから第三の要件を充足していない。よって、給与所得には該当しない、との結論を導き出すことができる。これが法的に考え判断する方法である。このような法規定を根拠に法律要件を導出し、事実にあてはめ筋道を立てて判断することをリーガルマインドと理解できる。

この**リーガルマインドとは法的三段論法の思考形式**といえよう。この事例で示したとおり、法的三段論法とは、①いかなる事実が存在しているのかという**事実認定**に始まり（小前提）、②該当する個別実定税法の条文から抽出された**課税要件**（ここでは、いわゆる納税義務者等の課税要件ではなく法律要件としての課税要件を意味する。以下同意義として用いる。）（大前提）を、③**認定された要件事実（要件に対応する事実）にあてはめること**である。

この三段論法を用いて実務上の問題を整理する考え方がまさにリーガルマインドなのである。

したがって、実務上の問題点を、①**の事実認定の問題か**、②**の課税要件の導出をめぐる租税法解釈の問題か**、**もしくは**③**の要件事実への要件のあてはめの問題か**の、いわゆる法的三段論法を構成する三つのステージのいずれに属するかを整理する能力もしくは技術が、リーガルマインドの中身ということができる。

四　税理士の足腰はリーガルマインドにより強くなる！

税理士の力量は税務調査で発揮されるといわれる。税務調査は納税者の申告の適否をチェックし、課税処分のための情報、もしくは証拠を収集する行政作用である。したがって、税理士の力量は税務調査の立会いの場面で如実に表れる。税理士が税務調査の立会いにおいてリーガルマインドを発揮することは、税務調査を法の支配の下に置くことを意味する。その意味を具体的に確認し、税務調査でリーガルマインドがいかに大きな力を持つかを以下で具体的に理解しよう。

筆者は拙著『リーガルマインド租税法（第四版）』一八三頁以下（成文堂、二〇一三年）において、次のように税務調査とリーガルマインドについて述べた。

「ここに頭のめっぽうきれる税理士X（以下、Xという。）がいる。彼の顧問先のW社に税務調査があった。Xは顧問税理士としてその調査に立ち会うことになった。担当調査官Y（以下、Yという。）は、若いが所管税務署内でも論客との評判が高い。このYが調査過程でW社の税務処理について否認するとし、修正申告を慫慂《しょうよう》した。この見解に対してXは論理的と思われる反論をした。ここでは、両者の主張は論理的に筋が通ってはいるようであるが法的主張とは言えないことを前提としておく。

そうすると、両者とも理論家として自己の主張を延々と続けるが平行線をたどることになり、ついには感情的にも引くに引けない状況に陥る。一般的にこの種の対立は、主張する側の背景にある力の大きさにより勝敗が決せられることになるから、Xは不利な立場に追い込まれる。すなわち強大な組織を背景とする課税当局側のY調査官の主張が議論を制することになる。

この場合にXが活路を見出すためには、この議論を法の支配のもとに置くことが有用である。そもそも、法の目的である正義の意義は、強者が弱者を理不尽に支配していくことを阻止し、両者の関係を公平かつ対等に保つことにある。そうすると、税法はXがYと対等な立場で自己の主張を展開していくための唯一の土台ともいえる。さらには、租税法律主義の下では、Xの申告の正当性は税法により論証する以外に立証できない。」

すなわち、税務調査においては調査官が優位な立場に立つのは当然である。それは、わが国における税務調査規定は質問検査権を授権するのみで、手続規定がないに等しく、納税者の権利保護の視点からすると相当に遅れている[注(3)]。先進諸国との比較においても手続の未整備は歴然としている。したがって、手続規定の不完全さゆえに調査官の裁量を広く認めているのが現状である。さらに、調査官は国家という巨大な権力を背景にして調査権を行使する。

不完全な調査手続の下で調査立会いをする税理士の防御法は何か。それは税法のとおりに申告したことをリーガルマインドにより論証することこそが最強の防御法といえよう。

調査過程において税理士に力を与えるのは租税法律主義の存在である。税務調査では、納税者の申告の適法性が争点とされるのである。申告の適法性は、まさに法的三段論法により明確に論証する以外にない。

すなわち、**①事実認定、②課税要件、③課税要件の事実へのあてはめ**、のそれぞれの段階で適正性が担保されることにより、適法な申告であることが法的に論証されるのである。

租税法律主義の原則の下では、税理士は①から③のすべての段階で適正性を確保したことを論証することにより申告の正当性が説得力を持つ。そこにはネゴシエーションの余地はないはずである。

紛争予防は調査の段階では遅きに失するのであり、申告の準備段階（巡回監査）注(4)が重要となる。リーガルマインドを前提にした巡回監査の実施により正確な事実認定が可能となり、紛争予防が実現する。

注(1)　佐藤幸治他『法律学入門』（有斐閣、一九九四年）二一四頁。

注(2)　最判昭和五十六年四月二十四日『民集』三五巻三号六七二頁。

注(3)　増田英敏『納税者の権利保護の法理』（成文堂、一九九七年）。なお、平成二十三年の国税通則法の改正により、税務調査手続は、事前通知要件など法整備された。

注(4)　この巡回監査については、本書七六頁「第四章の八」で詳述しているのでまず参照されたい。巡回監査という用語を本書では用いるので、ここでその意義を確認しておく。巡回監査とは、ＴＫＣ全国会の創設者の飯塚毅博士が、「Field Audit」の訳語として紹介された用語をいう。その内容は、税理士や公認会計士が顧問先を毎月訪問し、会計資料ならびに会計帳簿等の適法性、正確性および適時性を検証し、不備があれば是正し、指導することを意味する。税理士法三三条の二が定める書面添付制度と一体となって、税理士の職務の高度な履行に寄与し、税理士の社会的信頼性確保の必須要件に位置づけられる業務と評価できる。

第一章　税理士の職務と責任

一　はじめに

昨今の経済情勢や政治状況は、すべての分野で本物かどうかが厳しく問われる時代に突入したことを我々に実感させる。苦境にあえぐ企業もある一方で、好業績をあげ、攻めの経営を展開している企業もある。

品質の良いものをリーズナブルな価格で消費者に提供する。商人としては当たり前のことであるが、その当たり前のことができているかどうかが問われているのが昨今の状況といえる。勝ち組か負け組かの選別の唯一の基準は、社会的ニーズに真摯に対応しているか否かであり、極めてシンプルな基準である。上げ底もブランドに胡坐をかくことも許されない。正真正銘の本物を社会に提供しているかどうかが問われているのである。本物を提供した者が必然的に勝ち残り、勝ち組の地位を確立したままでのことである。

それは物の販売だけにとどまらない。サービスの提供にもあてはまる。国民のニーズに応え、本物のサービスを提供している者は生き残り、そうでなければ淘汰される。税理士や弁護士といった士業にもこの原理はあてはまる。規制緩和の流れはこの淘汰のスピードをさらに加速させている。最難関の弁護士資格を取得しても安泰とはいえない。税理士も同様で、国家資格であることに胡坐をかける時代は過ぎ去ったといえよう。

本章では、社会的ニーズに対応した本物の税理士の要件と租税法を学ぶ意義をリンクさせて検討する。検討のツールとして**「プロフェッションとしての税理士」**をキーワードにする。読者の皆さんと、本物の税理士として勝ち組の地位を確保するための要件を租税法の視点から再考できればというのが本章のテーマである。

二　税理士法一条の税理士の使命——申告納税制度の担い手が税理士

税理士法一条は、**「税理士は、税務に関する専門家として、独立した公正な立場において、申告納税制度の理念にそつて、納税義務者の信頼にこたえ、租税に関する法令に規定された納税義務の適正な実現を図ることを使命とする」**と定め、税理士の使命を誇り高く宣言している。

松沢智『税理士の職務と責任（新版）』（中央経済社、一九九一年）注(1)は、この税理士法一条の各文言の意味を次のように明確にされている。

すなわち、「『税務に関する専門家として』とは、税理士が独占的業務の主宰者として（納税義務者の）納税義務の実現を図る職務の内容を意味し、『独立した公正な立場において』とは、（納税義務者の）納税義務の実現を図るための税理士の地位を明らかにし、『申告納税制度の理念にそって』とは、（納税義務者の）納税義務の実現を図るための目的を意味し、『納税義務者の信頼にこたえ』とは、（納税義務者の）納税義務の実現を図るための責務ないし心構えを意味する。そして、右の納税義務も、法令に規定されたものに限って、それを適正に実現することにある。これらの用語は、要するにいずれも、同条後段の、納税義務の実現を図るための修飾語であるからである。

すなわち、税理士はこのような職務の内容、地位、目的、責務ないし心構えをもった重大な使命を負っているということを宣言したのが、第一条の趣旨なのである。」注(2)と同条の構造を踏まえた各文言の意義を明確にされた。松沢『職務と責任』では、「税務に関する専門家として」を職務内容とされているが、筆者はこの文言を、税理士が税務に関する「プロフェッション」であることを大前提に、その使命を明確化したことにとりわけ注目すべきであると考える。そして、この「専門家として」の文言は、プロフェッションとしての税理士と解して、次のすべての文言にかかる同条の中核になる文言であると理解すべきであると考える。

プロフェッションとしての税理士の使命を定めたのが税理士法一条の趣旨である。そうすると同条は、「**独立した公正な立場で**」とは「**税理士の地位**」（クライアントや租税行政庁との関係性）を、「**申告納税制度の理念にそって**」とは税理士制度の創設目的が憲法の基本原理である国民主権に適合する納税制度である「**申告納税制度のサポート**」をすることを、「**（租税法に規定された）納税義務の適正な実現を図る**」とは「**税理士の職務と責任の範囲**」を明確に定め、税理士がプロフェッションとして、その使命を果たしていくべきことを宣言したものであると解することができる。

プロフェッションとしての税理士の地位、目的、そして、職務と責任を集約して定めたのが税理士法一条であることを、まずここに明確に理解しておくべきである。

三　プロフェッションとしての税理士

この「専門家として」とは、いわゆる「プロフェッション」としての税理士を意味する。

プロフェッションとは、「**学識**（**科学または高度の知識**）**に裏づけられ**、それ自身一定の基礎理論をもった**特殊な技能**を、特殊な教育または訓練によって習得し、それに基づいて、不特定多数の市民の中から任意に呈示された個々の依頼者の具体的要求に応じて、具体的奉仕活動をおこない、よって**社会全体の利益のために尽くす職業**である。」注(3)と定義されている。

プロフェッションとして社会的に承認されるためには、①個人的存在ではなく社会的集団として活動し、集団として承認されること、そして、②その集団は、その技能の教育、訓練、維持、向上のための責任を負い、③その集団は、その個々の構成員であるプロフェッションの行動を規制し、懲戒を加える自己規律を加える団体であるという点にその特徴を持つとされる注(4)。

税理士が、この定義におけるプロフェッションに該当する職業であることに疑念の生ずる余地はない。プロフェッションとしての税理士は、第一に、税理士が基礎理論に裏打ちされた高度な税法の知識を有すること、第二に、依頼者の要請に応じて主として税務代理業務を行うこと、第三に、申告納税制度をサポートすること、は結果として日本の国家社会全体の利益に尽くすことになる。そして、税理士は税理士会という団体を構成し、その技能の向上に努め、職業倫理を高めるために精力的に取り組んでいる。まさに前述したプロフェッションの定義に該当する職務を遂行する専門的職業が税理士であるということができる。

プロフェッションとして社会的に承認された高い地位を得る不可欠の要件が、学識に裏打ちされた**基礎理論**と**専門的技能**を保持し、その技能を常に向上させる努力が実質的に図られていることにあることは必然といえよう。

それでは、税理士がプロフェッションとして社会的に承認される前提としての専門的技能とは何かといえば、税法の法律専門家としての税法の解釈・適用能力であることは税理士法が定めるとおりである。ここに税理士に対する社会的ニーズも凝縮される。

そうであれば、税理士が租税法を学ぶことは、社会がいかに流動化しようとも、先人が営々と築いてきた専門家としてのプロフェッションの地位を不動のものとする唯一の方途といえる。**「税理士よ法律家たれ」**という言葉の趣旨は、税理士が社会的にプロフェッションとしての地位を確固たるものにしていくための前提条件を明確にしたところにある。

四　「紛争予防税法学」は本物のプロフェッションとしての税理士に不可欠

前述のプロフェッションの定義によれば、**「一定の基礎理論をもった特殊な技能を、特殊な教育または訓練によって習得し」**その技能を駆使してクライアントの要請に応じることがプロフェッションには求められるのであるといえる。

科学的な基礎理論とその基礎理論に裏付けられた技術すなわちスキルの存在が、プロフェッションとしての税理士に求められることが確認できよう。税理士に対する社会的ニーズは税法の法律専門家として、税法の解釈・適用能力を駆使して、税理士法第一条の使命を果たしていくことにある。申告納税制度は、税理士の存在を前提に構築されているといっても過言ではない。

税法の法律家に不可欠な基礎理論とは、租税法の基礎理論である。そして、技術、技能とは、税法を適正に解釈・適用していくための法的思考、すなわちリーガルマインドである。

ところで、基礎理論とその理論に裏付けられた技術はプロフェッションとしての税理士に不可欠であるが、一方で、この両者は筆者の提唱する紛争予防税法学の研究対象と一致する。

その点を述べた「『紛争予防税法学』のすすめ」と題する小論のエッセンス部分を引用する。

「……私が現在構想している紛争を未然に予防するための税法学を『紛争予防税法学』と初めてここに呼称することにする。

以下では、この『紛争予防税法学』の構造を簡潔に紹介しておこう。**『紛争予防税法学』**は**『理念』『理論』**、そして、**『スキル**（**技術**）**』**の**三位一体**により構成される。その内容と関係性は次のとおりである。

第一は、紛争予防には、ぶれることのない**理念**ないし**哲学**が不可欠である。紛争を誘発するのは恣意性や人間の理性を邪魔する欲望であるから、その人間の本性を乗り越えることができる崇高な理念として**『租税正義』**を位置づける。

第二は、理念を実践に結び付けるには理論が必要である。『租税正義』という理念だけでは、租税法実務との距離が遠すぎて、実践にその理念を展開することができない。そこで、理論として、租税法の基本原則である**『租税公平主義』**と**『租税法律主義』**が不可欠である。公平は正義の構成要素であり、正義は法に適合しているか否かにより検証されるのであるから、**租税法律主義は、まさに租税正義を実現させるうえでの理論上の原動力となる。**

第三は、理論を実践に展開していくには**スキル**（**技術**）が必要である。そのスキルが**リーガルマインド**（**法的思考**）である。租税法実務は、①**事実認定**（**小前提**）に始まり、②**租税法の解釈**（**大前提**）を経て、③**その租税法の事実へのあてはめ**、という三段論法を多かれ少なかれ採用している。その際に、いかなる実務上の問題も、法的に筋道を立てて考え、結論を導き出すという、リーガルマインドを身につけることが不可欠である。

税理士が、崇高な理念、強固な理論、そして、着実な技術に裏付けられた実践によって租税法実務を遂行するな

らば、紛争は確実に予防できるはずであり、その結果、クライアントの信頼を獲得できると確信する。（以下略）」注(5)

国家と納税者の租税をめぐる関係は鋭角的な利害対立関係にある。納税額最大化を望む租税行政庁と、最少額を望む納税者の関係は利害対立関係にあるといえる。利害が相反する立場にある両者間には租税法の解釈・適用をめぐり紛争はつきものであるといってよい。

この紛争を予防するためには、税法の基礎理論に裏付けられた租税法の解釈・適用上の技術が不可欠であるとともに、理論と、その根底には専門家としての理念が必要である。その理念がまさに**租税正義**であると説いたものである。

紛争予防税法学は、税理士がクライアントからプロフェッションとして高く評価され、信頼されるうえでも不可欠であることをここに確認しておこう。

五　プロフェッションとしての税理士の要件

プロフェッションとしての税理士とは本物の税理士ともいえる。本物の税理士には、租税法の知識はもちろんであるが、会計の知識も不可欠である。ただ、ここで誤解してはならないのは、プロフェッションの技能とは知識そのものを意味しているのではないという点である。

租税法や会計の知識を問題解決のツールとして使いこなすスキル（技能＝思考法）が求められているということである。プロフェッションに求められるスキルは、問題解決能力であり、判断能力である。実務上の問題が生じた場合に、いかなる考え方に基づいてその問題を、筋道を立てて解決できるのかという、思考法がここでいうスキルなのである。

租税法実務は、租税法の解釈・適用過程であるから、その過程で生じた問題は法的筋道を立てて解決すべきである。その解決のための法的思考、すなわちリーガルマインドは租税法の基礎理論を理解することなしに身につけることはできない。

六　租税正義の理念と税理士の独立性

松沢『職務と責任』の「序にかえて」において、税理士の職務と使命について次のように述べておられる。すなわち、税理士は「税務署長と納税者のいずれにも偏せず、『租税正義』を貫こうとするものである。『税理士は誰のためにあるか』といえば、委嘱者たる納税者のために行動すべきではあるが、しかし、委嘱者ともある程度の間隔を置いて、良心に従い客観的に物事を判断し、『租税正義』を基礎に、租税法を法律としての視点から正しく解釈し、納税者をして適正な納税義務を実現させることに『税理士』の使命がある。」注(6)ことを明確にされた。「税理士が誰のためにあるか」といえば、委嘱者である納税者のためにあることは当然であるとしている。しかし、納税者のためにあるから納税者の言いなりになって職務を遂行せよということを、それは意味しないのである。なぜなら、税理士は「租税正義の実現」をその使命とするのであるから、税務署長の立場や委嘱者であるクライアントの立場のいずれにも傾斜せず、租税法の立法目的である「租税正義の実現」に、その職務を賭すべきであると述べられているのである。

税理士の職務を「租税正義の実現」と結び付けないと、クライアントからの節税という名の租税回避や、節税という名の脱税の求めに税理士が断固たる態度で対応できなくなる。ただ税金を安くすることを求める納税者に対して、是々非々の態度を貫くためには、税理士の職務の何たるかを税理士自身が明確に自覚しておかなければならない。税理士が単なる記帳代行人であるという認識では、税負担の減少を強引に求めるクライアントに抗しきれなくなる。

税理士とクライアントとの関係を松沢教授は、税理士は、「委嘱者ともある程度の間隔を置いて」職務遂行に当たるべきであるとされている。クライアントと一定の距離を置かないと、客観的に物事を判断できなくなるのは当然といえるからである。税理士の使命は、「良心に従い客観的に物事を判断し、『租税正義』を基礎に、租税法を法律としての視点から正しく解釈し、納税者をして適正な納税義務を実現させること」にあるから、恣意性が納税申告に入ることは、断じて避けねばならない。納税申告に恣意性が入ると税理士の職務は歪められる結果を招く。

税理士の職務遂行における恣意性の排除のために何が必要か。その答えは、「租税正義」の理念に他ならない。**「租税正義」の理念は、租税法を正しく解釈し、適正な事実認定を確立し、その認定された事実に法をあてはめる際の恣意性の介入を排除するための防波堤になる。**これが税理士の職務遂行上の最も重要な点といえる。

租税法の目的は、租税正義の実現にあるのだから、租税法の解釈・適用を適正に行うことは、とりもなおさず租税法の立法目的を実現させることである。法律専門家である税理士の職務が、租税法の立法目的である租税正義の実現にあると考えるのは論理的にも当然の帰結といえよう。

それではなぜ、当然であることをことさらに理念として強調すべきなのであろうか。この点は税理士の職務を確認する上できわめて重要なポイントといえよう。租税正義の理念は、次のような問題を生じた場合に大きな力を発揮する。

七　不正行為の発見と税理士の対処法

(1) 是正の助言義務の履行（税理士法四一条の三）

納税モラルの高いクライアントであれば、税理士は通常の専門家としての責任を果たせばよい。ところが実際の実務の場面では、納税モラルの高い納税者ばかりがクライアントになるとは限らない。むしろ、昨今の政治状況や税金の無駄遣い報道等を反映して、納税者の納税モラルは低下しているといってよい。いかにして税金を安くするか、もしくは税金を安くするための工作を図る納税者も少なからず存在する。

このような状況下で、もしクライアントへの巡回監査において税理士が不正行為を発見した場合にいかに対応すべきか。巡回監査により、必要経費の水増しのための明らかに不正な領収証の存在等の不正行為を税理士が発見したとしよう。このような場合を想定した税理士のあり方を松沢『職務と責任』では次のように整理されている。

まず、「委嘱者に不正行為が判明すれば、法は税理士に対し『是正助言の義務』（税理士法四一条の三）を命ずることによって、納税義務の適正な実現をさせ、もって申告納税制度の実を挙げさせる。（略）委任を受けた税理士も、委嘱者をして誠実に法的責任を履行させるべき委任の趣旨に従い職務を行う義務がある。したがって、委任契約をした税理士としては、委嘱者に不正行為の存在を発見すれば、右の委任の趣旨に従い、是正助言の義務のあることは、委任契約の内容として当然に包含している。」注(7)と述べて、税理士法の命ずるところにより、是正の助言をすべきであり、税理士とクライアントの法的関係である委任契約の内容として、是正の助言は、税理士の当然の義務であるとされる。

(2) 是正助言の拒否の場合の税理士の対応法 ——税理士法三六条「脱税相談等の禁止」規定への抵触を回避

税理士の是正助言をクライアントが拒否し、それに従わない場合には、税理士はどう対処すべきか。この問題も税理士にとっては不可避の問題といえよう。この点について、松沢『職務と責任』は次のように対処法を明確にされている。

すなわち、①「委嘱者の不正行為が存在していることが判明し、委嘱者に是正助言をしても同人に是正の意思がなく、かえってそのまま継続して記帳代行や税務書類の作成を求められたときは、税理士としてどのように対処したらよいのであろうか。若し、爾後、依然として税理士業務を継続すれば、今後は法第三六条、四五条の脱税相談の禁止規定に該当し、懲戒処分や刑事罰の対象となるおそれがある。税理士が脱税に関与し、共同正犯となるようなことは税理士法の全く予想しないところである。そこで、このような場合には、受任者である税理士と委嘱者との間に信頼関係を失わしめる事由が発生した相当の事由があるとみて、税理士業務の委任契約を一方的に解除できるし、その結果、懲戒処分や刑事罰の責を免れ得る。」注(8)として、クライアントに是正の意思なきときは委任契約を一方的に解除できるのであり、解除することにより税理士自身は懲戒処分や刑事罰から免除されることを明らかにしている。

さらには、②「余りに信頼関係を失わしめる程の多額の不正行為が判明した場合には、委嘱者に助言せずに委任契約を解除し仕事から手を引いたとしても、懲戒処分の対象とはならない。けだし、是正し得ない程の、信義を著しく裏切られて回復し難い程の不正があれば、民法の委任契約の解除の規定に従って、自ら契約を解除し、契約関係から脱退し得るのが法律家としての権限である。」注(9)と税理士の法律家としての権限に基づく対処法を法的な視点から明確にされている。

税理士の職務は、独立した法律専門家として租税法を適正に解釈・適用することにある。その適正性からかけ離れたクライアントによる会計帳簿の改ざんや売上除外等の不正行為を発見した税理士は、次のステップを踏んで対処すべきである。

第一のステップ

税理士法四一条の三が定める「助言義務」に従って躊躇なく是正の助言をなすべきである。同規定が「是正を助言しなければならない」と定めているところから、税理士の義務としての対処法である。

第二のステップ

クライアントが助言を聞き入れず不正行為の是正をしない場合には、申告納税制度の下における税理士の職務を果たすことができないのであるから、税務代理の委任契約を民法六五一条の規定により解除すべきである。委任契約を解除せず黙認した場合には、税理士法三六条の脱税相談の禁止規定に抵触し、その結果、同法四五条が定める脱税相談等をした場合の懲戒処分を税理士が受けるリスクを負うことになる。また、脱税の共同正犯として刑事罰を受けかねない。したがって、税理士はこのステップに至っては自己の専門家としての態度を明確に表明する勇気が必要である。

(3) 多額の脱税行為を発見した場合——民法六五一条の委任契約の解除権の行使

さらに、クライアントが税理士との信頼関係を根底から崩壊させるほどの多額の脱税行為をしていたことが判明した場合には、「第一のステップ」である是正の助言を省略して、一方的に税務代理の委任契約を解除することもできる。民法の委任契約は、当事者はいつでも理由なく解除できるのであるから、「租税正義の実現」を目指す税理士に対する裏切り行為として、解除権は当然に有する。この場合には将来のリスクを見越して税理士としては、委任契約を解除したことを明確にできる書面等の証拠を残すことも重要となろう。

八　「租税正義」の理念は税理士に職務遂行上の勇気を付与する

税理士業務に問題が生じなければ、ことさらに「租税正義」の理念の重要性を強調する意義は弱まる。順風満帆の事務所経営などあり得ない。実務には問題はつきものである。日常の巡回監査で前記のように、クライアントの帳簿等に不自然さや、不正を発見したときにどう対応すべきか。

前述したように、税理士に課された専門家としての義務は、申告納税制度の屋台骨を支えることにある。その義務を果たすために、大事なクライアントの機嫌を損ねるかもしれない是正の助言をすべき義務を、税理士は税理士法により課されているのである。是正の義務を果たさなければ、税理士の義務違反が問われる。さらには、是正の助言にクライアントが従わなければ、委任契約を解除すべきことになる。さもなければ、税理士が脱税相談の禁止義務違反に問われ、懲戒処分を受けるばかりか、共同正犯者になりかねない。

是正の助言一つを取り上げても勇気を要する行為である。ましてや委任契約の解除となればなおさらである。

「租税正義」の理念は税理士の職務を遂行する上での最も重要で、不可欠な「勇気」を税理士に与えるのである。

さらには、税理士が真剣に租税正義を理念として職務を遂行すれば、おのずとクライアントの納税モラルも向上するはずである。


注(1)　本章は松沢智『税理士の職務と責任（新版）』（中央経済社、一九九一年）を議論の出発点とする。なお、「松沢『職務と責任』」は同書の引用であることを確認しておく。

注(2)　松沢智、前掲注(1)、五六頁以下。

注(3)　小島武司編『法曹倫理』（有斐閣、二〇〇四年）五頁。

注(4)　小島武司編、前掲注(3)、五頁以下参照。

注(5)　増田英敏「『紛争予防税法学』のすすめ」『ＴＫＣ』四二七号一頁（二〇〇八年）。

注(6)　松沢智、前掲注(1)、二頁以下。

注(7)　松沢智、同、二八五頁以下。

注(8)　松沢智、同、二八六頁。

注(9)　松沢智、同、二八六頁以下。

第二章　租税正義の実現と税理士

一　はじめに

本章では、理念としての租税正義の意義と、その理念が税理士の職務になぜ不可欠かについて整理しておきたい。結論を先取りして述べるならば、租税正義は哲学的概念であり、また人を動かす理念でもある。理念は行動原理ともいうことができる。理念なき人はいかに雄弁であろうとも人の信頼を勝ち得ない。これは歴史が証明している。以前にＴＶドラマで「坂の上の雲」が放映され、好評を博したようであるが、百年以上も前の青年の生き方に多くの現代の日本人が共鳴した理由は、彼らが国家建設の揺籃期に確固たる哲学を持っていたからである。

飯塚毅博士（ＴＫＣ全国会創設者）は、**「日本の租税正義は誰が守るのか。筆者は当然に、それは税理士だ、と答えたい」**注(1)と述べられて、税理士の職務が租税正義の実現にあることを宣言されている。そうであれば、税理士自身が、守るべき**租税正義とは何か**を、租税法実務との関係性の中で理解しておかなければならないであろう。

本章では、まず、プロフェッションとしての税理士に不可欠なものは、単なる情報ではなく、その情報を使いこなしていく哲学もしくは理念としての租税正義であることを確認したい。そのうえで、租税正義とは何かを明らかにしていきたい。

二　租税正義とは何か？

法の究極の目的は正義の実現にある。 この正義の意義は多義的であり、一言で説明できるものではない。しかし、ここであえて簡潔にその本質的意義を述べるならば、次のように理解することができる。

強者が弱者を支配し、同じ人間を奴隷として売り買いした時代が過去に存在した。正義とは、その支配と従属の関係を断ち切り、人々に自由と平等を保障する価値概念の総称であり、人間が目指すべき理念ともいえよう。法は人々を力による支配から解放し、人々の自由と平等を保障することを目的として存在する。

正義の実現を目的とする法は、人類の英知の象徴ともいえる。人類は不幸な時代を乗り越え、過去のおぞましい行いに対する反省も込めて、法というルールの下に国家を再構築した。我々は国家の構成員である国民の幸福の実現を図るツールとして、法を創造したのである。

法は誰のためにあるか。法は時の為政者のためにあるのではなく、我々国民のためにあることを歴史は証明している。

この国家における法の位置づけを租税法に展開すると、租税法は、まさに納税者である国民の幸福実現のためにあるといえよう。法の目的が正義の実現にあるのであれば、租税法の究極の目的は租税正義の実現にあることは自明である。

国家による恣意的課税の歴史はあまりにも長く続いた。恣意的課税は国民の財産権の侵害でしかない。法によらない恣意的課税は国民を不幸にする。したがって、租税法の存在意義は、国家による恣意的課税を阻止して、国民の自由と財産権を保障することにあるといえる。租税法に基づく課税の原理が、憲法原理としての租税法律主義である。

しかし、ここで問題となるのは、租税法の立法原理が正義に合致していなければ、いくら租税法に基づく課税が行われても空虚であるし、その結果は人々を不幸にする。

そうすると正義に合致するか否かの基準は何かが問われねばならない。すなわち租税法の目的とする正義とは何か？

それは、納税者の担税力に応じた実質的な平等を保障する価値概念といえよう。担税力に応じた課税は、国民に満足と幸福をもたらすが、担税力を無視した課税は国民を不幸にする。この担税力に応じた課税を求める租税法の原理が、憲法原理としての租税公平主義である。

ところで、筆者は、二〇〇九年に「実践　租税正義学」のタイトルによる租税法実務の第一線を担う税理士に対するエッセイを連載した。その連載の冒頭で以下のように租税正義とは何かについて簡潔に述べた。

「法の目的は正義の実現にあるといわれるが、法の究極の目的である正義とは何か？　この問いかけを研究する正義論はイデオロギー論的であるといった嫌疑をかけられた時代もあった。しかし、ハーバード大学のジョン・ロールズ教授の『正義論』（A Theory of Justice, 一九七〇年）が登場することにより、学問研究の対象として見事に復権を果たした。筆者も租税公平主義の意味を思索する過程で不完全ながらも同書と格闘する時期があった。

ここでは正義論の厳密な議論をトレースすることはしないが、『正義』の中核的な要素が『自由と平等』、そして、『実質的な平等』により構成されることに異論はないであろう。これらの要素のベクトルは、すべて国民の幸福の探求に向かっている。また、すくなくとも『正義』は政治的理念でもなければイデオロギーでもないことを確認しておきたい。

正義の実現は国民の幸福に帰着する。租税正義の具体的内容は租税公平主義にあるといえよう。そうすると、租税法の目的は『租税正義』、すなわち『公平な課税』を実現させることにより、国民に幸福をもたらすことにある。国民の税負担能力を考慮せず税が課されると国民は不幸になる。国民の税負担能力（以下では担税力という。）に応じて税が課されるか否かは、国民の幸不幸を左右する。まさに租税公平主義はこの担税力に応じた課税を求める原理である。」注(2)

以上の内容は、租税法の目的が租税正義の実現にあることを確認のうえ、租税正義は租税公平主義により具体化されることを述べたものである。

租税正義は租税公平主義により具体化され、租税法として立法化される。そして、租税正義の実現を立法目的とした租税法を、その法規定のとおり実務に展開していくことを命じているのが租税法律主義なのである。

租税法律主義は、租税正義（租税公平主義）を実現していくエンジンと例えることもできる。

租税法律主義なくして租税正義の実現はあり得ない。なぜならば、租税法実務を法の支配の下に置くことが租税正義の実現に不可欠だからである。

租税正義は、租税公平主義により具体化され、そして、租税公平主義は、租税法律主義により租税法実務に展開されるという関係にあることが確認できよう。

租税法の基本原則である租税公平主義と租税法律主義は、有機的関係性を保ちつつ、租税正義の内容を構成しているということができる。

三　なぜ税理士に租税正義の理念が不可欠か？

ではなぜ、租税法の実務家である税理士に租税正義の理念が必要なのか。

それは、租税正義が、まさに租税法の専門家としての税理士の職務遂行に誇りと勇気を与える力ある理念であるからである、といえよう。租税法がただ税金を国民から搾取するための道具であるとすれば、その租税法の専門家たる税理士の立場は卑屈なものにならざるを得ない。さらには、租税歳入確保のための徴税機関の下請け的存在と国民からみなされかねない。

しかし、租税法が国民の自由と平等の理念の総称ともいえる租税正義を立法原理とした価値ある法であると確信すれば、税理士にはその専門家として国民の幸福に寄与するプロフェッションとしての自覚と誇りが漲《みなぎ》るはずである。税理士の使命と職務は、租税正義の理念によりドラスティックに変革されるのである。

松沢智教授は、『租税法の基本原理』（中央経済社、一九八三年）の終章「租税法の根底にあるもの」において、次のように述べておられる。

「正義は法の理念であるとともに、法そのものに価値を与えるものである。法が正しいという性格をもつとき、人は強制されて従うのみならず、自らの内部の心理的な力によって、道義的にも従うこととなる。国家の権力をもってすれば、法に実効性を与えることは容易にできよう。しかしながら、人が自ら法に従うのは、法それ自身が価値をもつからにほかならない。（中略）その実定法の根底には、人間としての尊厳を確保するための『自由』と『平等』の理念があり、それらの価値の総合としての『正義』が、すべての人間の共通の理想として永遠《とわ》に存在するのである。」注(3)

この記述の趣旨は、法の根底に流れるのは正義であり、税法等の実定法の根底には人間の尊厳を確保するための「自由」と「平等」の価値理念を包括した正義が内在しており、そう信じるからこそ、国民は法を尊重し、遵法意識が醸成されることを明確にされ、法治国家の原理の本質を鋭く指摘されたものと解することができる。

租税法に価値があることを確信して初めて、クライアントに自信と誇りを持って、納税指導ができるのである。まさに**「人が自ら法に従うのは、法それ自身が価値をもつからにほかならない」**ことは真実であろう。

租税正義は先に述べたように、租税公平主義と租税法律主義により具体化され、現実の租税法実務に展開される。**税理士には、租税法律主義の存在を原動力として租税正義を実現し、国民の幸福に寄与していくという尊い使命と厳格な職務が課されているのである。**

四　租税正義の具体的原則、それが租税公平主義！

租税公平主義とは、「税負担は国民の間に担税力に即して公平に配分されなければならず、各種の租税法律関係において国民は平等に取り扱われなければならないという原則」注(4)をいう。

日本国憲法の中核を担う、憲法一四条が定める「平等原理」の租税法への展開が租税公平主義の原則といえる。

租税公平主義の意義は、租税負担公平の原則（立法原理）と平等取扱原則（執行原理）の二つの意義を内包する原則と理解できる。すなわち、租税公平主義は、次の二つの意義を内包し、租税正義の具体化を図る原則と理解できる。

第一の意義は、立法の側面から**「担税力に応じた課税」**（taxation according to ability to pay）を求める原則であるということができる（租税負担公平の原則）。担税力（担税力は租税の負担能力を意味する）に応じた課税を目的とする租税法の立法を命ずる、立法原理として理解することができる。

第二の意義は、執行の側面で、機会均等を要請し、担税力に応じた公平な課税を目的として立法された租税法を、すべての国民に平等に適用することを要請する原則である（平等取扱原則）。

我々国民に経済的能力の格差があることは事実であり、その格差を無視してすべての国民に等しく租税負担を強いることは、経済的能力の弱い人々には過酷な状況をもたらす。法の目的である正義に反する結果を招く。

担税力の弱い納税者には過酷とならないように租税負担を軽減し、経済力のある担税力の強い納税者には、その担税力に応じて租税負担を重くすることは正義の理念に沿うはずである。「担税力に応じた課税」は、租税正義に具体的な指標を与えることになる。

それぞれの担税力を適正に測定するために所得税法をはじめとする各個別租税法が立法されてきた。したがって、所得税法、法人税法、相続税法、そして、消費税法に共通する立法原理が租税公平主義であり、その上位概念であるのが租税正義なのである。

五　担税力に応じた課税（租税正義）は税理士により担保される！

次に問題となるのは、租税正義を立法原理とした租税法の法的取扱いの平等が確保されなければならないという点である。せっかく正義の実現を目的とした立派な租税法ができたとしても、平等取扱いが確保されねば、その法の目的が達成されることはない。そこで、租税公平主義は、平等取扱原則を内包し、だれにも絶対的に等しく租税法が適用されることを要請しているのである。

担税力に応じた課税は、平等取扱原則が保障されて初めて実現されるのであるから、平等取扱原則は担税力に応じた課税の大前提といえる。租税公平主義は租税負担公平の原則と平等取扱原則の二つの原則により立法と執行（実務）の両面から租税正義の実現を担保しているのであるといえる。

ところで、この平等取扱原則を租税法実務で担うのは誰か。それはまさに税理士なのであるということを、ここで確認しておきたい。租税正義の実現を立法目的とした所得税法等を、租税法実務の現場で解釈・適用していく専門家は誰か。それは税理士なのである。そのことを飯塚毅博士は、前述のとおり、「**日本の租税正義は誰が守るのか。筆者は当然に、それは税理士だ、と答えたい**」と宣言されたのである。

六　租税正義の内容を構成する租税法律主義の存在意義は納税者の権利保護に

租税法の目的は、担税力に応じた課税の実現により、国民に幸福をもたらすことにある。担税力を無視した課税は国民を不幸にする。所得税法も法人税法も担税力に応じた課税の実現により、国民に納得と満足、そして、幸福をもたらすところにその立法原理がある。さらに、その租税正義の実現を担いうる専門家が税理士であることを前提として論をすすめることにする。

租税法律主義が租税正義実現のエンジンの役割を果たすところから、まず租税法律主義の意義と機能を明らかにし、租税法律主義を税理士実務に具体的に展開し、租税正義を担うことの意味を問い直してみよう。

租税法律主義とは、「法律の根拠に基づくことなしには、国家は租税を賦課・徴収することはできず、国民は租税の納付を要求されることはない。」[注(5)]ことを宣言した、租税法の基本原則である。この原則は、「代表なければ課税なし（No taxation without representation）」という、近代民主主義国家建設の基本思想に、その起源を求めることができる。租税の賦課は国民の同意を要件とするという、租税法の基本原則である租税法律主義の存在は、民主主義国家の証ともいえる。

国民の自由と財産権に直接的に影響を及ぼす租税の賦課を、法の支配の下に置くことを国家に求めた、この**租税法律主義の存在意義は、国民である納税者の権利保護にある**ということができよう。

租税法律主義は、民主主義国家の憲法原理としても広く受け入れられている。わが国の憲法三〇条も「国民は、法律の定めるところにより、納税の義務を負ふ。」と定め、さらに同八四条は「あらたに租税を課し、又は現行の租税を変更するには、法律又は法律の定める条件によることを必要とする。」と定めて、租税法律主義を憲法原理として明確にしている。

前者の三〇条は、国民に対して、納税の義務は法律の定めるところにより生じ、法律のないところに納税義務はないことを宣言している。一方、後者の八四条は、「租税の創設・改廃はもとより、納税義務者、課税標準、徴税の手続はすべて法律に基づいて定められなければならないと同時に、法律に基づいて定めるところにまかせられている。」[注(6)]ことを国家に対して特に命じている。これらの二つの憲法規定は、国民と国家のそれぞれに対して租税法律主義の尊重を命じたものと理解できる。とりわけ八四条は、課税要件規定のみならず、租税の賦課・徴収手続規定までも法律により詳細に定めるべきことを要請していることには注意を要する。

憲法が租税法律主義を定める条文を二つも用意していることの趣旨は、租税の本質が権力性にあるところから、主権者である国民の権利保護を重視するところにある。さらにその趣旨は、租税が国民の財産の一部を直接的な反対給付なしに権力を背景に国家に収受するものであり、国民の自由と財産を租税が侵害する危険を常にはらむという、歴史的教訓に求めることができよう。

租税は時の権力者により恣意的に課されてきたことは歴史的事実である。この歴史的教訓に基づいて、国家による恣意的課税を阻止するために、租税の賦課・徴収の条件として、国民の同意が必要であるという仕組みを国家の最高法規である憲法に定めたのである。国家による恣意的課税は国民の自由と財産権の侵害を招き、国民を不幸にする。公平な課税を立法原理とする租税法を、その立法原理のとおりに国民に適用することを租税法律主義は命じている。したがって、租税法律主義の存在意義は納税者の権利保護にあるということができる。

ここに、租税法律主義が租税正義の実質を担保する重要な役割を果たすことを確認できる。なぜならば、国民の自由と平等を保障することを内容とする価値理念の中核を占めるのが租税公平主義であるから、租税法律主義が、その租税公平主義の実現を実質的に担保するという関係にあるからである。

七　納税者の権利保護を担う租税法律主義の内容と機能

租税法律主義は納税者の権利を保障する原則であり、紛争予防税法学の中核を担う原理でもある。したがって、その内容を正確に理解しておく必要がある。ここで簡潔に整理しておこう。

租税法律主義の具体的内容もしくは構成原理は、その大前提として**「納税者の権利保護の原則」**を中心に据えて理解されるべきである。なぜならば、先にも述べたが、租税法律主義の確立は、一六二八年の権利請願（Petition of Rights）および一六八九年の権利章典（Bill of Rights）によって確立されたとされるからである。国王による恣意的な課税から国民の自由と財産を保障する憲法原理が租税法律主義であることを、ここで再確認しておく必要がある。

納税者の権利保護の機能を充足させるために、①**課税要件法定主義**、②**課税要件明確主義**、③**合法性の原則**、④**手続保障の原則**を主要な内容とする租税法律主義が存在すると理解すべきである。さらにその派生原則として⑤**遡及立法禁止の原則**も加えることができる。

①**課税要件法定主義**は、課税要件である納税義務者、課税物件、課税標準、税率が法定されていることを求め、②**課税要件明確主義**は、課税要件がただ法定されていればよいのではなく明確性が確保されていることを求めるものである。さらに、いくら明確な課税要件規定を定めても租税行政庁による恣意的課税を排除するためには、租税の賦課徴収手続を厳格に統制する必要がある。そこで、③**合法性の原則**が、租税法は強行法であることを根拠に租税行政庁による租税の減免の自由を認めず、法律のとおりに租税を徴収することを命じている。さらに、租税の賦課徴収手続にまで租税法律主義の射程が及ぶことを明確にしたのが④**手続保障の原則**である。

これらの具体的な小原則が束になって租税法律主義の存在意義である納税者の権利保護を実質的に担保していると理解できる。

次に租税法律主義の現代的機能を整理しておこう。租税法律主義の機能は次の二つに分説することができよう。

第一の機能は、租税法律主義は、租税法の定めの存在しないところに国民の納税義務が生じないことを明確に保障する原則であるから、**租税の賦課・徴収が恣意的に行われることを阻止し、国民の自由と財産を保護することにある**。

主権者である国民の権利が租税により侵害されることを防止するところに、租税法律主義の最も重要な機能がある。

第二の機能は、国民は租税法を読み解くことにより**租税負担を予測することが可能となると同時に、租税法律関係における法的安定性が確保されることにある。**

とりわけ、国民の経済活動が高度化・複雑化されるのに伴い、後者の租税法律関係における予測可能性と法的安定性の確保の機能が重視されることになる。

租税法律関係における、この納税者の予測可能性の確保の機能は、租税法律主義の具体的な内容を理解することにより担保される。

もちろん、租税法律主義は、国家もしくは国王に代表される時の権力者による恣意的な課税を阻止することにより、納税者である国民の権利を保護し、租税正義を実現することにあることは当然である。**納税者の権利が十分に保障されるためには、租税法律主義が形骸化されてはならないのである。**

八　申告納税制度と租税法律主義

租税法律主義の下においては、国家と国民の租税をめぐる関係は租税法により律せられ、ダイレクトな法律関係として理解される。したがって、租税をめぐる両者の法律関係は、法の下に対等な関係として構築される。

申告納税制度は、自己の納税義務の範囲を納税者である国民が、自ら租税法に基づいて申告することにより確定していく納税制度である。まさに国民主権の納税制度への顕現ともいえる制度が申告納税制度といえる。この申告納税方式は、納税者による適法な申告が行われている限り、納税義務の確定過程に租税行政庁が介在することは想定されていない納税制度といえる。国税通則法一六条の文言からもこのことは確認できよう。

戦前の賦課課税制度の下では、租税行政庁の行政官が租税法を解釈・適用し、国民の納税義務の範囲を確定し、納税者に確定した納税義務を履行させるのであるから、租税法は賦課課税制度を担う租税行政庁の行政官のためにあったといっても過言ではない。これに対して、戦後の申告納税制度は、国民自らが租税法を解釈・適用して自己の納税義務の範囲を確定し、履行していくものであるから、租税法は、まさに納税者のためにあるということができる。

一方、租税行政庁は、申告納税制度の下では、納税者の申告が租税法の定めるとおり履行されているかどうかを検証するチェック機関であると位置づけることができよう。いくら租税公平主義を立法原理とした租税法であっても、その解釈・適用に誤りがあれば課税の公平は確保されない。納税者の申告に誤りがないかどうかをチェックし、租税法律主義が担保されているかを点検する任務が、租税行政庁に委ねられているといってよい。

そうすると、主権者である国民が容易に租税法を解釈し、申告が可能となるような租税法の体系が構築されていなければ申告納税制度は画餅に帰する。一部の納税者を除いてほとんどが、租税法の専門家とはいえないから、課税要件が法定されているばかりでなく、明確であり、容易に解釈が可能な租税法の存在が、申告納税制度を機能させるうえでの基幹的なインフラといえよう。そのインフラを構築する基本原理が租税法律主義なのである。

この申告納税制度は、租税法律主義の要請が厳守されることにより円滑に機能する。換言すると、**租税法律主義の機能である納税者の予測可能性の確保こそが、申告納税制度の生命線であるともいえる**。したがって、租税法律主義と申告納税制度はセットになって民主主義国家の租税制度形成に寄与するという関係にある。

九　租税法律主義と税理士の職務

これまで、租税法律主義は、**「法律に基づく課税」**を求める租税法の基本原則であると理解されてきたが、**「法律に基づく」**という意味を租税法実務に展開して理解しなければ、その本質を把握したとはいえない。**「法律に基づく」**とは、証拠により認定された事実に、租税法の該当規定を解釈して課税要件を抽出し、**その課税要件をその事実にあてはめるという法的三段論法を適正に行うことを意味している。**この考え方をリーガルマインドと呼称する注(7)。

ある納税者が、ある収入を得たとしよう。わが国の所得税法はまず所得の発生源泉に従い、一〇種類の所得区分をすることを定めている（所得区分規定は担税力に応じた課税を目的とする所得税法の象徴ともいえる）。その収入が給与所得に該当するか、事業所得に該当するかを、該当規定を解釈して判断しなければならない。その際に、収入がいかなる行為の対価として獲得されたのか、という事実認定が証拠により行われる。そして、その事実に対応する課税要件を所得税法の規定から導き出し、その課税要件を認定事実にあてはめて所得区分を確定させる。「法律に基づく」とはこのプロセスを適正に踏んできたということを意味する。**ブレることのない事実に税法を適正にあてはめ納税額を算定することが「法律に基づく」という意味であり、まさにリーガルマインドの批判に耐えうるという意味である。**

申告納税制度の下においては、租税法の解釈権は、納税者に当然に付与されているのであるから、課税要件規定を適正に解釈し申告を行うことは納税者の当然の義務でもある。

ところが、所得税法等の租税法の規定は一般には難解とされる。そこで、国家は、申告納税制度における納税者の代理人としての地位を税理士に付与したのである。したがって、税理士は租税法律主義の体現者ともいえる。

これが税理士の職務が、リーガルマインドを発揮して租税法律主義を担い、その結果として「担税力に応じた課税」（租税正義）を実現させることにある、とされる所以である。

注⑴　飯塚毅『激流に遡る　飯塚毅著作集Ⅱ』（ＴＫＣ出版、一九八二年）一二七頁。
注⑵　増田英敏「実践　租税正義学」『税務弘報』二〇〇九年一月号一〇四頁。
注⑶　松沢智『租税法の基本原理』（中央経済社、一九八三年）二四二頁。
注⑷　金子宏『租税法（第二〇版）』（弘文堂、二〇一五年）八三頁。
注⑸　金子宏、同、七三頁。
注⑹　最大判昭三十年三月二十三日『民集』九巻三号三三六頁。
注⑺　増田英敏『リーガルマインド租税法（第四版）』（成文堂、二〇一三年）に詳述。

第三章　税理士と税務調査

一　はじめに

筆者が租税法の研究者を目指すことになるきっかけは、叔父の会社への税務調査にあった。当時、大学院生であった筆者は、調査の現場を目の当たりにして、ずいぶん強圧的な調査が行われているという印象を強く持った。その印象は日が経つにつれて鮮烈な思い出として心に刻まれることになる。確かその調査には税理士が立ち会っていたと記憶している。調査官に対する税理士の姿勢があまりにも迎合的で頼りなく思え、調査官に対するよりもむしろ税理士に対して若い当時の私は憤りを覚えた。

この調査が、私が国家の権力性を肌で感じた初めての体験ともなったように思う。叔父からの電話でその場に出向いた私は、緊張のあまり、ふるえる思いで調査官に対して、強制調査か任意調査なのか、そして、調査権行使の根拠規定を明示するよう求めたことを記憶している。本来であれば顧問税理士が発すべき言葉であったのかもしれない。この体験が、私の租税法研究への方向性を決定する契機になったことは確かである。その後の研究テーマが納税者の権利保護の法理に収斂されていくことは、私にとっては必然であったように思う。松沢智先生との出会いにより租税正義の視点から、租税法の解釈・適用のあり方の理論と実際を解明していくという研究の経緯をたどることになった。

本章では、筆者にとって原点ともいえる税務調査の問題を紛争予防の視点から検討する。税務調査は税理士にとって最も重要な職務の一つであり、この紛争予防税法学の中核に位置づける。

税務調査における紛争は、もちろん調査権行使の違法性をめぐる紛争が中心となる。本章もそれを中心的テーマとするが、さらに税務調査過程において生じるであろう租税法の解釈・適用といった租税実体法上の紛争の予防をも検討の射程に加える。

調査手続における紛争を回避するためには税務調査の法的性格やその構造を法的に理解する必要がある。一方、調査着手以降の調査過程において生じる紛争は、まさに租税法の解釈・適用の適正性をめぐる問題であるから、リーガルマインドを練成し、リーガルマインドを誠実に実務に展開することにより予防できる。

本章では、従来、学界で議論されてきた税務調査手続の法的問題を単に検討するのではなく、税務調査における紛争予防のための法理論を、調査手続と課税要件規定の解釈・適用といった実体の両面から整理することにする。

まず、税理士等の実務家が、基本的に理解しておくべき税務調査の根拠となる質問検査権規定の法的性格や、解釈上の問題点を体系的に整理する。そのうえで税務調査過程における紛争の実質的な内容を、具体的事例を用いて整理し、税理士が紛争予防のために、いかなる準備をして立ち会うべきかを具体的に考えたい。

したがって、本章は一般的な税務調査の法的問題の解決を提示するものではなく、税務調査の法的構造を正確に理解したうえで、紛争予防の実際を租税正義の視点から具体的に検討し、巡回監査や税理士法三三条の二に基づく書面添付についてもその意義を検討の対象とする[注(1)]。

なお、一般に税務調査という言葉がよく使用されるが、税務調査は、基本的には、①更正・決定、賦課決定などの課税処分のための証拠資料を収集するための調査、②滞納処分手続を遂行するための調査、そして、③国税犯則取締法一条以下に規定される犯則事実の存否を解明するための調査であり主として強制調査（査察と称される調査）の三種に分類できる。

本章で取り上げる税務調査とは、税理士の実務上最も問題となる所得税法二三四条、法人税法一五三条、そして相続税法六〇条以下（国税通則法改正により、国税通則法七四条の二以下に統一された）で規定する質問検査権の行使としての①課税処分を目的とする調査を意味する。質問検査権の行使を、ここでは税務調査と同義に理解して使用する。

二　プライバシーの侵害のリスクを持つ税務調査はなぜ許容されるか？

(1)　税務調査はプライバシー権や営業の自由権を侵害するリスクを負う

個人情報保護法の制定などにより、納税者である国民の個人情報を手厚く保護しようとする傾向が急速に強まってきている。にもかかわらず、国民の懐工合を示す預金通帳や売上げなど最も国民のデリケートな、知られたくない個人情報の一つを、税務調査は開示させ、チェックする行政行為である。負担感の重い受忍義務を税務調査は国民に強いている。納税者のプライバシーや営業の自由などの権利を侵害するリスクをもつ税務調査がなぜ許容されるのか。それは、申告納税制度と税務調査の関係を確認しなければ理解できない。そこでまず、申告納税制度と税務調査の関係を以下で述べることにする。

(2) 申告納税制度にとって税務調査は不可欠!

戦後、国民主権を基本原理とする日本国憲法が制定されたことに伴い、わが国の諸制度も民主化された。その制度の民主化の象徴的改革の一つが、租税制度を所得税、法人税、相続税の主要直接税について、戦前の賦課課税制度から申告納税制度(self-assessment system)に転換した昭和二十二年の改正である。

この申告納税制度は、租税法律主義の原則の尊重を大前提として、国民自らが租税法を解釈・適用して税額を算定し、その税額を国民自らが国家に納付する制度である。賦課課税制度が、国家が租税の税額を査定し国民に告知することにより国民に租税を賦課するという、課税制度であったのに対して、主権者自らが国家運営の経費としての租税を租税法に基づいて計算し、自らが主体的に租税を納付するところにその意義が存する。

同制度は、憲法の国民主権の理念を反映した租税制度と位置づけられる。

すなわち、松沢智教授の「憲法は国民が主権者であることを宣言しており(憲法前文)、主権者である納税者たる国民は、自ら納税申告することによって、主権者たる国民の利益の確保のために創った国家という団体の維持・存続、並びに活動に必要な費用を自ら支弁し、窮極的にはその福利を亨受することとなる。(中略)したがって、税制面における申告納税制度の確立の理念は、憲法の基本原則である国民主権主義と深く結びついているのである。」注(2)との見解が、申告納税制度の本質を端的に示しているといえよう。申告納税制度は国民主権憲法の理念を租税制度に具体的に反映させた制度である、というところにその本質が存在する。

一方、この申告納税制度は、納税者の申告が適正に行われることが前提とされるために、申告納税の適正性が具体的に検証されることが制度定着の要件とされた。申告納税制度は、担税力に即した課税を求める租税公平主義の要請が充足されて初めて受け入れられるものである。したがって、申告納税制度にとって、申告の適正性を検証する制度である税務調査は不可欠な制度であるといえる。国民が申告納税の権利を取得する一方で、税務調査に対する受忍義務を負担するという関係にある。適正な担税力測定に基づく納税は課税の公平を実現し、その結果として申告納税制度の趣旨を実現するものでもある注(3)。

まさに、申告納税制度は国民主権の憲法の制定によって勝ち取られた国民の権利の一つということができよう。そして、税務調査は申告納税制度の実効性を担保する制度として位置づけられる行政作用であり、税務調査なくして申告納税制度は実際には成り立ち得ないのである。

(3) 税務調査手続の不備と納税者の権利

ところが、この税務調査の具体的な行使は、税務職員に質問検査権を各個別租税法が授権することにより法的に可能となるという法構造をとっている。ところが、質問検査権規定は、質問検査権を税務職員に授権はすれども、具体的な行使手続についてはなんら定めを置いていない。

たとえば、所得税法二三四条は「国税庁、国税局又は税務署の当該職員は、所得税に関する調査について必要があるときは、次に掲げる者に質問し、又はその者の事業に関する帳簿書類（中略）その他の物件を検査することができる。」と定めるのみで、なんら他に質問検査手続について定めを置いていない。税務職員は「**必要があるとき**」にはいつでも質問検査することができると解してよいのであろうか。また、質問検査は税務職員が必要と判断すればいつでも繰り返しできるのであろうか。この条文の定め方からすると、このような素朴な疑問が残る。調査権の濫用と思われる事態が生じた場合に納税者はいかに防御すればよいのか。

申告納税制度は国民主権の憲法理念の租税制度への顕現とされるにもかかわらず、税務調査は手続規定の不存在により国民の権利利益の保護の視点を欠いている。だとすれば法が明確な調査手続規定を定めていないのであるから、税務調査をめぐる紛争が生じるのは必然といえよう。

三　なぜ税務調査をめぐる紛争が頻発するのか？

(1) 税務調査をめぐる紛争の二つの類型

税務調査とは、税務職員が税務署内の机上において、もしくは納税者の事務所等に臨場して、納税者の申告内容の誤りの存否をチェックする行政行為であるといえよう。申告納税制度の下では、納税者は自らの経済行為を会計帳簿などに歴史的に記録し、その記録に租税法をあてはめ、申告納税額を自ら計算する。その計算が正しいか否かをチェックするのが税務調査である。この税務調査を担っているのが国税庁に代表される税務行政機関である。税務調査を適正かつ効率的に行い、違法な申告を更正処分により是正することにより申告の適正性の実質を確保し、そのうえで適正な税額を徴収することに国税庁の存在意義がある。

ところで、税務調査をめぐる納税者と課税庁との紛争の構図は大きく分けると二つに類型化できる。

その第一は、税務調査の法的性格や調査手続規定の不備（法の不備）を起因とする紛争である。従来学界で取り上げられ、そして、注目を集めた訴訟では調査根拠規定である、たとえば所得税法二三四条が規定する質問検査権規定の解釈や手続規定の不備が租税法律主義に抵触するか、といった法解釈を争点とする紛争類型である。この類型に属する紛争は、荒川民商事件に代表されるように訴訟に発展した事例が多数に上る。

その第二は、租税法の解釈・適用をめぐる調査官と納税者の見解の相違に起因する紛争である。事実の評価や課税要件規定の解釈、そして、形式と実質の議論など調査過程における紛争の原因は多岐にわたる。納税者の不正な申告による紛争は以下の議論の対象にはしない。

(2) 税務調査における紛争は必然か？

税務調査が申告納税制度の実質を担保する重要な行政行為であることに異論はない。しかし、我々が税務調査と呼ぶ税務職員の調査の目的は、過少と思われる納税申告を発見し、その申告を更正する課税処分のための証拠の収集にある。更正処分を目的とする調査を遂行する調査官と納税者の関係は利害が相対立する関係にあるから、両者間における紛争が生じることはやむを得ない。したがって、そもそも税務調査においては紛争の火種が当初から内包されているといっても過言ではない。そこで、税務調査過程における紛争の予防のためにリーガルマインドが不可欠となるのである。

これは前章までに詳述したので詳細な再論は避けるが、適正な申告か否かの判断の基準は、通達や先例ではなく所得税法等の租税法規定であり、また領収証等の証拠に裏付けられた帳簿の存在である。事実に法を適正にあてはめているか否か、それが税務調査過程で明確に証明できるか否かが問題となる。納税者が調査官に、要件事実に課税要件を適正にあてはめたことの証明に成功すれば紛争は回避される。

実際の税務調査の場面で、納税者と調査官との間での紛争の頻発は、両者の利害が鋭角的に対立するという利害衝突の構造に起因する。さらに、税務調査の法的根拠となる質問検査権規定は、税務職員への調査権を付与する授権規定ではあるが、一方で、いかなる調査が適法かを判断する調査手続規定が存在しないところに、紛争が頻発する主たる原因がある。

四　税務調査の法構造を税理士が理解すること

(1) 税務調査は任意調査か強制調査か？

ある日突然、税理士であるあなたのクライアントである会社に税務職員が税務調査である旨を告げ、帳簿等の提示を求めてきたことを想定しよう。その日は月末で多忙を極めていた。この場合にクライアントから抜き打ち調査の連絡を受けたあなたはクライアントにいかなる指示を出すべきか。月末の多忙な時期の突然の抜き打ち調査であり、別に重要な業務が立て込んでいて多忙であることを理由にこの調査を拒否できるか。いかなる対応を取るべきだろうか（なお、国税通則法の改正により抜き打ち調査は原則的に違法となるが、本稿執筆時には法整備がなされていなかった。税務調査の本質を理解するためにあえてこの問答を取りあげる）。

この問いには、通常の課税処分の調査であれば月末で多忙であることを理由に調査に対応できない旨を告げ、当然「拒否できる」との回答が正しい。

この抜き打ち調査に対するあなたの対応は、まず、この調査がいかなる調査かを確認することから始めるべきである。課税処分を目的とする質問検査権の行使であれば、任意調査であるから不都合な理由を明示のうえ、その調査に対応できないとする回答は全く問題ないといえる。

このような調査に対する税理士の紛争予防の第一歩は、その税務調査の類型と法的性格を正しく理解し、その法構造を把握のうえで対応することに尽きる。

そこで、以下ではわが国の税務調査の法的性格による分類と、税務調査の種類を整理することにしよう。

わが国の税務調査は、①**課税処分のための調査**、②**滞納処分のための調査**、そして、③**犯則事件のための調査の三種に分類できる**ことは前述した。税理士が通常の業務遂行上で立ち会うことになる税務調査は①の課税処分のための調査である。この調査は、更正・決定、賦課決定などの課税処分をするための証拠資料を収集することを目的とした調査である。この課税処分のための調査が税務調査の代表的なものである。

税務調査も法の支配の下に置かれる行政作用であるから、国税通則法の質問検査規定が税務職員に調査権限を授権する規定を定めている。

ところで、この質問検査権規定により授権された、課税処分のための調査の法的性格の通説的理解は、**間接強制を伴う任意調査**であるとされている。調査の相手方が調査に応じない場合には、実力をもって調査を強制することができないという意味で任意調査とされる。しかしながら、実力によって直接調査を強行することはできないが、納税者は調査の受忍義務を負っているゆえに、合理的理由なしに調査を拒絶した場合には処罰（一年以下の懲役または五〇万円以下の罰金：所得税法二四二条等）を科されるという意味から、間接強制調査であると説明される。しかし、その法的性格は任意調査であることには変わりはない。

②の滞納処分のための調査は、滞納者から税を取り立てるために滞納者の財産の状態等を点検し、的確な滞納処分をなすことを目的とするものであり、国税徴収法一四一条以下に規定されている調査である。これは、滞納処分手続を遂行するための調査であり、基本的には任意調査である。①の課税処分のための調査と同様、正当な理由のない調査拒否に対しては罰則が用意されており、間接強制調査と位置づけられる。なお、同法一四二条の「捜索の権限及び方法」の条項に該当する場合には、強制調査とされる調査も存在する。

③の犯則事件のための調査は、悪質な脱税といった犯則事件の摘発を目的とした国税犯則取締法一条以下に規定

されている調査であり、犯則事件の嫌疑者に対して、質問・検査（同法一条）し、場合によっては臨検・捜索（同法二条）を行うものである。質問・検査は任意であるが、臨検・捜索は裁判官の許可を得た上での強制調査である。

ところで、国税犯則取締法上の調査は任意調査と強制調査に分類できるが、両者の関係は「国犯法上の強制調査は、私人の基本的人権を侵害する危険性が大きいから、任意調査によって犯則事件を告発するための証拠の発見、収集という調査の目的を達することができる場合には、原則として任意調査を行うべきである。しかしながら、国犯法には、臨検、捜索又は差押の強制調査を実施するに当たり、質問検査等の任意調査を経由することが必要であるとの特段の定めはないから、任意調査か強制調査かの選択は、収税官吏が当該事件の性質等に照らして行う合理的裁量に委ねられているものと解すべきものである。」注(4)とされている。

この租税犯則調査は、租税犯則事実の存否とその内容を解明することを目的とする手続で、犯罪事実が確認された場合には告発または通告処分に連動する調査であるところから、実質的には刑事手続に準ずる手続であるとされる注(5)。

税務調査は、強制力の強弱により、基本的には、①純粋な任意調査、②間接強制を伴う任意調査、そして、③強制調査の三つに分類できる。強制調査とは、被調査者の意に反して事業所等に立ち入り、各種物件を検査する行為である。前述の課税処分のための質問検査権の行使としての税務調査は行政調査に属し、間接強制を伴う任意調査とされる。一方、純粋な任意調査とは、受忍義務を伴わない調査であり、マンション購入時に税務署からの資金の出所に関する「住宅購入資金の内訳に関するお尋ね」や「資料せん」が税務署から送付されることがあるが、これが純粋な任意調査に該当する。

したがって、税理士としては、行われようとしている調査の法的根拠を確認するとともに、その調査の法的性質

（調査の強制力）を明確にする必要がある。

(2) 税務調査権（質問検査権）規定の法構造――質問・検査の手続規定の欠落という構造上の問題点注(6)

税務職員の租税調査の権限を法的に授権する規定の構造は、次のとおり極めて簡素である。たとえば、所得税法二三四条は「当該職員の質問検査権」と題して「国税庁、国税局又は税務署の当該職員は、所得税に関する調査について必要があるときは、次に掲げる者に質問し、又はその者の事業に関する帳簿書類（中略）その他の物件を検査することができる。」と規定している。

ここでは、税務職員が質問検査権を行使できる「発動要件」と「質問検査権の行使対象範囲」と「権限の法的性格」を極めてシンプルな構造により次のように定めている。

①誰が（質問検査の主体）

②いかなる時もしくは場合に（質問検査の発動要件）

③誰もしくは何に対して（質問検査の相手方・対象物件）

④質問・検査できる

この規定の構造は、①税務職員が、②「必要があるとき」に、③納税者に対して、④質問検査が「できる」という四つのファクターにより構成されている。

この他に質問・検査手続について具体的な定めを置いているのかといえば、わずかに所得税法二三六条が質問・検査に際して調査官はその身分を示す証明書を携帯し、被調査者等の関係人の請求があった場合にはこれを提示しなければならないことを定めているのみである。

いかなる事前手続をとり、いかなる手続・方法により質問・検査が実施に移されるかについて具体的な手続規定は用意されていないのである。適正な申告がなされているか否かを検査し、結果として、課税の公平と申告納税制度を担保する重要な行政作用であることに異論をさしはさむ余地はない。しかし、重要な行政作用であるからこそ、調査手続規定を欠いた授権規定のみが用意されるといった、片肺飛行的な法構造である点に疑問や批判が集中するのは当然の結果といえよう。

国民のプライバシーや個人の尊厳といった、憲法上、最も尊重されねばならない国民の権利の侵害のリスクを伴う質問・検査に、手続規定が整備されていない現状をいかに肯定することができるかについて合理的説明は見いだせない。

さらには手続保障の原則は租税法律主義の内容を構成する。手続規定が存在せずに税務行政の実際の場面で久しく税務調査が遂行されてきたのである。ここに税務調査をめぐる紛争の頻発の原因があることに気付くべきである。

(3)　税理士のための税務調査をめぐる論点整理

前述のとおり、質問検査権規定は税務職員に質問検査権を授権するのみで、それに伴う質問検査の手続規定を全く用意していない。本来であれば規定されるべき、調査の日時、場所、そして、調査理由の事前告知といった質問・検査の手続規定が存在しないために、質問検査権の授権規定から、法解釈によりそれらを導き出そうとするところに、税務調査をめぐる構造上の問題が存在していた。用意すべき手続規定が欠落していることを承知で、その規定を解釈により補完するという構図は、調査者と被調査者という立場が相反する（利害が対立する）当事者間に紛争をもたらすのは当然である。

税務調査をめぐる裁判例から抽出した、税理士が直面するであろう税務調査をめぐる論点としては次の六点が問題となろう。

①調査理由の開示の要否（調査時にその調査理由を具体的に納税者に告知することの要否）
②調査の日時・場所の事前通知の要否
③関与税理士の以外の第三者の調査立会の可否
④反面調査の補充性
⑤申告期限前の事前調査の適否
⑥調査の要件として不正申告の嫌疑の要否

これらは税理士が調査立会をする際に常に直面する問題点であるといえよう（①と②の論点については、国税通則法改正により法整備がなされた）。この問題点については、荒川民商事件最高裁昭和四十八年七月十日決定注(7)が解釈指針を示している。質問検査権規定の解釈をめぐる紛争に対する最高裁の判断として常に検証されるので、ここでまず簡潔に確認しておこう。なお、①と②の論点は法整備が図られたが改正の法的意義を明らかにするためにあえて本章では取り上げている。

まず、さきの質問検査権の発動要件とされる「調査について必要があるとき」の意義を「国税庁、国税局または税務署の調査権限を有する職員において、当該調査の目的、調査すべき事項、申請、申告の体裁内容、帳簿等の記入保存状況、相手方の事業の形態等諸般の具体的事情にかんがみ、客観的な必要性があると判断される場合には」と判示している。

最高裁は、質問検査権行使の要件である「調査の必要性」の判断は、税務職員の自由裁量事項ではないことを明

確に判示している。この点は極めて重要で、客観的な必要性が認められない質問・検査は違法であり、納税者に受忍義務は課されないことを意味する。この客観的必要性の存否の立証責任は納税者に受忍義務を課すことになる質問・検査を行使する課税庁の側にあることは当然である。

次いで、最高裁は「この場合の質問検査の範囲、程度、時期、場所等実定法上特段の定めのない実施の細目については、右にいう質問検査の必要があり、かつ、これと相手方の私的利益との衡量において社会通念上相当な限度にとどまるかぎり、権限ある税務職員の合理的な選択に委ねられているものと解すべく」と判示している。

調査における「質問検査の範囲、程度、時期、場所等実定法上特段の定めのない実施の細目」とはまさに調査手続にかかわる部分を指したものであるが、実定法、すなわち当該質問検査権規定に質問・検査手続について定めがなされていないのであるから、調査手続については調査権限のある税務職員の合理的選択によらざるを得ないと、当然の論旨を最高裁は述べたにすぎない。

しかし、ここで注目すべきは、「これと相手方の私的利益との衡量において社会通念上相当な限度にとどまるかぎり」という厳格な歯止めを設けている点である。質問・検査手続規定がないからといって、**国民の権利利益の保護をはかる手続保障の原則が無視されるような税務職員の質問検査権の行使は、申告納税制度の制度趣旨を歪める結果を招くものであり、その事態を避けることを意図した判示といえよう。**

この部分に続く、「実施の日時場所の事前通知、調査の理由および必要性の個別的、具体的な告知のごときも、質問検査を行ううえの法律上一律の要件とされているものではない。」との判示は、各個別租税法に事前通知や調査理由の告知といった定めが置かれていない以上、法律上の要件と解することはできない、とするのではなく、「**一律の要件**」とすることができない、としている点に注意を要する。一律の要件ではないという文言を素直に解すると、原則的には法律上の要件とすべきであり、場合によっては事前通知等の事前手続が省略されることも許容されると解されるのである。

このように解さなければ、質問・検査手続がほぼ欠落した同規定は、租税法律主義の手続保障の原則に抵触する（憲法違反）との批判に耐えられないことを、裁判所が考慮したものと理解することもできる。

この問題について租税法律主義の観点から国税通則法の改正により法整備された意義は大きい。

ここで、これまでに論じた内容を簡潔に整理しておこう。

まず、個人情報保護法の整備などで個人のプライバシー権の保護が厳格化されている中で、①その侵害ともいえる税務調査がなぜ許容されるのか、②税務調査の法的性質とその構造、そして、③税務調査における紛争は必然かといった、問題に対して論点とされる点を整理してきた。

①については、国民は日本国憲法の下で、主権者の権利として申告納税権を付与されているのであるから（納税額の第一次的確定権は納税者に付与されている）、申告の適正性をチェックする税務調査は、申告納税制度を維持していく上で不可欠であることを明確にできた。申告納税の適正性を担保するために税務調査を受ける受忍義務を国民は負うのであり、両者は権利（申告納税権）の行使と義務（税務調査を受ける受忍義務）の履行の関係にあることが確認された。

②については、税務調査は質問検査権の行使であり、あくまでも任意調査であることを明らかにした。

さらに③については、わが国では税務職員に質問検査権（税務調査する権限）を各個別租税法が授権しているが、アメリカなどの先進諸国で整備されている税務調査手続規定が存在しないという大きな制度上の問題があることを指摘した。税務調査手続規定が存在しないところから、租税法律主義の内容である手続保障の原則に抵触するとの批判がなされてきた。この調査手続規定の欠如により、調査をめぐる紛争が頻発する法制度上の欠陥が存在することを指摘した。

国民として申告納税制度を担保する税務調査は受忍すべきではあるが、現行の税務調査規定には、調査手続規定の欠如という不備があるので、常に調査手続をめぐる紛争が生じうる状況下にあるといえる。

したがって、税理士が調査の立ち合いを求められた場合には、調査による納税者の権利侵害に最善の注意を払うべきである。少なくとも税理士としては違法な調査か否かを判断する法的基準が何かを正確に理解しておく必要があるといえる。

以下では、まずこの点について整理しておきたい。

五　税務調査が合法か否かの法的な判断基準は何か?

税理士は職務上、税務調査の立ち合いを求められる。税務調査の立ち合いは税理士の主たる職務の一つともいえよう。

眼前で展開される税務調査が違法であるにもかかわらず黙認した場合には、税理士の職務を履行したとはいえないことになる。税務調査の法的性格や発動要件を理解しておくことは税理士には不可欠である。少なくとも、税務調査が任意調査であることを十分に理解していれば、抜き打ち調査がなされた場合に、不都合であれば毅然として的確な対応ができるであろう。税理士は調査手続について熟知して、紛争予防に万全の体制を調査前に構築すべきである。

ところで、税務調査の手続規定を熟知しないということは、違法な調査か否かを判断する法的基準を税理士が有しないことを意味する。手続規定に注意を払わないことは、調査が調査官により恣意的になされる可能性も危惧される。

調査手続規定を認識しないゆえにクライアントである納税者は税務調査について過度な警戒心を持つ。たとえば、税理士が調査官と処理をめぐり議論などすると、制裁的調査や嫌がらせの調査を受けることを懸念し、クライアントが正論を展開する税理士の姿勢を快く受け止めないばかりか、制止するといったことが見受けられるようである。しかし、眼前で展開されようとしている税務調査が違法か、合法かを税理士が明確に判断できることは、制裁的調査や嫌がらせの調査を抑止する上で有益である。そこで、現行の税務調査の法的根拠とされる質問検査権規定の法的性格と、同規定の文言から導き出すことのできる税務調査の合法性の判断基準を整理しておこう。

(1) 裁判所は納税者の同意の存否を重視――任意調査であるから同意は不可欠

質問検査権に基づく税務調査の性格が任意調査であることはすでに確認したとおりである。任意調査は被調査者の同意を要件とするから、同意なき調査は違法となる。判例も、その点については次のとおり確認している。

たとえば、質問検査権に基づく税務調査が違法であるとして、国家賠償請求が認められた注目事件として、最高裁昭和六十三年十二月二十日判決注(8)を取り上げることができる。同事件では被調査者の同意の有無が違法性の判断基準とされた。被調査者に無断で店舗兼作業場に立ち入った国税調査官の行為が違法であるとしたこの事件では、被調査者の同意の存否が争点とされた。店舗兼作業場への国税調査官の無断立ち入りが調査の違法性の根拠とされ、被調査者の社会的および営業上の信用を失墜させたとして、国に対し慰謝料の支払いを求めたものである。

同最高裁は、「被上告人の意思に反して同店舗内の内扉の止め金を外して（中略）立ち入つた行為は、所得税法二三四条一項に基づく質問検査権の範囲内の正当な行為とはいえ」ないとして、被調査者の同意を得ずに調査のために立ち入った調査官の行為は違法であると判示したものである。

また、大阪高裁平成十年三月十九日判決注(9)も、店主が不在であるにもかかわらず調査官が家人の制止を振り切り二階住居部分に立ち入ったという事案であるが、裁判所は、「税務職員による質問検査権の行使は任意調査の一種であると解すべきことは前示のとおりであるから、その行使に際しては相手方の承諾を要するものである」との立場を明確にしたうえで、承諾なしに住居部分に立ち入って調査を進めた国税調査官の行為は違法であると判示した。

判例も質問検査権が任意調査である以上、被調査者である納税者の同意が要件とされるとの立場に立脚し、納税者の同意なき調査は、納税者のプライバシー権の侵害や社会的信用を失墜させ、損害賠償の請求原因となることを明確にしている。

さらに、納税者の同意を得るためには少なくとも調査の日時、場所の事前告知は不可欠であろうし、場合によっては調査理由の開示も必要となることは当然であるといえよう。納税者には調査の受忍義務があるという点を強調し、抜き打ち調査がまかり通る時代とはいえない。プライバシーの侵害と表裏にある税務調査が強制調査ではなく、任意調査であることを税理士は十分に理解しておく必要がある。

したがって、抜き打ちの調査があった場合に、たまたま「商談」や「売り出し」の最中等で不都合であることが合理的に説明できる場合には、調査に応じられない旨を調査官に明確に伝えるべきであり、それでも調査を遂行した場合にはその調査は違法となる。

ところで、調査官や税理士が誤ってはならない点は、通則法に定められた質問検査権の法的性格が間接強制調査であると講学上説明されるが、それは、合理的理由なしに調査に応じなければ処罰の対象となるから純粋な任意調査ではないという意味で強制の文言が用いられている、という点である。納税者において合理的理由を提示することなく調査拒否をかたくなに主張するのであれば、この段階では罰則の適用の有無が問題にされるのであり、あくまでもその法的性格は、任意調査であることに注意すべきである。

(2) 「必要があるとき」にのみ調査は可能――恣意的調査の抑止法

先の納税者の承諾・同意の要件は、任意調査であるという質問検査権の法的性格から当然導き出される要件である。納税者の同意なき調査は違法な調査であることが確認できた。ここで注意を要するのは、理由を明示して調査に応じられない旨を明確に調査官に伝えない場合には、黙示の承諾とみなされるという点である。

次に考慮されるべき合法的調査の要件は、質問検査権行使の根拠規定の解釈により導き出される。

所得税法や法人税法といった各個別租税法は、課税処分を目的とする質問検査権を租税行政庁職員に授権する規定を次のように定めている。たとえば、所得税法二三四条は「国税庁、国税局又は税務署の当該職員は、所得税に関する調査について必要があるときは、次に掲げる者に質問し、又はその者の事業に関する帳簿書類（中略）その他の物件を検査することができる」と定めている（同規定は通則法改正により削除されたが、改正通則法も同様の規定を定めている）。

この規定を、シンプルに解釈すれば、税務職員は「必要があるとき」に限り、質問検査権を行使できることを定めた、調査権限の授権規定であると解することができる。

そこで、質問検査権規定から、適正な調査を担保する要件規定を導き出すとすれば、税務職員は「必要があるとき」に調査することができる、と定めているところに着目する以外にないといえる。条文より導出できる税務調査の唯一の発動要件が「必要があるとき」との文言なのである。

このように立法者が「必要があるとき」という文言を質問検査権規定に盛り込んだ趣旨は何かを、ここで明らかにしておく必要がある。その趣旨は、国民主権の表れであるとされる申告納税制度に求めることができる。すなわち、申告納税制度は、納税額は第一次的には納税者自身の申告により確定するという構造を採用している。申告により確定するという点は申告納税制度の核心的要素である。

にもかかわらず、いつでも税務職員の課税処分を目的とした調査が行えるということになれば、主権者である国民の権利である申告納税権は形骸化されることになる。国民の申告は誤っている、もしくは国民は常に租税逃れをするという国民観を前提に制度設計をするのであればいつでも調査ができる、という調査権の付与が妥当であろう。そうであれば賦課課税制度のほうが適切ともいえる。しかし、申告納税制度を採用しているその趣旨は、国民の権利を最大限尊重することにある。そこで、申告の適正性をチェックする質問検査権の行使は「必要があるとき」に限定されるという法構造を採用したのであるということができる。

そうすると、「必要があるとき」にのみ調査することができるのであるから、「必要があるとき」の意義を明確にすることが不可欠となる。

この質問検査の法的要件としての「必要があるとき」を学説・判例は次のように解している。

すなわち、「調査について（中略）客観的な必要性が認められるときという意味であって、必要性の認定は、租税職員の自由な裁量に委ねられているわけではない。客観的な必要性の認められない場合に質問・検査を行うことは違法であり、それに対しては答弁義務ないし受忍義務は生じない。」注(10)とされる。また、最高裁昭和四十八年七月十日決定も「所得税法二三四条一項の規定は、国税庁、国税局または税務署の調査権限を有する職員において、当該調査の目的、調査すべき事項、申請、申告の体裁内容、帳簿等の記入保存状況、相手方の事業の形態等諸般の具体的事情にかんがみ、客観的な必要性があると判断される場合には、……（質問検査できる・筆者補充）」と判示している。

質問検査の要件としての「必要性」の判断は、租税行政庁職員の主観的な判断に委ねられているわけではない。この「必要があるとき」とは、「客観的な必要性」の存在を意味しているのである。

この客観的な必要性について松沢智教授は、さらに次のように踏み込んだ見解を示されている。すなわち、「ここに『客観的必要性』とは、右の例示された諸般の具体的事情からすれば、何故調査が必要なのかということが通常一般人の見地において何人も肯認し得る程度の理由の存することが当然に要求されるということを意味する」注(11)としたうえで、さらに「『客観的必要性』を示す具体的事情が当然に各事案につき存在していると認められる場合に限って調査の必要性が認められるのである。決して、税務職員の『主観的裁量』で必要か否かを判断するものではない」注(12)とする説得力のある見解を示されている。同教授は、客観的必要性とは、「何故調査が必要なのかということが通常一般人の見地において何人も肯認し得る程度の理由」を意味するとされている。

以上のように、なぜ学説も判例も単なる必要性ではなく「客観的必要性」の存在を調査の発動要件としているのであろうか。

それは、調査官による制裁的調査や嫌がらせの調査といった恣意的な調査を抑止するところにその根拠は求められる。確かに、先の大阪高裁の二階立ち入り事件や所得税法五六条の解釈を争点とした妻税理士事件では、訴訟の前後におよそ一〇回にも及ぶ臨場調査申し出がなされたとの事実を当事者から報告されているところからすると、制裁的調査の疑念を払しょくできない。

そこで、調査権の行使の発動要件が客観的必要性の存在にあるとする理解は、このような制裁的調査ともいえる恣意的な調査を抑止する上で有効かつ不可欠といえる。

その客観的必要性の立証は、受忍義務を納税者に強いる課税庁にあることはいうまでもないところである。客観的な必要性が存在しないと疑念を抱くような調査が繰り返される場合には、違法な調査であることを税理士は毅然と主張すべきである。

六　まとめ

税理士の職務のうちで、紛争予防との関係で最も重要な職務の一つが税務調査に対する対応といえよう。税務調査に対する税理士の対応は、課税庁職員にとっても、そしてクライアントにとっても、その力量を推し量るうえで有用であると考えられる。毅然とした税理士の対応はクライアントばかりではなく調査官の信頼をも獲得しうる。そこで重要な点は、税務調査の入り口ともいえる税務調査自体の法的な構造を理解することにある。本章では、税務調査の法的構造を明確にしたうえで、以下のことを確認した。

一、税務調査の根拠となる税務職員の質問検査権の法的性格はあくまでも任意調査であること。

二、わが国の税務調査手続規定は諸外国のように整備されておらず、租税法律主義の内容である手続保障の原則

から批判されていること。
三、手続規定が充分に整備されていないために納税者の権利が侵害されている場合が多々見受けられること。
四、税理士が違法な調査が行われていることを看過すれば、税理士の職務とその責任が問われること。
五、現況調査や資料調査課の調査と称して行われる抜き打ち調査は、不同意にもかかわらず行われるのであれば納税者の権利が侵害され、国賠請求の対象となること。
六、違法な調査か否かの判断の基準は、①「納税者の同意の要件」と②「客観的必要性の要件」の両者を具備しているか否かにより判断されること。

少なくとも以上の点を税理士は正確に理解し、税務調査の立ち合いを行うべきである。なお、税理士による巡回監査と書面添付は税務調査の実体的側面から紛争を予防する中核的要素となることを最後に指摘しておきたい。


注(1) 税務調査の根拠とされる質問検査権規定の問題点を包括的に検討した論考である、増田英敏「租税調査手続の法解釈による補完の限界」『税務事例』二〇〇九年十月号二六頁以下を併せて参照されたい。

注(2) 松沢智『租税手続法』（中央経済社、一九九七年）九二頁。

注(3) 増田英敏『租税憲法学（第三版）』（成文堂、二〇〇八年）一八三頁。

注(4) 神戸地判平成六年九月二十九日『税資』二〇五号七二六頁。

注(5) 金子宏『租税法（第二〇版）』（弘文堂、二〇一五年）一〇〇一頁。

注(6) 前掲注(1)同。

注(7)　最決昭和四十八年七月十日『判時』七〇八号一八頁、『刑集』二七巻七号一二〇五頁。

注(8)　最判昭和六十三年十二月二十日『訟月』三五巻六号九七九頁。

注(9)　大阪高判平成十年三月十九日『判タ』一〇一四号一八三頁。

注(10)　金子宏、前掲注(5)、八四八頁。

注(11)　松沢智、前掲注(2)、一八九頁。

注(12)　松沢智、同、一九〇頁。

第四章　要件事実論と紛争予防

一　はじめに

要件事実論という言葉を初めて目にする読者がおられると思われる。税理士試験や公認会計士試験でも、要件事実論が問われることはないからそれもそのはずである。

ところが、要件事実論は法曹には不可欠な理論であり、法曹のための基礎理論とされている。旧司法試験時代は司法修習所において法曹養成のための主要な科目として講じられてきた。現在では法科大学院（ロースクール）において要件事実論は必須科目として教育されている。特に、新司法試験の合格率は要件事実論の理解度によって左右されるとまでいわれている。したがって、各ロースクールでは、本格的な要件事実論教育がなされている。

さらには、税務大学校でも平成十九年から教育科目として、司法研修所編『改訂問題研究　要件事実』（法曹会、二〇〇六年）を用いて本格的な要件事実論の講義が展開されているようである[注(1)]。

要件事実論が税務大学校の教育科目に採用された理由は、税務調査過程で租税訴訟における勝訴判決を勝ち取れるような証拠収集をしていくためには、訴訟における攻撃防御の理論である要件事実論を学ぶ必要があるとの判断によるものと思われる。

以前、要件事実論の代表的研究者として著名な伊藤滋夫教授（法科大学院要件事実教育研究所長）を座長として、「租税法における要件事実論」を統一テーマとしたシンポジウムが開催された（平成二十二年十一月二十七日）。筆者もパネリストとして参加したが、要件事実論が租税法における紛争予防のための理論であるとの確信を深めた。

そこで、本章では紛争予防のための要件事実論として、少し難解ともいえる要件事実論を租税法律主義と関係させながら、また具体例を取り入れながら、述べていこうと思う。

二　民事法における要件事実

要件事実とは、一定の法律効果（権利の発生・障害・消滅・阻止の効果）を発生させる法律要件（構成要件）に該当する具体的事実をいう注(2)。

したがって、民法学上、一般に、実体法の条文の法律要件（構成要件）に記載されている類型的な事実が要件事実であり、このような要件事実にあてはまる具体的事実が主要事実であると解されている。なお、要件事実と主要事実は同義と解してもよい。

たとえば、民法五五五条は「売買は、当事者の一方がある財産権を相手方に移転することを約し、相手方がこれに対してその代金を支払うことを約することによって、その効力を生ずる。」と規定している。この規定から売買契約における要件事実は、「財産権移転の約束」と「代金支払の約束」という事実、すなわち「売買契約の締結」という事実を指すことになる。売買契約の法律効果を発生させる要件としての具体的事実が、「財産権移転の約束」と「代金支払の約束」を締結した売買契約の存在事実である。この具体的事実が、民法五五五条から導き出される要件事実ということになる。売買契約書にはこの要件事実を明確に記載しなければならない。この要件事実を記載した売買契約書は、契約をめぐる紛争の火種とならないようにするための動かぬ証拠として当事者に保存されることになる。

ところで、売買代金支払請求といった紛争事例を想定して、要件事実の内容をさらに正確にここで理解しておこう。

事例

XはYに対して平成二十二年十一月三日に甲土地を代金五〇〇〇万円で売った。そして、XはYからいまだ売買代金を受け取っていないのでその売買代金を請求する場合を想定しよう。

民法五五五条は「財産権移転の約束」と「代金支払の約束」、すなわち「売買契約の締結」により売買の効力が生ずると規定しているのであるから、売買契約の成立により代金支払請求権が直ちに発生する。したがって、売買代金支払請求権の発生に必要な事実、すなわち要件事実は売買契約の締結の事実ということになる。

そこで、いくつかの疑問が生じる。たとえば、売主Xが目的物の所有権を保有していたか、売買契約の締結の動機は何か、土地の引渡しがあったか、そして、代金がいまだ支払われていないか、といった点が要件事実に含まれるかという疑問である。しかし、それらは要件事実に含まれない。

なぜならば、民法五五五条には所有権の帰属を要求していないし、動機も目的物の引渡しや、代金の不払いについても売買契約の成立要件として定めていないのであるから、いずれも要件事実に含まれないことになる[注(3)]。

したがって、要件事実とは条文から導き出すことのできる、まさに法律要件に該当する具体的事実に限定されるという点に注意すべきであり、要件事実は条文を離れて決定されるものではないのである。

三　租税法における要件事実——課税要件事実とは？

民事法における要件事実と同様に、租税法の要件事実も、該当条文の文言の解釈により導出されるべきである。所得税法や法人税法といった租税実体法は、国と国民を当事者とはするが、両者間の租税債権・債務関係を規律する法である。したがって、租税実体法も租税債権の発生・障害・消滅・阻止を規定する法ということができる。そうであれば、民事法と同様に租税実体法の条文から課税要件事実は具体的に決定されていくべきものということができる。

この課税要件事実について松沢智教授は、「課税要件事実とは、ある年分または事業年度における納税義務者たる特定の個人または法人に帰属する課税所得の存在を組成する具体的な法律要件事実をいい、それは個々の収益の存在および損費の不存在ということになる。すなわち、課税要件事実とは、国家が個人または法人に対し一定額での租税債権を取得するために必要な法律要件事実である。それは、所得税法についていえば、一定期間（年分）における総収入金額から必要経費を控除した金額が課税所得であるから、したがって、収入金額、必要経費が課税要件事実（主要事実）ということになる。法人税法についていえば、一定期間（事業年度）における益金から損金を控除した金額が課税所得であるから（法人税法二二条一項）、したがって、益金、損金が課税要件事実（主要事実）ということになる。」注(4)とされ、所得税法では収入金額と必要経費、そして、法人税法では益金と損金を課税要件事実であると述べられている。

したがって、所得税法も法人税法もその税額が所得を基準に税率を乗じて決定されるところから、所得の決定要素である収入金額と必要経費（所得税法）、そして、益金と損金（法人税法）が課税要件事実に集約されることになるのであるから、この松沢教授の課税要件事実に関する説明は納得のいくものである。

さらに所得税法や法人税法の税額の算定構造に忠実に課税要件事実を具体的に決定していくという以下の考え方が、現在では有力説として受け入れられている。この具体的事実説ともいえる見解は、所得税額や法人税額が重層的な具体的事実の累積により算定されることに着目した点にその特徴を見いだせる。

所得税法の課税所得および所得税額の算定構造を見ると、次の五つのステップを踏んで税額は確定する。すなわち、**①発生源泉による所得区分**、**②各種所得金額の計算および損益通算**、**③所得控除**、**④課税所得金額に税率を乗じて所得税額を計算**、そして、**⑤税額控除を経て所得税額を算定する**といった、五段階のステップにより所得税額を算定する構造を所得税法は定めている。

課税要件事実は、このそれぞれの段階において存在する。所得が発生すると、その発生源泉を証明する事実が認定され、その事実に基づいて各種所得の区分が行われる。各種所得の金額は、たとえば事業所得についてみれば、収入金額を構成する個別事実と必要経費を構成する個別事実を会計帳簿や領収証といった証明資料により認定し、測定されることになる。さらに所得控除や税額控除が可能であることを示す諸事実を確認する資料等により、控除が可能となる。このような各段階を経て所得税額が確定される。

このように租税法の適用対象となる事実は個別取引に始まり、税額にいたる多様な段階を経て構成されており、租税法における要件事実、すなわち課税要件事実の特徴は、段階的な層状構造をなしているところに求められる注(5)。

租税訴訟では税額が争点とされたとしても、これらの層状構造をなすいずれの段階の事実が、要件事実として証明対象となるのかが整理・確認されねばならない。その意味からすると、この具体的事実説が、より妥当性を有する説として支持できよう。

この具体的事実説は今日では多数説とされるが、その理由はさらに次の二点にあるとされる。すなわち、「一つは、主要事実とは、直接証拠により証明できる事実をいうが、所得、収入や経費が、収入の計上時期や所得区分等の法的判断を経た上、計算の結果として算出される金額であって、直接証拠による証明ができる具体的事実ではないこと、もう一つは、相手方の防御すなわち不意打ち防止の観点からしても個別具体的な事実が望ましいこと」注(6)の二つの理由をあげることができる。

このような租税法における要件事実の特徴を踏まえた上で、条文の文言から要件事実は何かを考えていくことは、租税法解釈を、租税法実務を射程に入れた緊張感のある解釈へと深化させるものといえよう。

四　要件事実論の意義

次に、要件事実論とは何かについてその意義を確認しておく。

要件事実論の代表的研究者である伊藤滋夫教授は、「要件事実論とは、要件事実というものが法律的にどのような性質のものであるかを明確に理解して、これを意識した上、その上に立って民法の内容・構造や民事訴訟の審理・判断の構造を考える理論である。」と定義付けておられ、さらに端的に「裁判官による法的判断の構造を考える理論」ともいえるとされている。そして、「要件事実とは、法律効果を生じるために必要な実体法（裁判規範としての民法）

の要件に該当する具体的事実である。」とされる注(7)。

同教授の定義を踏まえて、さらに要件事実論を検討すると、次のように理解することができよう。民法等（租税法も含む）の実体法の定める個々の条文や、判例・学説において論じられてきた法律要件の意味内容を分析し、要件事実は何かを分析決定し、攻撃防御方法として、原告・被告がそれぞれ主張立証責任の分配を考察する理論を要件事実論ということができる。

この要件事実論は、事実認定論ときわめて密接な関係にあるといえるが、その本質は異なる。すなわち、「要件事実論が、民事裁判における裁判官の法的判断の構造であり、事実認定論は、民事裁判における裁判官による事実判断の構造である。」とされる。要件事実論は裁判官の法的判断の構造を考える理論であり、事実認定論とはその本質を異にするものであり、この区別は重要であることをここに確認しておく。

ところで、要件事実論の有用性は、民事訴訟の適正・迅速な審理判断をするために不可欠であるという点にある。伊藤滋夫教授は、その有用性について以下のように整理されておられる注(8)。

①要件事実を的確に考えることによって、ある法律効果の発生のために直接に必要な事実としては、どのような事実が主張立証されれば必要かつ十分かが明確になる。

②要件事実論は、訴訟上問題となる種々の事実が、訴訟物との関係でどのような性質を持っているかを明確にすることができる。すなわち、要件事実を請求原因、抗弁、再抗弁、再々抗弁などと性質付けをすることができる。この性質付けにより、どちらの当事者がある事実について主張立証責任を負うべきかが明確になる。

以上のとおり、要件事実論は、民事訴訟における裁判官の判断の構造を解明していく理論ということができる。主張立証責任対象事実、すなわち要件事実をその規定の制度趣旨を踏まえて決定し、その要件事実の存否の立証責任の分配を立証の公平の視点から考察し、その両者の組み合わせによって法的判断を下すのが、裁判官の法的判断の構造ともいえる。

この裁判官の法的判断の構造を研究する理論が要件事実論である。要件事実論は、いかなる事実を証明する証拠が重要であり、何をいかに立証すべきかといった考え方を整理する手法を提供するものであり、紛争予防上も有益な理論といえる。たとえば、税務調査過程における紛争予防に有益な示唆を与える理論であるということができる。

五　要件事実論・事実認定論はリーガルマインド習得に有用

紛争予防税法学の構造は、①確かな理念（租税正義）と②租税法の基礎理論（その中心的基礎理論とは租税公平主義と租税法律主義）、そして、③その基礎理論を実務に展開するスキル（法的技術）すなわちリーガルマインドの三つのファクターにより構築されている。

確固たる理念、哲学を持ち、その哲学のうえに構築された理論と、その理論を実務に展開するためのスキルが有機的に結合することにより紛争予防は図れるのである。これを車に例えれば、②の理論と③のスキルは車の両輪といえる。そして、理念は車の動力源であるエンジンに例えることができよう。

その理論を実務に展開するためのスキルであるリーガルマインドの習得に要件事実論と事実認定論が有用であるとされる[注(9)]。

リーガルマインドとは「問題解決のための法律的なものの考え方」であり、紛争を法律的に適正・迅速に解決することのできる法的思考力をいう。**この法的思考力と法的思考方法の関係は、「法的思考力を有していれば具体的問題を解決するに当たり正しい思考方法を発見することができるし、正しい思考方法を用いて具体的問題を解決するよう努めることによって法的思考力を高めることができる」**注⑽という相互有機的関係にあるといえる。

要件事実論は、当事者がある法的効果を主張するためには、何が要件事実であり、何が本質的に必要かを考える理論であるから、この要件事実論を学ぶことは法的思考力や法的思考方法を習得するために有用であることは論理的必然ともいえる。

さらには、要件事実論は租税訴訟における裁判の行方を予測する上でも有用性が高いところから、租税法律主義の機能である予測可能性を大きく向上させる理論ということもできる。

六　税理士を含めた法律家と要件事実論

要件事実論とは、実体法の条文の解釈により、何が要件事実かを決定するための基準と、その要件事実の存否を紛争当事者のいずれが立証するかといった立証責任の分配の基準を明らかにし、裁判官の法的判断の構造を分析する理論である。

そもそも要件事実とは、いかなる事実が存在すると、いかなる法律効果が発生し、いかなる事実が存在しなければ法律効果は消滅するのかといった、法律効果の変動に影響を与える事実をいう。その要件事実の存否の立証責任を、いずれの紛争当事者が負うべきかが問題となる。訴訟では、立証責任を負うべき当事者が決定されると、次に、その立証責任の負担者が要件事実の存否の立証に成功すれば訴訟で勝利するし、立証に失敗すると敗訴する。このように要件事実とその主張立証責任の分配の問題がクリアになると、裁判の勝敗の行方を予測することが可能となる。**司法研修所はもちろん、ロースクールでも、下図のとおり、「ブロック・ダイアグラム」という分析道具を用いて、要件事実論に基づいた事件の構図を明らかにする演習が繰り返される。**

たとえば、訴訟物を売買契約に基づく代金支払請求権一個、履行遅滞に基づく損害賠償請求権一個、原告が訴訟物に対応する請求原因として売買契約締結の事実等の存在を主張すると、一方で、被告は抗弁として錯誤の存在を立証する、という具合に紛争の攻撃防御の構造を立体的に解明するといった要件事実論の講義が、ブロック・ダイアグラムを用いて司法研修所では展開されている。租税訴訟をはじめ実際の訴訟では、要件事実の立証に成功した訴訟当事者が勝訴するのであるから、的確に要件事実の存否を立証できるか否かが訴訟の行方を左右する。裁判の結果を予測する道具として要件事実論は有益である。ここに要件事実論が裁判官の法的判断の構

ブロック・ダイアグラム

請求の趣旨　YはXに対し、4000万円及びこれに対するH18.10.1から支払済みまで年1割の割合による金員を支払え。

訴訟物　売買契約に基づく代金支払請求権　1個
履行遅滞に基づく損害賠償請求権　1個

請求原因

あ	X・Y　H18.8.22　本件売買契約 本件土地　代金4000万円 代金支払期日　H18.9.30 損害金年1割	○
い	X→Y　H18.8.31　本件土地につき、(あ)に基づく所有権移転登記手続	○
う	X→Y　H18.8.31　(あ)に基づく本件土地の引渡し	○
え	H18.9.30　経過	顕

抗弁(錯誤)

カ	Y　本件売買契約締結当時、B新駅が設置される契約がないのに、その計画があるものと誤信	×
キ	Y→X　本件売買契約に際し、(カ)の計画があるので本件土地を買い受けると動機の表明	×

村田渉・山野目章夫編『要件事実論30講(第2版)』(弘文堂・2009年)432頁より抜粋

造を分析する理論であるとされる所以がある。

よく考えてみれば、弁護士は相談者に訴訟の行方を踏まえて紛争解決の手段を提示しなければ、その職務を全うできない。たとえば、法律事務所に法律相談に訪れた相談者が、弁護士に売買契約に基づく代金支払いの請求が可能かどうかを相談した場合に、弁護士は要件事実の存否について売買契約書等の証拠を綿密に検証し、法的に主張が可能かどうか、売買契約に基づく代金支払請求訴訟において勝訴判決をとれるかどうかを予測し、相談者に相談事案の見立てを行い、適切な回答を示すことになる。そうすると、要件事実が何か、その要件事実を立証する証拠の存否、といった問題を整理することは、法的紛争の解決の決め手になるから、紛争の争点を整理するうえで有益である。

さらに、要件事実は事実認定の作業の方向性を左右することになる。要件事実が明確化されることにより何を事実認定しなければならないのかという的が絞れるという具合に、要件事実の決定と事実認定は連動しているということを確認できる。前記の弁護士と同様に、租税法の専門家である税理士にも、租税法が法律であるから訴訟をも射程に入れた法的判断が求められる。

たとえば、弁護士であるクライアントから、顧問料収入の一部を給与所得として申告し、給与所得控除ができるのではないか、との相談を受けたとする。クライアントは、給与所得として処理したいが、税務調査を乗り切れるか、さらには税務調査の延長線上で課税庁に給与所得に該当しないとの課税処分を受けた場合に、同処分の取消訴訟で勝訴できるか否かが相談事項であったとする。

相談を受けた税理士が、「それは私の経験によれば難しいと思う」などと回答すれば、税理士の力量は疑われることになる。なぜならば、経験則での判断が問われているのではないからである。前記の相談のポイントは、所得税法二八条の解釈・適用を踏まえた法的判断が問われているのであるからである（なお、この事例は前述したが理解に有益な事例なのであえて重複事例であるがここで取り上げることにする）。

要件事実論の議論を踏まえて回答する場合には、以下のような論理を用いることになる。給与所得の範囲を定めた所得税法二八条は「給与所得とは、俸給、給料、賃金、歳費及び賞与並びにこれらの性質を有する給与（中略）に係る所得をいう。」と定めている。この条文の解釈について、先例として最高裁昭和五十六年四月二十四日判決が次の給与所得該当性を判断する三要件を判示している。

すなわち、①雇用又はこれに類する原因に基づいて、②雇用者の指揮命令に属して、③非独立的に提供する労務の対価で、退職に伴う一時支給金を除いたものか否か、といった給与所得の該当要件を判示している注⑾。この三要件に該当する事実が、ここでいう要件事実である。そこで、税理士は、三つの要件事実の存否を①雇用契約の存否を証明する証拠資料、②いかなる形態で役務提供を行っているか、それを示す資料、そして、③非独立的に役務を提供した対価であることを証明する資料の提示を求め、一連の事実認定作業を経て三要件の充足の可否を検証することになる。この①ないし③の要件事実をすべて充足すれば、相談者の収入は給与所得に該当するという法的判断を導出できるのである。

ここで重要になるのは、給与所得の該当性を決定する要件事実は何か、そして、その要件事実の存否を検証するための証拠の存否と、証拠に基づく事実認定作業である。このように要件事実は何かを、裁判所によりオーソライズされた判例の判断に求め、その判例により示された要件に該当する事実、すなわち要件事実の存否を事実認定作業を経て行うことにより、税理士の判断は訴訟をも射程に入れた確かなものとなる。このような要件事実は何か、その立証のための証拠の存否について確実な検証を行うことにより、税理士の租税法解釈・適用上の法的判断が訴訟の行方までも見据えた予測可能性の高いものになるのである。実務上生じた問題を解決するために、まさにリーガルマインドを根底にしたこのような要件事実論的思考が、税理士実務にいま求められているのである。

租税法実務上の問題をこのように要件事実論の考え方を用いて解決していくことが、将来の紛争を予防することに帰結する。将来の紛争を事前に予知できれば、その予防法は周到に準備できるはずである。

七　要件事実論と租税法律主義

租税法の専門家である税理士は、訴訟の行方をも踏まえた税務調査の立ち合いや税務相談に対応せざるを得ない。その際に、租税訴訟における要件事実とは何かを、そして、その立証責任の分配や攻撃防御の方法を、体系的に理解する考え方である要件事実論は、極めて有用な理論となることは前述のとおりである。

ところで、申告納税制度の下において、所得税法に代表される各個別租税実体法は、租税法律関係のうち納税義務者は誰かといった租税債権債務の当事者、納税義務の範囲を定める租税債務の内容、租税債務の成立・承継・消滅などを定めるものであり、納税者にとっては申告納税するための行為規範としての性質を有するといえる。

一方、これらの租税実体法の解釈・適用をめぐり国と納税者との間に見解の相違が生じ、紛争が生じた場合には、これらの租税法規は、裁判規範としての側面が強調されることになる。

ところが、租税法を裁判規範としてみた場合には、民法と同様に規定に不備がある。すなわち、租税実体法は、課税要件を定め、その要件を充足する場合には租税に関する法律効果が発生もしくは消滅すると定めている。しかし、裁判において誰がどのような事実を立証すれば、特定の法律効果の発生を主張でき、あるいはどのような事実を立証すれば法律効果が発生しないことを主張できるかといった、いわゆる要件事実とその主張立証責任の分配に関しては、なんら具体的規定を用意しているとはいえない。

そうすると、納税者が租税に関する法律効果の発生・消滅をめぐり租税行政庁と対立し、租税訴訟を提起しても、何が要件事実であり、要件事実に関する主張立証責任の分配はどうあるべきか、また、有効な攻撃防御の方法はいかにあるべきか、そして結果的に裁判官がいかなる方法により法的判断を下すかについて、現行の租税実体法はその規定の中になんら具体的な文言を定めていない。ゆえに訴訟提起による納税者の権利救済の主張の成否に関して、十分な予測可能性が納税者には確保されているとはいえない。

租税法の基本原則である租税法律主義は憲法三〇条および八四条を法的根拠とするものであり、その機能は、租税が法律に基づいて課されることを憲法が保障することにより、国家による恣意的な課税を阻止し、租税法律関係における予測可能性と法的安定性を確保することにある。

この租税法律主義は、侵害規範の側面を持つ租税法の解釈・適用が国によって恣意的になされることを阻止することを、その本質的な機能とする。明確な課税要件規定の存在は、租税行政庁の恣意的な課税を阻止する。この租税行政庁の恣意的課税を阻止するという租税法律主義の本来的な機能は、租税争訟制度により担保される。

租税法の解釈・適用をめぐって納税者と租税行政庁の見解が相違し、納税者の申告が否認され、課税処分がなされた場合には、自己の申告の正当性を主張し、権利救済を求める法制度として租税争訟制度が用意されている。租税行政庁の課税処分の正当性の検証手段として租税争訟制度が存在するともいえる。納税者が権利救済を求め、租税争訟制度を利用する際に、租税実体法は裁判規範として認識されることになる。すなわち、松沢智教授はこの点につき、「裁判規範として租税実体法を認識したとき、課税が適法、妥当となるための構成要件（Tatbestand）または要件事実は何かということを租税実体法自体から把握する必要がある。課税要件事実を租税実体法から整理し、争訟の対象となった処分の当否につき、請求を理由あらしめる事実を主張し、立証することによって、当該処分の違法性、不当性の存否の判断を求めることとなるのである。」注⑿と指摘されている。租税争訟制度を有効に機能させることが、租税法の基本原則である租税法律主義の要請を実質的に保障することになる。そのためには、租税法の裁判規範としての側面を重要視することが不可欠となる。

要件事実論が、租税実体法の裁判規範としての機能を有効にするものであることは先に確認したとおりである。そうだとすれば、要件事実論は租税法律主義にとっても有益な理論といえよう。

さらに付言すると、要件事実論が裁判官の法的判断の構造を分析する理論であるとすると、納税者が租税訴訟を提起する際に、要件事実論は裁判の行方を見通すための有益な情報を納税者に提供することになる。すなわち、訴訟を提起するか否かは、その裁判に勝算があるか否かによって判断されるのであるから、裁判官の法的判断の構造を分析する手法である要件事実論は、訴訟提起の可否判断に有益な情報を提供することになるといえる。

八　要件事実論と巡回監査（Field Audit）

ＴＫＣ全国会では、巡回監査を、次のように定義している。

「巡回監査とは、関与先を毎月及び期末決算時に巡回し、会計資料並びに会計記録の適法性、正確性及び適時性を確保するため、会計事実の真実性、実在性、網羅性を確かめ、かつ指導することである。巡回監査においては、

経営方針の健全性の吟味に努めるものとする。巡回監査は、毎月行う月次巡回監査と期末決算時に行う決算巡回監査とに分けられる。」（『ＴＫＣ会計人の行動基準書（第四版）』第三章「実践規定」３－２－１）。

飯塚毅博士は米国の会計書の「Field Audit」を「巡回監査」と翻訳された。同博士がこの巡回監査の必要性に気づいて実行に踏み切ったのは、税理士事務所開業四年目にあたる昭和二十四年五月だった、とされる[注⒀]。関与先を訪問し、領収証等の証拠をチェックし会計帳簿の真実性を検証する巡回監査は、**会計事務所職員による事実認定作業であり、収入や経費といった所得税法や法人税法の要件事実そのものの存否を検証する行為といえる。**

申告納税制度の下では、自己の申告額の範囲内で、証憑や帳簿等により納税者がその要件事実である収入と経費の認定の適法性を立証する義務が課されているといってもよい。一方、課税庁がその申告額が違法であるとして更正処分した場合には、その処分が適法であることの立証責任を課税庁が負うことになる。**そうすると、「会計資料並びに会計記録の適法性、正確性及び適時性を確保するため、会計事実の真実性、実在性、網羅性を確かめ」る作業は、要件事実論の視点からも、課税所得の適法性を立証する上で不可欠なものといえよう。**巡回監査は要件事実論的考え方を用いると、紛争予防に不可欠な行為であることをさらに明確化できるといえるのである。巡回監査は租税法が裁判規範であることを前提にした作業であると位置づけることもできる。

巡回監査による問題点の指摘は、税理士法三三条の二にいう書面添付に連動するはずであることも最後に付言しておく。

注(1) 今村隆「再論・課税訴訟における要件事実論の意義」『税大ジャーナル』一〇号二八頁以下(二〇〇九年)。

注(2) 司法研修所編『改訂問題研究　要件事実』(法曹会、二〇〇六年)六頁。

注(3) 司法研究所編、前掲注(2)、一一二頁以下参照。

注(4) 松沢智『租税争訟法(改訂版)』(中央経済社、一九九八年)三四六頁。

注(5) 岡村忠生「税務訴訟における主張と立証」芝池義一・田中治・岡村忠生編『租税行政と権利保護』(ミネルヴァ書房、一九九五年)二九八頁。

注(6) 小林博志「税務行政訴訟における主張責任、証明責任」『日税研論集』四三巻一三七頁(二〇〇〇年)。

注(7) 伊藤滋夫『要件事実の基礎』(有斐閣、二〇〇〇年)一四頁。

注(8) 伊藤滋夫、同、一六頁。

注(9) 伊藤滋夫『要件事実・事実認定入門(補訂版)』(有斐閣、二〇〇五年)一七九頁。

注(10) 伊藤滋夫、同、一八〇頁。

注(11) 最判昭和五十六年四月二十四日『民集』三五巻三号六七二頁。

注(12) 松沢智『租税争訟法(改訂版)』(中央経済社、一九九八年)一八頁。

注(13) 飯塚毅博士アーカイブ(http://dr.takeshi-iizuka.jp/firm/establishment-01.html)、本稿執筆時。

第五章　紛争予防と租税法解釈のあり方——武富士事件を素材に

一　はじめに

前章までにリーガルマインドの中心的問題である事実認定の問題と要件事実論について紛争予防の視点から論じてきた。本章では、リーガルマインドの最も重要な問題である租税法解釈のあり方を、紛争予防の視点から検討しておきたい。

平成二十三年二月十八日に上告審判決が出た武富士事件や近年の注目事例を素材に、租税法解釈のあり方を確認していく。

租税法は侵害規範であるから、租税法律主義の下で厳格な解釈が要請される。文言の意味を忠実に解釈する文理解釈が求められるのであるが、趣旨解釈の名の下に拡張解釈や縮小解釈がなされると、その文言の解釈をめぐる紛争が生じる。この武富士事件や、平成二十二年に税務行政に大きなインパクトを与えた長崎年金二重課税事件は、趣旨解釈を強調する租税行政庁の租税法解釈の姿勢が問われた事件である。

租税法の専門家が租税法解釈の基本を判例から確認することは、紛争予防の第一歩ともいえる。

二　武富士事件最高裁判決を学ぶ意義

「武富士事件」は、オランダ所在の子会社の株式一六〇〇億円相当を香港に居住していたとされる長男に贈与したが、この株式贈与が贈与税の課税対象となるか否かが争われた事案である。追徴税額が巨額であるとともに、消費者金融で蓄財された富の親子間の移転が、実は弁護士と公認会計士の助言により計画された贈与税回避スキームの実行によるものである点などがあいまって、租税法の専門家ばかりか多くの国民の注目を集めた。

最高裁は、莫大な贈与税を回避することを当初から計画したものであったとしても、租税法律主義の下では、借用概念である「住所」の認定基準に租税法独自の租税回避の意図といった、主観的意図の存在を加えることは許されないとして、国側の主張を排斥し、原告（武富士側）勝訴の判決を言い渡した。判決文で「結局、租税法律主義という憲法上の要請の下、法廷意見の結論は、一般的な法感情の観点からは少なからざる違和感も生じないではないけれども、やむを得ないところである。」と結んでいる。

最高裁は、租税法の解釈は厳格になされなければならず、許容されない租税回避は立法により対処せよと判示している。租税行政庁が租税法を拡大解釈し、裁量行政を行うことを厳に戒めた判決といえよう。

その前年は「長崎年金二重課税事件」が注目され、このほか「ホステス源泉徴収基礎控除事件」の最高裁判決が示されたが、いずれも控訴審の判断を覆し国側が敗訴となった。これらの注目事例に共通する事件の構図は、次のように単純化して描くことができる。

すなわち、国（租税行政庁）が個別租税法規定の文言を趣旨解釈の名の下に、拡張解釈もしくは縮小解釈して適用したために、納税者との間で法解釈上の紛争が生じ、この紛争に対し裁判所が租税法律主義を根拠に厳格な文理解釈を貫き、国の解釈を是正する判断を下した事案であるといえよう。

これらの一連の最高裁判決に示された法解釈が、租税法律主義の下における租税法解釈のあり方といえよう。税理士をはじめとする租税法の実務家や租税行政庁の職員もこれらの裁判例に示された租税法解釈のあり方を学ぶことにより、未然に紛争を回避することができるはずである。ここに、我々が最高裁判例を学ぶ意義があると思う。

とりわけ、武富士事件の最高裁判決は、租税法解釈の限界と、そのあり方を確認した画期的な判決と評価できるものである。

租税法実務は法の支配の下におかれているのであるから、租税法解釈のあり方を正確に理解しておかなければ、法適用を誤ることになる。

租税行政庁が恣意的に租税法解釈を拡張することに歯止めをかけたともいえる、武富士事件最高裁判決を、地裁および高裁の判断と比較検討することにより、紛争予防のための法解釈のあり方を確認することにしよう。

三　武富士事件の展開——租税回避の意図をめぐる攻防

(1)　事件の概要

この事件は、消費者金融大手の武富士の故武井保雄会長とその妻が保有していたオランダ所在の子会社株式を香港居住の長男に無税で贈与したのに対して、原処分庁が贈与時点の長男の主たる生活の本拠地は日本にあったと認定し、一一五七億円余の贈与税および加算税一七三億円余の課税処分がなされたことを不服とした原告が出訴した事案である。本件では長男（原告）が贈与時点に国内に住所を有していたか否かが争点とされた。株式贈与時点で受贈者である原告が国内に住所を有していたと認定されれば、わが国の贈与税の納税義務を負うことになる。贈与時点当時の相続税法では国外財産を非居住者に贈与した場合には贈与税の納税義務者に該当しないとされていた（なお、平成十二年度税制改正でこの方法による租税回避は封殺されることになった）。

本件は、贈与税改正が予想されるとの情報を得た原告らが、弁護士、公認会計士の助言に基づいて、国外財産を国外居住者に贈与するという贈与税回避スキームを実行に移した、租税回避事件であったといえよう。当時、贈与者が所有する財産を国外へ移転し、更に受贈者の住所を国外に移転させた後に贈与を実行することによって、わが国の贈与税の負担を回避するという方法が、平成九年当時において既に一般に紹介されており、原告等は、同年二月頃、このような贈与税回避の方法について、弁護士から概括的な説明を受けていたことが訴訟過程において認定されている。

(2) 争点（借用概念の解釈のあり方）　借用概念に租税法独自の租税回避の意図の基準を加えることができるか？

本件の実質的な争点は、贈与時点で原告の住所が香港に所在していたか、という住所の認定にあった。住所の認定に際しては、そもそも「住所」とは何か、といった住所概念が明らかにされなければならない。住所について租税法は特に定義規定を用意していないところから、民法二二条が定める「生活の本拠」概念を借用したものと理解されている。この民法からの借用概念に租税回避の意図といった租税法独自の概念要素を加えることができるか否かが争点とされたのが本件である。

(3) 東京地裁の判断

武富士事件の第一審である東京地裁[注(1)]は、住所の認定基準について、「法令において人の住所につき法律上の効果を規定している場合、反対の解釈をすべき特段の事由のない限り、住所とは、各人の生活の本拠を指すものと解するのが相当であり[注(2)]、生活の本拠とは、その者の生活に最も関係の深い一般的生活、全生活の中心を指すものである[注(3)]。そして、一定の場所がある者の住所であるか否かは、租税法が多数人を相手方として課税を行う関係上、客観的な表象に着目して画一的に規律せざるを得ないところからして、一般的には、住居、職業、国内において生計を一にする配偶者その他の親族を有するか否か、資産の所在等の客観的事実に基づき、総合的に判定するのが相当である。」（※筆者傍線）と判示し、行為者の主観的な意図を考慮すべきか否かについては、「主観的な居住意思は、通常、客観的な居住の事実に具体化されているであろうから、住所の判定に無関係であるとはいえないが、かかる居住意思は必ずしも常に存在するものではなく、外部から認識し難い場合が多いため、補充的な考慮要素にとどまるものと解される。」として、住所の認定判断には行為者の主観的意思は補充的な考慮要素にとどまるものであり、主たる住所認定の基準とすべきではないと判示した。

(4) 控訴審（東京高裁）の判断

ところが、同控訴審[注(4)]では、住所の意義については一審と同様に最高裁の判決を引用はしているが、後半部分で傍線部分のとおり、東京地裁が補充的考慮要素とした「居住の意思」を主要な判断要素の一つとすると判示した。すなわち、「法令において人の住所につき法律上の効果を規定している場合、反対の解釈をすべき特段の事由のない限り、その住所とは、各人の生活の本拠を指すものと解するのが相当であり[注(5)]、生活の本拠とは、その者の生活に最も関係の深い一般的生活、全生活の中心を指すものである注(6)。そして、一定の場所が生活の本拠に当たるか否かは、住居、職業、生計を一にする配偶者その他の親族の存否、資産の所在等の客観的事実に、①居住者の言動等により外部から客観的に認識することができる居住者の居住意思を総合して判断するのが相当である。②なお、特定の場所を特定人の住所と判断するについては、その者が間断なくその場所に居住することを要するものではなく、単に滞在日数が多いかどうかによってのみ判断すべきものでもない注(7)。」（※筆者傍線および番号を追記）と判示して、傍線部①のとおり原告の居住意思を重視し、さらに傍線部②のとおり、居住日数という客観的な数値の多寡により判断するものでもないとして、第一審の判断を取消し、被告国側の主張を認容した（国側勝訴）。

同控訴審判決は、前記のとおり住所の認定基準として居住の意思をほかの判断基準と同格に位置づけ、総合的に判断するとしている。職業や財産の所在といった客観的証拠により認定される基準と、個人の居住の意思という主観的要素を同列に扱い総合的に判断すると判示しているのである。意思を主たる判断要素に加えると、客観的な滞在日数などの証拠は、その意思が色濃く反映され法的評価も変容してくるのは必然ともいえる。

たとえば、「被控訴人は、（中略）香港に居住すれば将来贈与を受けた際に贈与税の負担を回避できること及び上記の方法による贈与税回避を可能にする状況を整えるために香港に出国するものであることを認識し、出国後は、本件滞在期間を通じて、本件贈与の日以後の国内滞在日数が多すぎないように注意を払い、滞在日数を調整していた」として、租税回避の目的等、原告の香港滞在の意思を重視し、その目的が租税回避目的であることを詳細な事実認定により論証しており、租税回避の意思の下に居所、職業、財産、滞在日数といった客観的証拠を再評価しており、租税回避の意図の存在が住所認定の中心的な基準と位置づけられている。

(5)　整理――両判決の相違点

東京地裁判決は、居住意思その他被控訴人（原告）の主観的事情について、原告が「日本出国日時点においても、香港に居住すれば将来贈与を受けた際に贈与税の負担を回避できることを認識していた可能性もあり得るものと考えられる」と認定しつつも、「被告の主張は、原告の租税回避意思を過度に強調したものであって、客観的な事実に合致するものであるとはいい難い」として、被告の主張を批判し、客観的証拠に基づいた事実認定がなされるべきことを確認した。一方、東京高裁の判断は、まさに「その前提としての判断基準と考慮要素の比重を生活の本拠地の判断において変更しており、その結果東京地裁判決と大きな相違をもたらしている。同判決は、租税回避目的（さらにはその認識）を過度に評価し、租税回避目的と多くの認定事実の評価を関連付けることによって原判決取消しとの結論を導いている」[注(8)]と整理することができよう。

なお、議論の便宜上から以下では、前記東京地裁判決が採用した客観的事実により住所を認定し、居住の意思などの主観的意思は補充的考慮要素とする住所認定の基準を「**客観的事実説**（**事実主義**）」と呼称し、居住の意思を重視した東京高裁判決の採用した認定基準を「**主観的意思説**（**意思主義**）」と呼称することにしたい。

四　最高裁の判断の構造――租税法解釈のあり方

(1)　住所概念とその判断の基準

最高裁は、まず、住所概念を以下のように民法からの借用概念であることをふまえて、「法一条の二によれば、贈与により取得した財産が国外にあるものである場合には、受贈者が当該贈与を受けた時において国内に住所を有することが、当該贈与についての贈与税の課税要件とされている（同条一号）ところ、ここにいう住所とは、反対の解釈をすべき特段の事由はない以上、生活の本拠、すなわち、その者の生活に最も関係の深い一般的生活、全生活の中心を指すものであり、一定の場所がある者の住所であるか否かは、客観的に生活の本拠たる実体を具備しているか否かにより決すべきものと解するのが相当である[注(9)]。」と判示して、住所が民法からの借用概念であるから、住所概念に居住意思や租税回避の意図といった租税法独自の基準をとりこむことを否定して、**「客観的事実説（事実主義）」**の立場を採用した。

(2) 借用概念の租税法上の解釈のあり方——租税回避の意図の存在を重視した高裁判断を否定

最高裁は原告が香港の現地法人に勤務実体が存在した点、香港居宅に駐在期間の三分の二滞在した点、そして、現地法人に勤務実体があった点を指摘して、「これが贈与税回避の目的で仮装された実体のないものとはうかがわれないのに対して、国内においては、本件期間中の約四分の一の日数を本件杉並居宅に滞在して過ごし、その間に本件会社の業務に従事していたにとどまるというのであるから、本件贈与を受けた時において、本件香港居宅は生活の本拠たる実体を有していたものというべきであり、本件杉並居宅が生活の本拠たる実体を有していたということはできない。」と判示した。

そのうえで、「原審は、上告人が贈与税回避を可能にする状況を整えるために香港に出国するものであることを認識し、本件期間を通じて国内での滞在日数が多くなりすぎないよう滞在日数を調整していたことをもって、住所の判断に当たって香港と国内における各滞在日数の多寡を主要な要素として考慮することを否定する理由として説示するが、前記のとおり、一定の場所が住所に当たるか否かは、客観的に生活の本拠たる実体を具備しているか否かによって決すべきものであり、主観的に贈与税回避の目的があったとしても、客観的な生活の実体が消滅するものではない」と判示して、租税回避目的という主観的な意図が存在していたとしても、仮装でない限り客観的実体を否定することはできないとして、原審の判断を斥けている。

次いで、借用概念の解釈のあり方を次のように判示している。すなわち、客観的事実説に基づく住所概念により本件を判断するのは、「法が民法上の概念である『住所』を用いて課税要件を定めているため、本件の争点が上記『住所』概念の解釈適用の問題となることから導かれる帰結であるといわざるを得ず、他方、贈与税回避を可能にする状況を整えるためにあえて国外に長期の滞在をするという行為が課税実務上想定されていなかった事態であり、このような方法による贈与税回避を容認することが適当でないというのであれば、法の解釈では限界があるので、そのような事態に対応できるような立法によって対処すべきものである。そして、この点については、現に平成十二年法律第一三号によって所要の立法的措置が講じられているところである。」（※筆者傍線）としている。

法が予定した租税負担軽減行為が節税である。その節税の範疇を逸脱した行為は租税回避であり、それが許容できないのであれば、租税法を趣旨解釈の名の下に拡張解釈するのではなく、立法措置により対処すべきであると断じている。

(3)　本判決の補足意見の意義――租税法の解釈・適用の原理原則を確認

本判決で、さらに注目すべき点は裁判長裁判官の須藤正彦裁判官の補足意見である。

同裁判官の補足意見は、次のように租税法の解釈・適用の原理・原則を四点にわたり述べており、ここで、その意義を確認しておきたい。

すなわち、「①一般的な法感情の観点から結論だけをみる限りでは、違和感も生じないではない。しかし、そうであるからといって、個別否認規定がないにもかかわらず、この租税回避スキームを否認することには、やはり大きな困難を覚えざるを得ない。（中略）②この租税法律主義の下で課税要件は明確なものでなければならず、これを規定する条文は厳格な解釈が要求されるのである。明確な根拠が認められないのに、安易に拡張解釈、類推解釈、権利濫用法理の適用などの特別の法解釈や特別の事実認定を行って、租税回避の否認をして課税することは許されないというべきである。③そして、厳格な法条の解釈が求められる以上、解釈論にはおのずから限界があり、法解釈によっては不当な結論が不可避であるならば、立法によって解決を図るのが筋であって（現に、その後、平成十二年の租税特別措置法の改正によって立法で決着が付けられた。）、裁判所としては、立法の領域にまで踏み込むことはできない。④後年の新たな立法を遡及して適用して不利な義務を課すことも許されない。結局、租税法律主義という憲法上の要請の下、法廷意見の結論は、一般的な法感情の観点からは少なからざる違和感も生じないではないけれども、やむを得ないところである。」（※筆者番号を追記）との補足意見を述べられている。

この補足意見の趣旨を、以下のように検討して、課税庁職員はもとより、税理士こそがしっかりと理解し、租税法実務を担うべきであると筆者は考える。なぜならば、紛争予防は、租税法律主義の下でいかなる租税法の解釈・適用が許容されるのかを、税理士も、そして課税庁職員も、判例の動向を踏まえて理解することにより可能となるからである。

補足意見の①は、租税回避は違法行為ではないところから、その否認は法によってなされるべきであることを明確にしている。課税庁職員は個別否認規定によらずに、実質的とか権利の濫用といった論拠により納税者の取引行為を否認できるという考え方は、租税法律主義に反することを明確に確認している。この点については、**岩瀬事件**

（相互売買事件）の東京高裁判決が「租税法律主義の下においては、法律の根拠なしに、当事者の選択した法形式を通常用いられる法形式に引き直し、それに対応する課税要件が充足されたものとして取り扱う権限が課税庁に認められているものではない」[注⑽]と判示して以降、裁判所はこの考え方を堅持しており、この補足意見はこの点を確認したものである。

補足意見の②は、租税法律主義が課税要件明確主義を要請しているのであるから、明確なはずの租税法規定は文理解釈により解釈が可能であり、類推解釈や拡張解釈の余地はそもそも存在しないことを明らかにしている。さらには、前記**岩瀬事件**において課税庁が主張した、課税庁に独自の事実認定権もしくは特別な事実認定権が付与されてはいないことを指摘したものである。

補足意見の③は、仮に拡張解釈せざるを得ないような文言が租税法の規定に存在すれば、それは法の不備として速やかに立法的措置が講じられるべきであることを示唆したものといえる。

さらに、**補足意見の④**は、その立法的措置を講じた場合にも、その立法された法規定をその立法以前に遡及して適用することも租税法律主義は禁じていることを明確にしたものである。

この補足意見は税理士の租税法実務上、税理士と課税庁とのコンフリクトの主たる原因となる論点についてほぼすべてを網羅しているといってよい。これらの論点について、前記補足意見は租税法律主義の要請を踏まえた租税法の解釈・適用のあり方を明確にしたものであり、極めて重要な意義をもつものである。実務家はこの原理原則をしっかりと確認しておくべきである。

五　租税法律主義と租税法解釈のあり方――長崎年金二重課税事件

(1)　文理解釈と趣旨解釈の関係

法解釈には文理解釈と論理解釈が基本的な解釈手法として考えられるが、なぜ、租税法の解釈は文理解釈によるべきであるかをまずここで整理しておこう。

租税法は侵害規範であるから、その解釈は他の法の解釈とは一線を画し、文理解釈によるべきである、と説明される。直接的な反対給付なく国民の財産に課されるのが租税であるから、租税の賦課については厳格な法の支配の下において、国家による恣意的な課税を阻止し、国民の財産権の侵害を防止する必要がある。そこに租税法律主義の存在意義がある。租税法律主義の主たる内容のひとつが課税要件規定が明確であることを求める課税要件明確主義である。課税要件が明確でなければ恣意的課税の阻止という租税法律主義の存在意義は失われる。

そうすると、課税要件が明確に規定されているということは、条文の文言のとおり文理解釈によりその意味内容は理解できるはずであるから、論理解釈の必要はない。文理解釈によっても、なおいくつかの解釈が可能な場合にはじめて、条文の趣旨を考慮して、もっとも法の趣旨に適する解釈を選択するという意味で、趣旨解釈の余地が生まれる。あくまでも文理解釈を前提とすることなしに趣旨解釈が許されるものではないのである。したがって、租税法解釈においては文理解釈と趣旨解釈が同列に扱われるものではないことに、とりわけ注意すべきである。

次の長崎年金二重課税事件の国側の主張は、文理解釈を素通りして趣旨解釈に終始しているところに問題があるといえる。

(2) 趣旨解釈の名の下に縮小解釈をなした典型事例 ——長崎年金二重課税事件[注(11)]

長崎年金二重課税事件最高裁判決が平成二十二年七月六日に言い渡された。この事件は各マスメディアによっても大きく報道され、注目を集めた事件である[注(12)]。

この事件は、所得税法九条一五号（現行一六号）の非課税規定の解釈を争点とした事案ということができる。年金として受給する保険金が同非課税規定に該当するか否かが争点である。同事件を簡潔に整理する。

本件は、年金払特約付きの生命保険契約の被保険者でありその保険料を負担していた夫が死亡したことにより、同契約に基づく第一回目の年金として夫の死亡日を支給日とする年金の支払を受けた原告が、当該年金は、基本的には、本件年金が、相続税法三条一項一号の「保険金」に該当し、みなし相続財産として相続税を課税されているので、所得税法九条一項一五号により非課税所得となり、所得税法三五条一項の雑所得には該当しないというべきである、として非課税所得に該当しないとした国の課税処分の取り消しを求めて提訴された事案である。

国側の主張は、「所得税法九条一項一五号は、相続（被相続人の死亡）という同一原因によって相続税と所得税を負担させるのは、同一原因により二重に課税することになるので、これを回避し、相続税のみを負担させるという趣旨であり、本件年金のように被相続人の死亡後に実現する所得に対する課税を許さないという趣旨ではない。」とし、保険金請求権（基本権）と年金受給権（支分権）は法的には異質であるから二重課税にも該当しない、というものである。

一審の長崎地裁が年金を雑所得として課税することは二重課税に該当すると判断したのに対し、福岡高裁は逆転で国側の主張を認め、現行の国側の法解釈を是認したため原告側が上告していた。

原審の福岡高裁は「所得税法九条一項一五号は、相続、遺贈又は個人からの贈与により取得し又は取得したものとみなされる財産について、相続税又は贈与税と所得税との二重課税を排除する趣旨の規定である。相続税法三条一項一号により相続等により取得したものとみなされる『保険金』とは保険金請求権を意味し、本件年金受給権はこれに当たるが、本件年金は、本件年金受給権に基づいて発生する支分権に基づいてXが受け取った現金であり、本件年金受給権とは法的に異なるものであるから、上記の『保険金』に当たらず、所得税法九条一項一五号所定の非課税所得に当たらない。」と判示している。ここで注目すべきは、所得税法の当該規定は二重課税排除を趣旨とする規定であり、保険金請求権と保険金受給権は法的には異質であるから二重課税に該当しないので、非課税規定に該当しないと判示している点である。

条文の文言の解釈を飛び越えて、立法趣旨とその法適用の法律効果に整合性があるか否かに力点を置いた判決であり、租税法律主義の下における租税法解釈とは大きく乖離した解釈であり、このような解釈がなされれば、詳細な文言を法が用意する必要はなくなる。

一方、最高裁は、この控訴審の判断を破棄して、次のように当該条文について忠実な法解釈を加えた文理解釈を展開している。本稿では租税法解釈のあり方を明示した部分についてのみ引用する。

すなわち、「所得税法九条一項は、その柱書きにおいて『次に掲げる所得については、所得税を課さない。』と規定し、その一五号において『相続、遺贈又は個人からの贈与により取得するもの（相続税法の規定により相続、遺贈又は個人からの贈与により取得したものとみなされるものを含む。）』を掲げている。同項柱書きの規定によれば、同号にいう『相続、遺贈又は個人からの贈与により取得するもの』とは、相続等により取得し又は取得したものとみなされる財産そのものを指すのではなく、当該財産の取得によりその者に帰属する所得を指すものと解される。そして、**当該財産の取得によりその者に帰属する所得とは、当該財産の取得の時における価額に相当する経済的価値にほかならず、**

これは相続税又は贈与税の課税対象となるものであるから、同号の趣旨は、相続税又は贈与税の課税対象となる経済的価値に対しては所得税を課さないこととして、同一の経済的価値に対する相続税又は贈与税と所得税との二重課税を排除したものであると解される。」と判示している。

社会的にも大きな注目を集めた、この最高裁判決により、これまでの国税庁の取り扱いが変更を余儀なくされることになった。

租税法の解釈は租税法律主義の下では文理解釈によるべきであり、みだりに法規定の文言を拡大解釈もしくは縮小解釈することは租税法律主義に抵触する。所得税法九条の規定では「相続により取得したもの」が非課税所得となると規定しているのであるから、条文の文言に即して厳格に解すると、年金形式で取得した金銭が同規定の射程外におかれるとは解釈できない。相続時に課税され、一時金で保険金を受領すると所得税が非課税となり、年金形式により保険金を受領した場合にはなぜ非課税所得に該当しないのか、その取り扱いの差異が、条文から通常一般人には解釈できない。課税要件は明確でなければならない。課税要件規定は一見明確であるにもかかわらず、二重課税排除規定上からは、一時金として受領する場合と年金形式で受領する場合について、差別的取り扱いをすべきであるとの文言が条文に明示されているわけでもない。

にもかかわらず、年金による受給が課税所得であるとする取り扱いはまさに法を離れた恣意的課税との批判を免れない。

六　租税法解釈のあり方と税理士の職務

法律学は言葉の科学である。条文の文言の意味するところを誰人も納得できるように普遍化していく作業が法解釈といえよう。税理士は租税法の条文の文言の意味内容を明らかにし、その条文の適用範囲、射程を確定していく作業である租税法解釈の専門家であらねばならない。

松沢智教授は「税理士よ法律家たれ」と叫ばれた。法の目的である正義を実現していくには、租税法の専門家とされる税理士が租税法実務において租税法律主義の要請を担保していく以外にない。

長崎年金二重課税事件は、一人の税理士の租税法の適正な解釈のあり方を求める行動が最高裁の扉を開いた歴史的事件であったといえよう。同事件によって、税理士の専門家としての地位が社会的にも再評価されたといっても過言ではなかろう。

また、武富士事件最高裁判決は租税法律主義の存在意義を改めて確認したものである。最近の一連の最高裁判決は、租税法解釈のあり方を法の正義の視点から最高裁が明確にしたという意味で極めて重要である。税理士はこれらの裁判例を研究し、租税法解釈のあり方を学ぶべきである。

それが、紛争予防の第一歩といえよう。

注(1)　東京地判平成十九年五月二十三日『税資』二五七号－順号一〇七一七。

注(2)　最判昭和二十九年十月二十日『民集』八巻一〇号一九〇七頁参照。

注(3)　最判昭和三十五年三月二十二日(『民集』一四巻四号五五一頁参照)。

注(4)　東京高判平成二十年一月二十三日『判タ』一二八三号一一九頁。

注(5)　最判昭和二十九年十月二十日大法廷判決(『民集』八巻一〇号一九〇七頁参照)。

注(6)　最判昭和三十五年三月二十二日(『民集』一四巻四号五五一頁参照)。

注(7)　最判昭和二十七年四月十五日(『民集』六巻四号四一三頁参照)。

注(8)　占部裕典「贈与税の租税回避行為と『住所』の認定」『税理』五一巻五号九三頁(二〇〇八年)。

注(9)　最高裁昭和二十九年(オ)第四一二号同年十月二十日大法廷判決『民集』八巻一〇号一九〇七頁、最高裁昭和三十二年(オ)第五五二号同年九月十三日第二小法廷判決『裁判集民』二七号八〇一頁、最高裁昭和三十五年(オ)第八四号同年三月二十二日第三小法廷判決『民集』一四巻四号五五一頁参照。

注(10)　東京高判平成十一年六月二十一日『訟月』四七巻一号一八四頁。

注(11)　同事件については増田英敏「特約年金は所得税法九条の非課税所得に該当するか――長崎年金二重課税事件」『TKC税研情報』二〇巻二号一頁以下(二〇一一年)参照。

注(12)　同判決の直後に補佐人税理士として本訴訟の提起から最高裁で決着するまで大きな役割を果たした江﨑鶴男税理士に租税法務学会において本件の背景も含めレクチャーいただいた。なお、租税法務学会会員の前野悦夫税理士が『税務弘報』誌に発表した同事件の裁決事例研究が裁判に大きな影響を与えたと評価されている。

第六章　節税・租税回避・脱税の境界
――納税者の意図はどう評価されるか？

一　はじめに

税理士が直面する租税法上の問題は多岐にわたる。とりわけ節税等の税負担の軽減行為をめぐる課税庁との見解の相違は、頻発する問題の一つといえよう。税負担の最少化を目指す納税者と、租税歳入の最大化を目指す課税庁との立場の相違は、租税法の解釈・適用をめぐり対立をもたらす。その対立は法律上の紛争として訴訟に発展することもまれではない。

税負担を少しでも軽減させようと考えるのは納税者に共通した考え方であり、否定されるべきではない。たとえば、利益極大化を図る法人の経営者は、主たる営業活動により積極的に利益を獲得するとともに、合法的に税負担の最少化に努めるはずである。税負担の多寡は、手元のキャッシュ・フローにも直接的に影響を及ぼすのであるから、節税は経営手腕の一つといえよう。経済情勢が悪化した環境下では、クライアントから税理士に対して、節税の要求や期待は大きくならざるを得ない。節税の提案もできない税理士は無能とさえみなされる傾向がある。

ところで、納税者（税理士）が税負担を軽減させる目的の下に節税と信じて行った取引行為が、税務調査により租税回避や脱税であると調査官に認定されるといった場合が税理士の実務上少なくない。たとえば、前章で取り上げた岩瀬事件のように、売買契約を選択すると交換契約を選択するよりも譲渡収入金額が大きく減額できるといった場合に、売買契約を選択した納税者の行為が節税であるのか、租税回避であるのか、その判別は容易ではない。税務調査で節税と判断されるならばよいが、租税回避に該当すると判断されると否認されるリスクにさらされる。

この問題が厄介な点は、節税、租税回避、そして、脱税のいずれにも税負担を減少させたいとする共通の納税者の意図の存在にある。税負担の軽減の意図の下にその法形式を選択したという点ではいずれも共通である。そもそも節税であれ、租税回避であれ、納税者は当初から税負担の軽減もしくは排除を目的として、その行為を選択したのであるから、租税負担軽減の意図の存在を否定することはできない。

そこで問題となるのは、租税負担軽減の意図の存在が強調されると、その行為が節税にも租税回避にも評価しうるという点である。すなわち、租税負担の軽減を図る意図を重視した税務調査官により、節税ではなく租税回避と認定された場合である。その認定に反論するには、租税負担の軽減の意図は認めつつ、租税回避や脱税ではなく、節税であることを説得力を持って主張する必要がある。そのためには各行為の概念の正確な理解が不可欠である。

納税者の選択した行為が、節税か、租税回避か、さらには脱税とされるかにより、次の法的な対応は大きく異なる。節税であれば適法で何の制裁も加えられないが、租税回避に該当すると、租税回避の否認という引き直し課税がなされ、加算税が賦課されることになる。脱税となると、刑事事件として立件され処罰される。

したがって、この問題に関する紛争予防の第一歩は、まず、節税、租税回避、そして脱税の概念を明確に理解しておくことにある。租税法は、脱税については明確な定めを置いているが、節税と租税回避については定義規定を用意していない。

そこで、それぞれの概念について通説的理解をここで確認しておこう。なお、この概念の整理は拙著『リーガルマインド租税法（第四版）』一〇七頁以下（成文堂、二〇一三年）に従うことにする。

二　節税と租税回避の意義を理解する

租税法学上は、租税負担を納税者が意図的に軽減する行為について、①**節税**（tax saving）、②**租税回避**（tax avoidance）、③**脱税**（tax evasion）の三種に分類・整理して論じられている。

節税と脱税については、前者が合法行為であり、後者が違法行為であるところからその区別が容易であるが、租税回避は私法上有効な行為であるとされるものの、課税庁に否認されるリスクを伴うところから、脱税とも節税とも区別される。とりわけ、節税と租税回避はその境界線が明確ではないとされるところから、実務上も問題が生じやすい。

そこで以下では、まず節税と租税回避の意義を確認し、次いで、租税回避の否認について整理する。

節税とは、租税法規が予定した法形式を選択することにより租税負担を軽減する行為である。

たとえば、土地を譲渡する場合に、その土地の取得後五年を経過して譲渡することにより、経過を待たずに譲渡する場合と比較すると、租税負担を半減させることが可能となることを現行の租税法規より予測して、五年経過後に土地を譲渡する行為を節税行為ということができる。これは、租税法規が予定した行為であるので当然適法行為である。

次いで**租税回避行為とは、私的自治の原則および契約自由の原則の下にある私法の分野における法形式の選択可能性を利用して、①異常な法形式を選択し**（ここで異常という意味は通常用いられる法形式ではないということであり、違法な法形式を意味しないところに注意を要する）、**②通常想定される法形式を選択したと同一の経済的成果を達成し、③その結果として租税負担の軽減を図る、この三要件を充足する行為をいう。**

たとえば、土地の所有者が、もっぱら譲渡所得に対する税負担を免れるために、土地を譲渡する代わりに、そのうえに極めて長期間の地上権を設定して、土地の使用・収益権を相手方に移転し、それと同時に、弁済期を地上権の終了する時期として相手方から当該土地の時価に等しい金額の融資を受け、さらに右の二つの契約は当事者のいずれか一方が希望する限り更新すること、および地代と利子は同額とし、かつ相殺することを予約したとする。

このように複雑で異常な法形式を用いることによって、土地所有者は、土地を譲渡したのと同一の経済的成果を実現しながら、譲渡所得の発生を免れることができるから、これは典型的な租税回避の例であるとされる注(1)。

このような通常用いられない法形式を選択する目的が租税負担の軽減以外に見出せず、ほかに合理的理由がないところに租税回避の特徴が存在する。なお、特に確認しておくべきは、租税回避行為は私法上有効な法律行為であるという点である。

三　節税と租税回避との境界線は何か？

節税と租税回避は、先に確認したとおり、税負担の軽減を図る行為である点、そして、適法行為である点で共通している。

節税は、租税法規が予定している通常の法形式を選択し、経済的成果を得つつ税負担の軽減という目的を達成するのに対して、租税回避は、租税法規の予定していない、という意味での通常用いられない異常な法形式によって、通常の法形式による場合と同様の経済的成果を達成し、その結果として、税負担を減少させる行為である。

両者の相違は、納税者が税負担を軽減させるために採用した法形式は租税法規が予定している通常の法形式によったか否かにあるといえる。

両者は、「節税が租税法規が予定しているところに従って税負担の減少を図る行為であるのに対し、租税回避は、租税法規が予定していない異常な法形式を用いて税負担の減少を図る行為である。もっとも、節税と租税回避の境界は、必ずしも明確でなく、結局は社会通念によって決めざるをえない」注(2)とされるように、両者の境界は不明確であるにもかかわらず、租税回避であると課税庁に認定されると、否認されるリスクを負うことになる。

租税回避の否認は、単に否認するのではなく課税庁による通常の法形式とされるフィクションに基づいて追徴課税がなされる（みなし課税がなされる）という意味で大きなリスクとなる。この否認の問題については後述する。

そこで、税理士をはじめとする租税法実務家としては、節税と租税回避の境界を明確に理解し、そのリスクを回避することが紛争予防につながるといえる。

節税と租税回避は、適法である点が共通しており、節税が、租税法規が予定している通常の法形式の選択であるのに対して、租税回避は通常用いられない異常な法形式の選択という点に異同点がある。したがって、両者の判別は、租税法規が予定した通常の法形式を選択した行為か否かを判断することによりなされるが、その判断は簡単ではない。

そこで租税回避か否かは、納税者が選択した法形式が通常用いられない異常な法形式であるとされた場合に、その法形式選択において租税回避以外に正当な理由や事業目的といった合理的目的が存在するか否かにより、実質的には租税回避の該当性判断がなされることになる。

通常用いられない法形式を選択しているかのように見えても、その法形式選択に租税回避以外の合理的理由が存在すれば租税回避とはいえないことになる。なぜならば租税回避以外の合理的理由が存在するのであれば、異常な法形式の疑いから解放されるからである。

たとえば、前章で取り上げた武富士事件にあてはめて考えてみよう。香港に住居を構え、そこに会社を設立し役員になり、資産の一部を日本から香港に移し替えた目的が事業目的であり、会社経営上の経営戦略である、といった合理的理由が存在するのであれば（租税回避以外の合理的事業目的の存在が立証されるならば）、租税回避行為に該当するとはいえないことになる。

租税回避の嫌疑は、法形式選択に事業目的もしくは合理的理由が存在することを客観的に立証することにより排除される。事業目的等の合理的理由の存否が租税回避認定の判断基準になる。

四　租税回避行為の否認とは？

租税回避行為は、私法上は有効な法律行為である。その法律効果は有効に生じるのであるが、租税負担の軽減のみを意図してなされた通常用いられない法形式の選択について、租税法上黙認することは、課税の公平を歪めるとの視点から、それが**私法上は有効なことを前提としつつも、租税法上はそれを無視し、通常用いられる法形式に課**

税庁が引き直し、課税要件が充足されたものとして課税を行うことを租税回避行為の否認という。

租税法律主義の下では、法律の根拠なしには納税者の選択した契約や法形式を課税庁が別の法形式に引き直し課税することができないところから、たとえ租税回避であろうとも課税庁は個別否認規定が存在しなければ否認できないとする考え方が通説であり、判例もこの考え方を原則として採用している。

従来から租税公平主義の要請を尊重することにより、当事者が選択した私法上の法形式を無視し、通常の法形式に引き直して課税する租税回避行為の否認は支持できるとする立場（実質主義もしくは経済的観察法を根拠に支持する立場も含める）と、租税法律主義の要請が支配する租税法領域においては、個別具体的な否認規定が存在する場合にのみ否認はできるのであり、否認規定がない場合には、当事者が用いた法形式を尊重し、租税負担の軽減行為は許容されるとする立場とに分かれ、学説上および判例上も鋭く対立してきた。しかし、現在では租税法律主義重視の立場から、個別否認規定を必要とする立場が学説・判例の通説として受け入れられている。

したがって、税理士としては、租税回避の概念を正確に理解した上で、租税回避の個別否認規定をまず網羅し、その適用要件について十分な研究が必要とされる。

五　「伝家の宝刀」としての同族会社の行為・計算の否認規定の射程

租税回避の個別否認規定と位置づけられる規定として、同族会社の行為・計算の否認規定（所得税法一五七条、法人税法一三二条、相続税法六四条）が存在する。他の個別否認規定もかなりの数に上る。

たとえば、法人税法二二条二項の無償取引の益金算入規定や同法三四条の役員給与の損金不算入規定、所得税法五九条のみなし譲渡規定、同法五六条等、相続税法では七条のみなし贈与規定などが挙げられよう。ここでは、課税庁の「伝家の宝刀」とも称される同族会社の行為・計算の否認規定についてその要件を確認しておきたい。

法人税法一三二条は「税務署長は、(中略)その法人の行為又は計算で、**これを容認した場合には法人税の負担を不当に減少させる結果となる**と認められるものがあるときは、その行為又は計算にかかわらず、税務署長の認めるところにより、(中略)法人税の額を計算することができる。」と規定している。

同規定の適用要件は、次のように整理することができる。行為・計算の主体は同族会社であり、税務署長は次の要件を充足した時には、当該同族会社のなした行為・計算を否認し、通常の行為・計算に引き直して課税できると規定している。

まず、租税回避は異常な法形式を利用した不当な税負担の軽減行為であるから、その「不当性の判断の基準」が明確にされなければならない。ここで重要な点は、税負担の軽減額の大小により不当性が判断されるのではなく、**行為・計算の異常性が問題とされる**のであるという点である。

不当か否かについては、従来から判例の傾向としては非同族会社対比説と合理性基準説の二つの傾向が見られたが、現在では合理性基準説が通説として支持されている。

合理性基準説とは、純経済人の行為として経済的合理性を欠いた行為か否かにより不当性を判断するという考え方である。

行為・計算が経済的合理性を欠いている場合とは、次の①と②の要件を充足した場合であり、同法一三二条の適用要件はさらに、結果として、③税負担の減少という結果を生じた場合に適用される。すなわち①ないし③の充足により同条は適用される。

①行為計算が異常で租税回避以外に正当な理由もしくは正当な事業目的が認められないこと（正当目的・事業目的の要件）。
②独立当事者間では通常行われることのない行為・計算に該当すること（独立当事者間取引の要件）。
③通常の行為・計算による税額と比較し税負担を減少させたこと。

この①ないし②の要件に行為・計算が該当し、③その結果として税負担が減少した場合に同法一三二条の同族会社の行為・計算の否認規定は適用される。

なお、ここで注意すべき点は、「経済的合理性を欠いた行為または計算の結果として税負担が減少すれば十分であり、租税回避の意図ないし税負担を減少させる意図が存在することは必要ではない」注(3)という点である。納税者の意図の認定が恣意的になされることを阻止する上で納税者の意図を同条の適用要件から排除しておくことは極めて重要である。

六　脱税と納税者の意図

租税回避は個別の否認規定がなければ否認することはできない。しかし、先の武富士事件最高裁判決で、「仮装でない限り」とされたが、仮装行為と認定されると否認規定が不要なばかりか逋脱犯を構成する、いわゆる脱税行為とされる。

租税回避行為と脱税行為は、前者が納税者の真意に基づく行為であり、私法上、適法有効な行為であることを前提として租税法上は否認する行政上の処分（更正・決定処分）であるに過ぎないのに対して、後者の脱税は納税者の真意に基づかない仮装行為であり、そこには事実を偽り虚構する点に違法性を帯びる行為であるから刑事罰の対象となる[注(4)]。この点に両者の大きな相違がある。

逋脱犯とは、納税義務者が偽りその他不正の行為により、租税を免れ、またはその還付を受けたことを構成要件とする犯罪をいう[注(5)]。この逋脱犯の構成要件は、①「偽りその他不正の行為」の存在と、②租税を免れるか、その還付を受けたという事実の存在（国家の租税債権に対する侵害）、からなる[注(6)]。

この逋脱犯の構成要件である「偽りその他不正の行為」の意義につき、判例は、「逋脱の意図をもつて、その手段として税の賦課徴収を不能もしくは著しく困難ならしめるようななんらかの偽計その他の工作を行なうことをいう」[注(7)]としている。

したがって、**偽りその他不正の行為とは、帳簿書類への虚偽記入、二重帳簿の作成その他社会通念上、不正と認められる行為を意味し、単純な無申告はそれにあたらない**[注(8)]。

ここで問題となるのは、具体的にいかなる過少申告行為が「偽りその他不正の行為」に該当するかである。判例は、真実の所得を隠蔽し、それが課税対象となることを回避するため、所得内容をことさら過少に記載した内容虚偽の申告書を提出する行為が、「偽りその他不正の行為」に該当する過少申告行為であるとしている[注(9)]。

逋脱の意図の存在が逋脱犯の構成要件の一つとされるが、その意図の存否は、行為の形態により推認せざるを得ない。

所得の一部または全部を秘匿する積極的行為の存在が立証されることによってはじめて、逋脱の意図の存在も推認されるという関係にある。所得秘匿行為という租税正義に反する行為は、国民主権を定めた憲法に基づく申告納税制度に挑戦する行為ともいえる。この重大な不正行為に対しては刑事罰をもって対処することを所得税法も法人税法も規定しているのである。

七　まとめ

ところで、節税はもちろん租税回避も、そして脱税も、租税負担を軽減するか、もしくは排除するという意図・目的の下に行われる行為である。そうすると、これらの行為概念は何によって区別されるのかが最も重要な問題となる。

結論は、租税回避の意図や脱税の意図の存否は、課税庁が恣意的に判断するのではなく、行為の形態という客観的基準によりなされるものであるということである。納税者が二重の契約書を作成するなど、仮装行為を用いて所得を秘匿した場合には、逋脱の意図を推認できるのであるから逋脱犯の構成要件を充足する。一方、節税や租税回避は適法な行為形態により税負担を軽減しているのであるから、行為形態によってその逋脱意図を否認することが容易に可能となる。

しかし、問題は税理士がこれらの概念を区別できるリーガルマインドを備えているかにある。税務調査で租税回避と調査官から指摘されると即座に修正に応じるようでは、顧問先の法的権利は擁護できない。

一方、脱税が租税正義に反する行為であり申告納税制度に対する挑戦であることを、クライアントに指導することは、税理士の職務と責任である。巡回監査はその指導の機会としても位置づけられることを付言しておく。

注⑴　金子宏『租税法（第二〇版）』（弘文堂、二〇一五年）一二四頁以下参照。なお、当該事例の原型とされる事案については、最判昭和四十九年九月二十日『訟月』二〇巻一二号一二二頁参照。

注⑵　金子宏、前掲注⑴、一二五頁。

注⑶　金子宏『租税法（第一六版）』（弘文堂、二〇一一年）四二一頁以下では、このような見解を明確に示しておられたが、最近の判例の動向を踏まえ、同書第二〇版（弘文堂、二〇一五年）四七一頁以下では、「主要な論点は、当該の具体的な行為計算が異常ないし変則的であるといえるか否か、その行為・計算を行ったことにつき正当な理由ないし事業目的があったか否か、および租税回避の意図があったとみとめられるか否か、である。」との記述に変更されている。意図の存否は、武富士事件訴訟においても主要な争点とされていたが、最高裁は租税回避の意図の存否を要件から排除した。意図の存否は論点であるが、判例の通説的見解は、「租税回避の意図が存在する必要はない」との立場を維持している。たとえば、増田英敏『リーガルマインド租税法（第四版）』（成文堂、二〇一三年）五五四頁以下（みなし贈与事件）でも、裁判所は、租税回避否認規定の適用要件に、租税回避の意図の存否を組み込むことを否定している。要参照。したがって、本書では議論の明確性を図るために、通説とされる意図不要説の結論を明示した。

注⑷　松沢智「逋脱犯の訴追・公判をめぐる諸問題」『租税法研究』九号七四頁（一九八一年）。

注⑸　金子宏、前掲注⑴、九九〇頁。

注⑹　松沢智『租税処罰法』（有斐閣、一九九九年）三五頁以下参照。

注⑺　最（大）判昭和四十二年十一月八日『刑集』二一巻九号一一九七頁。

注⑻　最判昭和二十四年七月九日『刑集』三巻八号一二一三頁、最判昭和三十八年二月十二日『刑集』一七巻三号一八三頁。

注⑼　最判昭和四十八年三月二十日『刑集』二七巻二号一三八頁、最判昭和六十三年九月二日『刑集』四二巻七号九七五頁。

第七章　譲渡所得課税と紛争予防

一　はじめに

税理士実務における紛争予防の第一歩は、所得税法や法人税法といった各個別租税法の規定を忠実に解釈することにあるから、多忙等を理由に、租税法の実務上生じる問題の解決に関連条文を点検することもなく、慣れとフィーリングで対処してはならない。

仮に、その場を乗り切ることができても、処理をめぐり税務調査やクライアントから後になって説明を求められた場合に、租税法律主義の支配する租税法実務の場面では説得力のある説明はできない。もちろん税理士として説明責任を果たしたともいえないから、税務署ばかりか、クライアントを納得させることもできない。

日常業務において税理士が租税法の条文を根拠に問題を処理する、この当たり前の対応が、税理士の職務と責任の履行の基本となることを忘れてはならない。この税理士の職務と責任を果たしていく上で最も重要な技量が、租税法の適正な解釈力であることは前章までに確認したところである。

さて、本章からは租税法の各論部分に位置する紛争予防税法学について述べていくことにしよう。

二　所得課税の問題をめぐる予備的作業――所得の範囲・所得概念

各論の第一に取り上げるのは個人の資産の譲渡をめぐる課税問題である。個人の譲渡所得をめぐる課税問題は、所得税法上、最も多くの論点が存在する領域といえ、これらの論点をめぐり紛争が頻発している。それらの論点について適正な理解を図ることは、紛争予防に何よりも有益である。

譲渡所得課税の問題を整理していく上での予備的作業として、まず、所得の概念を簡潔に整理する必要がある。租税公平主義は、担税力に応じた課税を要請する租税法の基本原則であるが、所得課税においては所得を担税力の対象、すなわち課税物件と位置づけているのであるから、所得とは何か（所得概念）について確認しておくことは議論の前提として不可欠である。わが国の所得税法も、法人税法もこの所得を課税物件（課税対象）と位置づけ、その範囲を確定させ担税力に応じた課税を実現できるよう課税要件規定を体系化させている。

この所得とは何か、という所得概念について、拙著『リーガルマインド租税法（第四版）』一一四頁以下（成文堂、二〇一三年）は平易かつ簡潔に整理しているので、ここではその記述に従うことにする[注(1)]。

所得税は個人の所得を課税物件とする。個人の所得を担税力の測定指標とする所得税の本質を理解するためには、所得とは何か、といった所得の概念について理解しておく必要がある。

財貨の利用によって得られる効用や人的役務によって得られる満足が本来の所得の中身を構成するが、これらの効用や満足は客観的な測定基準を持ち得ない。そこで、効用や満足を所得税の課税対象とするために貨幣価値に換算することが必要となる。効用や満足を測定可能な貨幣価値に換算し、指標化したものを、所得税の課税物件としての所得と理解することができる。

所得が効用や満足であることには異論はない。ところが、その所得の範囲をめぐって、**消費型所得概念**と**取得型所得概念**の二つの概念構成が存在する。

消費型所得概念は、収入のうち財や役務を購入し得られた効用のみ、すなわち消費によって得られた効用のみが所得を構成し、貯蓄に向けられたものは所得から除外するという考え方である。

稼得した収入は、一般的には消費と将来のために蓄える貯蓄に向けられる。たとえば、収入一〇〇〇万円のうちから乗用車を二〇〇万円で購入し、さらに七〇〇万円を生活費やレジャーのために消費し、残りの一〇〇万円を貯蓄したとしよう。収入のうち乗用車や生活費などに消費された九〇〇万円、すなわち消費に充てられた部分のみを所得とし、支出されず貯蓄に充てられた一〇〇万円を所得から除外するという考え方が、消費型所得概念とされるものである。

一方、**取得型所得概念**とは取得した金銭的価値で測定しうる経済的利得をすべて所得とみなす所得概念をいう。収入金額一〇〇〇万円をすべて所得と認識する考え方が取得型所得概念である。

前者の所得概念は、貯蓄に向けられる経済的利得が所得から除外されるために、富の再分配効果を減退させ、垂直的公平の実効性を阻害する点や、借り入れによる金銭を消費に充てた場合にも所得を構成することになり、さらには、消費に課税するところから納税資金をいかに確保するかといった執行面の困難性を伴うなど、不合理であるといった批判がなされてきた。

したがって、後者の取得型所得概念が多くの支持を得て一般的な制度として受け入れられ、制度化されてきた。

ところで、取得型所得概念は、所得の範囲をいかに画するかという点から、**制限的所得概念**と**包括的所得概念**の二つの所得概念に分類することができる。

これらの所得概念を簡潔に整理すると以下のとおりである。

まず、**制限的所得概念**は、経済的利得のうち、利子・配当・地代・利潤・給与等の反復的・継続的に生ずる利得のみを所得し、一時的・偶発的・恩恵的利得を所得の範囲から除外する所得概念である。

一方、**包括的所得概念**は、人の担税力を増加させる経済的利得はすべて所得を構成するという考え方である。この包括的所得概念は、経済的利得をすべて所得として捕捉するところから、以下の理由で一般的な支持を得ている。

①一時的・偶発的・恩恵的利得であっても利得者の担税力を増加させるものである限り、課税の対象とすることが担税力に応じた課税の要請に、より合致する。

②すべての利得を課税の対象とし、累進税率の適用の下におくことが、所得税の支持理由としての富の再分配機能をさらに高める。

担税力に応じた公平な課税を実現するうえでより優れている**包括的所得概念**を、わが国の所得税法も採用していると考えられる。

わが国の所得税法は所得区分規定を設けているが、雑所得の区分を設けている趣旨は次のとおりである。すなわち、他のいかなる所得区分に属するとも判定できない経済的利得が生じた場合にも、所得課税の対象から除外するのではなく、雑所得の区分を設けることにより、すべて所得として課税するという包括的所得概念の立場を表明したものと理解することができる。まさに雑所得区分はすべての経済的利得を課税対象としているものであるといえるところから、わが国の所得税法が、包括的所得概念に基づくことの証左ということができる。

三　課税物件としての所得の範囲をめぐる論点

(1) 課税対象となる「経済的利得」の範囲 ―― 現金のみか、不法利得は除外されるか?

アメリカと同様にわが国の所得税法は、所得はその発生源泉を問わず、すべて課税対象とする包括的所得概念を採用していることは先に確認した。

そして、注意すべき点は、所得を構成する経済的利得は、現金等の形式による利得のみではなく、現物給付・債務免除益等といった経済的利得も課税対象とするという点である。一般の納税者の中には、現金または現金等価物を取得してはいないから、所得は得ていない、と理解している場合があると思われるがそれは誤りである。経済的利得を取得し、それが金銭価値に換算できるのであれば、課税対象となる所得を取得したのである。

収入金額を定めた所得税法三六条は「その年分の各種所得の金額の計算上収入金額とすべき金額又は総収入金額に算入すべき金額は、別段の定めがあるものを除き、その年において収入すべき金額（金銭以外の物又は権利その他経済的な利益をもつて収入する場合には、その金銭以外の物又は権利その他経済的な利益の価額）とする。」（※筆者傍線）と定めた上で、同条二項で「前項の金銭以外の物又は権利その他経済的な利益の価額は、当該物若しくは権利を取得し、又は当該利益を享受する時における価額とする。」として、金銭以外の経済的利得の測定、評価は時価によることを明確に定めていることからも、金銭以外の経済的利得も所得を構成することが前提とされていることが明らかである。この点は、みなし譲渡課税や法人税法における無償取引課税の理論を説明する上で極めて重要な論点といえる。

さらに、合法的に取得した利得のみではなく、不法な利得も所得を構成することに注意を要する。たとえば政治家が取得した賄賂は不法な利得であるが、この賄賂が不法であるからといって課税対象から除外されはしない。この点は「不法な利得は、利得者がそれを私法上有効に保有しうる場合のみでなく、私法上無効であっても、それが現実に利得者の管理支配のもとに入っている場合には、課税の対象となると解すべき」注(2)であることに注意を要する。

(2)　未実現利益と帰属所得の問題——未実現の利得と帰属所得は課税対象となるか？

未実現の利得（unrealized income）とは、自己の所有資産の増加益などをいう。そして、帰属所得（imputed income）とは自己の財産の利用（たとえば居住用財産の所有者に帰属する地代・家賃相当額）や自家労働（たとえば主婦の家事労働）から得られる経済的利得をいう。これらの未実現利得や帰属所得は諸外国の場合と同様にわが国でも課税対象から除外されている。

資産を保有している過程でのキャピタル・ゲイン（capital gains）について、その保有利得を評価して課税しないのは、未実現の利得であるからである。もちろん、包括的所得概念の考え方からすれば経済的利得である以上、所得概念を構成するものであるが、未実現の利得も帰属所得も金銭価値に評価し適正に捕捉することも不可能であるという、執行上の限界があるために課税対象から除外されているのである。

四　譲渡所得課税をめぐる紛争の論点整理

前述のとおり、所得概念と課税所得の範囲をめぐる理解を踏まえて、譲渡所得課税をめぐる紛争をまず概観しておくことにする。はじめに、詳細な問題点について理解を深めていこう。

まず、わが国の所得税法は、第三三条で、譲渡所得を「資産の譲渡（中略）による所得をいう」と定義した上で、譲渡所得の金額について、「譲渡所得の金額は、（中略）それぞれその年中の当該所得に係る総収入金額から当該所得の基因となつた資産の取得費及びその資産の譲渡に要した費用の額の合計額を控除し、その残額の合計額（中略）から譲渡所得の特別控除額を控除した金額とする。」と定めている。

譲渡所得課税をめぐる紛争は、譲渡所得の意義と範囲にかかわる事項（所得区分問題）を争点とするものと、譲渡所得の金額を確定する要素である総収入金額、取得費、そして、譲渡費用の意義と範囲を争点とするものとに大別できる。

前者に属する代表的裁判例は、最高裁昭和四十三年十月三十一日判決[注(3)]や、最高裁昭和四十七年十二月二十六日判決[注(4)]等を例示できる。最高裁は、譲渡所得に対する課税の本質を、**「譲渡所得に対する課税は、資産の値上りによりその資産の所有者に帰属する増加益を所得として、その資産が所有者の支配を離れて他に移転するのを機会に、これを清算して課税する趣旨のものと解すべきである」としている。この類型に属する紛争の争点としては、資産とは何か、譲渡とは何かといった点に集約される。**資産と譲渡の意義をめぐる問題については以下で詳述する。

次いで、譲渡所得の金額は、①総収入金額、②資産の取得費、そして、③資産の譲渡に要した譲渡費用の三要素により確定される。それぞれの範囲をめぐって紛争は生じてきた。

たとえば、総収入金額をめぐっては、資産を交換した場合の総収入金額については、取得した資産の時価相当額[注(5)]が、負担付贈与をした場合には負担の経済的価値[注(6)]が、現物出資した場合にはその出資した財産の額[注(7)]が総収入金額とされることが裁判例によって明確にされてきた。

また、「取得費」をめぐっても多くの紛争が提起されてきた。たとえば、資産の取得のために支出した仲介手数料[注(8)]、資産取得のために借り入れた資金の支払利子[注(9)]、そして、贈与によって取得したゴルフ会員権の名義書換料[注(10)]が取得費に含まれるかが争われた。

とりわけ、資産の譲渡に要した費用については多くの裁判事例が蓄積されてきている。たとえば、譲渡資産上の抵当権の抹消のためにした第三者の債務弁済費用が譲渡に要した費用に含まれるかが争点とされた事案で、最高裁昭和三十六年十月十三日判決[注(11)]は、「『譲渡に関する経費』とは、原判示のように、譲渡を実現するために直接必要な支出を意味するものと解すべく、本件譲渡資産上の抵当権抹消に三〇〇万円を要したからといつて、右三〇〇万円をもつて譲渡に関する経費ということはできない。」と判示した。

また、譲渡資産の所有権に関する紛争解決のために支払った弁護士報酬[注(12)]や時効取得を原因とする土地の所有権移転登記手続請求訴訟に要した弁護士費用が譲渡費用に該当するか否かといった事案[注(13)]も提起されてきた。さらに、売却土地上に存した建物の賃借人に支払った立退き料が譲渡費用に該当するか否かといった事案[注(14)]も存在する。

いずれの事案についても裁判所は、各支払いの譲渡費用該当性を否定している。資産の譲渡に要した費用とは資産の譲渡のために直接必要な経費であるとの立場から、その範囲を厳格に解してきたといえる。

なお、税理士が本人訴訟を提起し、苦闘の末、最高裁で勝訴判決を勝ち取った農地転用決済金事件[注(15)]も譲渡費用の範囲をめぐる訴訟ということができる。

五　譲渡所得課税の趣旨

次に、具体的な紛争事例を素材に、譲渡所得課税をめぐる紛争予防の視点から論点を具体的に検証していこう。この「論点」とは、紛争における争点を意味する。この争点に対する学説と判例の動向を理解することは紛争予防に有益である。

(1)　譲渡所得は資産の譲渡による対価を指すのか？――譲渡所得の意義

所得税法三三条一項は譲渡所得を「資産の譲渡による所得をいう」と定義している。この規定を文字どおり解すると、資産の譲渡によって取得する対価が譲渡所得であるということになりそうである。しかし、判例も学説も資産の譲渡による対価が譲渡所得であるとは説いていない。この点は譲渡所得課税の紛争を予防する上で極めて重要である。

まず、譲渡所得課税の趣旨を正確に理解しておこう。榎本家事件として有名な最高裁昭和四十三年十月三十一日判決[注(16)]は、譲渡所得課税の趣旨を、①「資産の値上りによりその資産の所有者に帰属する増加益を所得として、その資産が所有者の支配を離れて他に移転するのを機会に、これを清算して課税する趣旨のものと解すべき」であるとし、②「そして対価を伴わない資産の移転においても、その資産につきすでに生じている増加益は、その移転当時の右資産の時価に照らして具体的に把握できるものであるから、同じくこの移転の時期において右増加益を課税の対象とするのを相当と認め」て、その増加益に課税するのが譲渡所得課税の趣旨であると判示している。

譲渡所得課税の本質は、キャピタル・ゲインに対する課税であるから、資産の所有期間中の価値の増加益に対する課税であり、資産の譲渡による対価を譲渡所得として課税するという趣旨ではないことを確認している。したがって、評価益に課税するということになると、所有期間中の値上がり益は毎年生じるはずであるから、毎年評価益を測定し、課税すべきことになる。

しかし、実は、その値上がり益は未実現の利益であるから、未実現利益には課税しないとする立法政策上の考え方により課税が繰り延べられることになる。判示のとおり、資産の保有利得が実現するまで課税が繰り延べられ、「資産が所有者の支配を離れて他に移転するのを機会に、これを清算して課税する」のである。

十年前に一億円で取得した土地が、毎年一〇％値上がりしていたとする。取得後一年経過すると、一千万円の値上がり益が生じているので、前述した包括的所得概念の下では、その値上がり益に課税すべきであるが、評価益は未実現であるところから課税が繰り延べられることになる。

そして数年後に売却された場合に、その売却により保有期間中の値上がり益が実現したのを機に、値上がり益を清算して課税するというのが譲渡所得課税の趣旨であると理解されているのである。譲渡所得に対するこのような判例の考え方を清算課税説として学説も支持しており、通説的理解といえよう。

したがって、譲渡所得とは資産の譲渡による対価を意味するとの理解の下に、実務上、何ら対価は受領していないことを論拠に、資産の移転があっても譲渡所得は発生していない、といった主張が見受けられるが、その主張は誤った考え方といえよう。

ところで、資産の譲渡による対価を譲渡所得であると理解すると、対価受け取りのタイミングをずらしたり、対価の受取形態を現金等ではなく多様な経済価値の形態を利用したりすることにより租税回避が図られることになる。この清算課税説はこのような租税回避の防止に有用な考え方といえよう。

(2) 譲渡所得課税における資産の意義と範囲

譲渡所得の意義と範囲を確定するためには、譲渡所得が「資産の譲渡による所得」をいうと定義されているのであるから、この定義を構成する、①資産とは何か、②譲渡とは何か、が明確にされなければならない。そこで、この①および②の内容を明確にしよう。

まず、資産とは、「譲渡性のある財産権をすべて含む観念で、動産・不動産はもとより、借地権、無体財産権、許認可によって得た権利や地位などが広くそれに含まれる。なお、『資産』という観念は一種の固有概念であると解すべきであろう。」[注(17)]と説明される。譲渡所得の対象となる資産は、「譲渡性がある財産権のすべて」であるから、経済的価値があって他人に移転可能なすべてのものを含むものであるということができる。借地権や知的財産権といった私法上の権利ばかりでなく、許認可により取得した地位や立場でも経済的価値があり他人に移転可能なものであればすべて資産に含まれるということができる。

ただし、経済的価値があり移転可能なものであって、通常は典型的な資産に属するものでも、この資産から除外されるものがあることに注意を要する[注(18)]。それは、経済的価値があっても譲渡所得はキャピタル・ゲインであるから、値上がりが考えられないものは譲渡所得を構成する資産から除外されるという点である。具体的には「現金」とその現金から派生した「金銭債権」が、譲渡所得を構成する資産から除外されることに注意すべきである（古銭や記念硬貨は値上がり益が出るので資産に含まれる）。

所得税法三三条二項は、棚卸資産およびこれに準ずる政令で定める資産の譲渡による所得および山林の伐採による所得を譲渡所得から除外する、と規定している。

さらに金銭債権が資産から除外されることは通達に定められているが、最近では金銭債権の譲渡などが一般的になってきており、通達に定めて除外するということには疑義がある。

たとえば、裁判例においても、ゴルフクラブからの退会は会員権の譲渡に該当するかが争われた事件で、裁判所は、所得税基本通達33－1が、「譲渡所得の基因となる資産とは、法第三三条第二項各号に規定する資産及び金銭債権以外の一切の資産をいい」うとしていると定めていることについて、「このように、明文の規定がないにもかかわらず〔むしろ、(1)で述べたとおり、資産とは、一般にその経済的価値が認められて取引の対象とされ、資産の増加益の発生が見込まれるようなすべてのものと解されている。〕、およそ金銭債権のすべてを譲渡所得の基因となる資産から除外する見解は、金銭債権の譲渡により生じる利益なるものは、その債権の元本の増加益すなわちキャピタル・ゲインそのものではなく、期間利息に相当するものであるとの理解に基づいていると考えられる。もちろん、そのような場合があることは否定できないが、現実の経済取引の実態に照らせば、金銭債権の譲渡金額は、むしろ債務者の弁済に対する意思及び能力（に関する客観的評価）によって影響を受けることが多く、これは元本債権そのものの経済的価値の増減（ただし、債権額を上限とする。）、すなわちキャピタル・ゲイン（ロス）というべきであるから、上記理解は一面的にすぎるとの批判を免れ難く、上記通達の合理性には疑問を払拭できないというべきである。」注(19)として、通達によって金銭債権が譲渡所得の資産から除外されていることを批判している。

(3)　譲渡所得課税における譲渡とは何か？――有償・無償を問わないのが譲渡概念

譲渡所得は「資産の譲渡による所得をいう」のであるから、譲渡所得を理解する上では、次に、譲渡の意義を明らかにする必要がある。所得税法上の譲渡とは、「有償であると無償であるとを問わず所有権その他の権利の移転を広く含む観念で、売買や交換はもとより、競売（最判昭和四十年九月二十四日民集一九巻六号一六八八頁）、公売、収用（租特三三条以下参照)、物納(ただし、譲渡はなかったものとみなされる。租特四〇条の三参照)、現物出資(名古屋高判昭和四十八年十二月六日月報二〇巻五号一七九頁、大阪高判昭和四十九年十月十五日月報二一巻二号四四四頁、東京高判昭和五十一年十一月十七日月報二三巻一二号二八九二頁)等が、それに含まれる。」注(20)とされる。

ここで我々が違和感を持つのは、資産の譲渡があった場合に譲渡所得が生ずるわけであるが、この譲渡概念に有償無償は問わないという点であろう。譲渡の概念には無償による資産の移転も含まれ、対価を受け取るか否かは譲渡の要件とはされない。

この点については、医師の離婚時の財産分与が譲渡に該当するか否かが争われた事件で、最高裁は、「譲渡所得に対する課税は、資産の値上りによりその資産の所有者に帰属する増加益を所得として、その資産が所有者の支配を離れて他に移転するのを機会に、これを清算して課税する趣旨のものである」として、譲渡所得の趣旨を確認した上で、「その課税所得たる譲渡所得の発生には、必ずしも当該資産の譲渡が有償であることを要しない注(21)。したがって、所得税法三三条一項にいう『資産の譲渡』とは、有償無償を問わず資産を移転させるいっさいの行為をいうものと解すべきである」注(22)と判示して、譲渡とは資産を移転させる一切の行為であり、有償性は問わないことを明らかにしている。

譲渡の文言は、一般的には有償で譲り渡すということが当然とされがちであるから、有償無償を問わず資産の移転が譲渡であるという点は、租税法実務上注意すべき点といえる。

六　租税法と私法の関係の理解と譲渡所得課税
――売買契約と交換契約による資産の移転と譲渡収入金額

譲渡所得課税をめぐる紛争の典型例として、私法上の資産移転契約と譲渡所得課税の問題を取り上げておかねばならない。

まずこの租税法と私法の関係の問題を拙著『リーガルマインド租税法（第四版）』五五頁以下（成文堂、二〇一三年）の記述により整理しておこう。

租税法は種々の経済取引を課税の対象としているが、それらの経済取引は通常の場合には私法によって規律されている。そこで、課税要件法である租税実体法（所得税法、法人税法等）は、民法等の私法により規律される私法上の法律関係を前提に課税要件規定を構成している。

たとえば、AからBに両者の契約により資産の移転が行われたとする。有償で資産の移転が行われた場合（民法五五五条の売買の要件を充足した場合）には、売主に所得税法三三条が定める譲渡所得が発生したとして、所得税が課税されることになる。一方、前述の譲渡所得課税理論からすると、無償による譲渡も無償譲渡として譲渡所得を発生させると考えられている。この点については先に指摘したように違和感を持つかも知れない。ところで、民法五四九条が「贈与は、当事者の一方が自己の財産を無償で相手方に与える意思を表示し、相手方が受諾をすることによって、その効力を生ずる。」と定めているが、この贈与の要件事実を充足した場合には、相続税法二一条の「贈与税は、（中略）贈与により財産を取得した者に係る贈与税額として計算した金額により、課する。」との規定に基づき、贈与税が課されることになる。

このように、租税法の適用は私法上の法律関係を前提とする。私法上の契約等が法的に成立し、その法律効果の発生を前提に課税要件のあてはめが行われ、譲渡所得の課税や贈与税の課税といった租税法の法律効果が発生するという構造になっている。

租税法と私法の関係を、「租税法は、種々の経済活動ないし経済現象を課税の対象としているが、それらの活動ないし現象は、第一次的には私法によって規律されている。租税法律主義の目的である法的安定性を確保するためには、課税は、原則として私法上の法律関係に即して行われるべきである。」注(23)として、私法上の法律関係を前提に租税法律関係は構築されることを、まず以下の議論の前提として確認しておきたい。

この租税法の適用は、通常、以下の①から⑥のプロセスを経ることにより行われるということができる。

①経済取引事実の発生
②要件事実の認定
③私法上の法律構成（契約解釈…売買、交換、贈与等）
④該当租税実体法の発見（所得税法、相続税法等）
⑤該当租税実体法の解釈
⑥該当租税実体法の適用

租税法の適用過程は、①②の**「事実認定」**の作業から、③の私人間で行われた経済取引が民法上の売買の要件を充足しているのか、贈与の要件を充足しているのかといった**「私法上の法律構成」**がまずなされる。

次いで、④のその法律構成に該当する課税要件規定が選択され、⑤に該当する**課税要件規定の適正な解釈**を経て、⑥の課税要件の適用にいたる。ここで確認すべきは、私法上の法律関係が構成され、その法律関係に基づいて租税法の**課税要件規定のあてはめ**が行われるという点である。これらの①ないし⑥は時系列的ではなく同時に実務上はなされていると考えてよい。

ところで、我々が譲渡取引として典型的に想定するのは売買契約であろう。民法五五五条は「売買は、当事者の一方がある財産権を相手方に移転することを約し、相手方がこれに対してその代金を支払うことを約することによって、その効力を生ずる。」と定めており、売買の要件事実は財産権の移転と代金の支払いということになる。この売買を想定するところから、譲渡概念には有償性が含まれると考えるのは無理もないといえる。

一方、交換契約も同じく財産権の移転を要件とする契約であり、民法五八六条は「交換は、当事者が互いに金銭の所有権以外の財産権を移転することを約することによって、その効力を生ずる。」と定めている。

譲渡所得課税をめぐる紛争では、たとえば二つの土地の売買契約を、租税行政庁が税務調査により交換契約と認定して譲渡収入金額を追加計上し、追徴課税したことが争点とされる紛争事例が少なくないとされる。たとえば、代表的事例としては岩瀬事件を指摘することができよう。

七　租税回避の否認と譲渡所得課税

――〔岩瀬事件〕相互売買契約を課税庁は交換契約に引き直し課税できるか？

⑴　本件を取り上げる意義

この岩瀬事件は租税法実務上も、そして学界においても大きな注目を集めた事例である。納税者が選択した法形式である売買契約を課税庁が交換契約に引き直し、交換契約に基づいて追徴課税した事案である。

第一審の東京地裁は租税公平主義に基づく実質主義重視の立場から、納税者が選択した法形式を課税庁が否認できる旨の判断を下し、控訴審の東京高裁は、租税法律主義を根拠に一審の判断を破棄して納税者の主張を認容し、逆転で納税者に勝訴判決を与えた事案である。なお、被告国側は上告したが、最高裁は上告を不受理とし、租税法律主義重視を明確に示した控訴審の判断が確定した。

岩瀬事件は、納税者を含む当事者が自己の土地を相手方に売買契約という契約形式を選択して移転したのにともない（双方売買）、原告が売買契約に基づく収入金額を計上して譲渡所得を申告したのに対して、課税庁は税務調査を経て、当事者の所有する土地を相手方に双方移転したのであるから、通常用いられる法形式は交換契約であるとして、当該契約を交換契約に引き直して課税処分したことを不服としてその取り消しを求めて出訴した事案である。

(2) 事案の概要

実際の事実はかなり複雑であるが、できるだけこの問題の本質を理解しやすくするために金額も事実も簡略化したうえで下図を

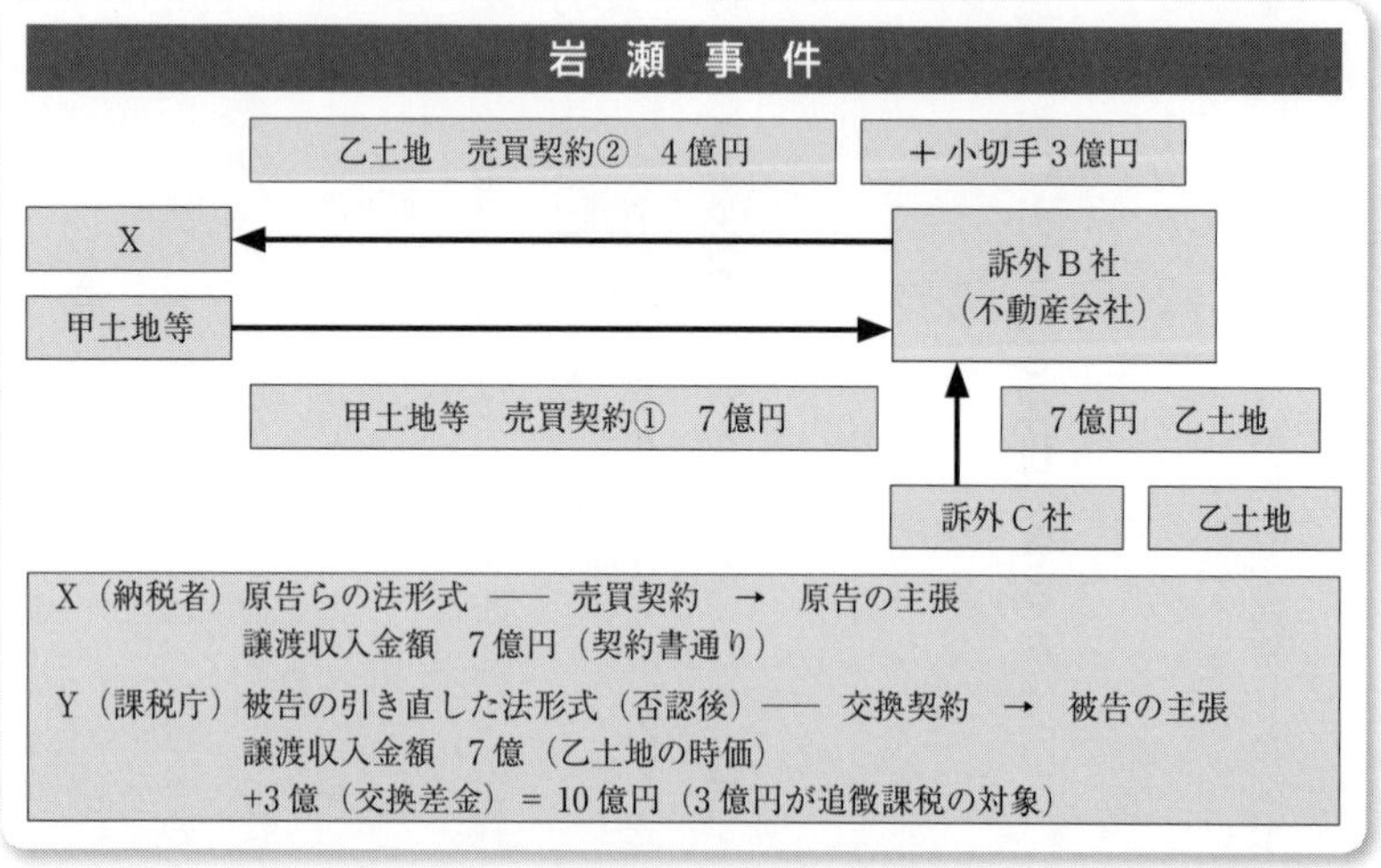

用いて事案を説明する。

X（原告）は、甲土地等（実際には建物や借地権などを含む。なお甲土地等を以下では「本件譲渡資産」ともいう）を所有していた。訴外B株式会社（以下B社という）は不動産会社で、周辺土地の地上げの一環として甲土地等をXらに強く売却を持ちかけた。Xらは、本件譲渡資産とほぼ等価の土地上に建物を新築し、諸経費、損害を賄うことができることを条件に次のとおり取引に応じた。

平成元年三月二十三日、Xらは、B社に対して、本件譲渡資産を総額七億円余で売買する旨の本件譲渡資産の売買契約①を締結した。同日、B社は、Xに対して、既に訴外C社から約七億円余で取得した乙土地（以下では「本件取得資産」ともいう）を、代金四億円余にて、売買する旨の売買契約②を締結した。

XとB社は、同日、右各売買契約の履行を行い、右各契約代金の相殺差金として、B社から三億円余の小切手がXに交付された（以下においては、この小切手に係る金銭を「本件差金」といい、本件譲渡資産および本件取得資金の各売買契約および本件差金の授受からなる行為を「本件取引」と総称する）。

Xは、平成二年三月十四日、平成元年分の所得税として本件譲渡資産の譲渡収入金額を右売買契約金額七億円余として確定申告した。これに対して、被告Y税務署長は、XとB社間の各売買契約は不可分一体の取引であり、本件譲渡資産と本件取得資産の差金付交換取引であると認定したうえで、本件譲渡収入金額を本件取得資産（乙土地）および本件差金の合計金額一〇億円余であるとして、Xらに対して、更正および過少申告加算税の賦課決定処分をした。この処分を不服として出訴したのが本件である。

原告Xは、本件各契約は対価的にバランスの取れたものであるが、その形式においても関係当事者の認識においても、それぞれ別個に締結された独立の契約であると主張する。したがって、本件譲渡資産（甲土地等）の対価は、売買契約金額そのものの金額である七億円であると主張する。

当該主張に対して、被告Yは、取引経過の諸事情を考慮すると、本件譲渡資産の譲渡と本件取得資産の取得に関する取引は対価的にバランスが取れており、不可分一体の取引としての補足金付交換契約というべきであると主張する。

そのうえで、本件譲渡資産の対価は、本件取得資産の対価七億円と本件差金の交付額三億円を合算した一〇億円であると主張する。

(3) 東京地裁と控訴審である東京高裁の判旨

①東京地裁平成十年五月十三日[注(24)]の判旨

「契約の内容は契約当事者の自由に決し得るところであるが、契約の真実の内容は、当該契約における当事者の合理的意思、経過、前提事情等を総合して解釈すべきものである。」としたうえで、二つの売買契約は一方だけでは意味をなさないものであるから「本件取引は本件取得資産及び本件差金と本件譲渡資産とを相互の対価とする不可分の権利移転合意、すなわち、訴外B社において本件取得資産及び本件差金を、Xらにおいて本件譲渡資産を相互に相手方に移転することを内容とする交換（民法五八六条）であったというべきである。」として被告国側の主張を認容し、原告を敗訴とした。

②東京高裁平成十一年六月二十一日[注(25)]の判旨

控訴審の東京高裁は、「本件取引における当事者間の真の合意が本件譲渡資産と本件取得資産との補足金付交換契約の合意であるのに、これを隠ぺいして、契約書の上では本件譲渡資産及び本件取得資産の各別の売買契約とその各売買代金の相殺の合意があったものと仮装したという場合であれば」、違法であるから否認するまでもなく無効である。しかし、本件は仮装とはいえないから、「いわゆる租税法律主義の下においては、法律の根拠なしに、当事者の選択した法形式を通常用いられる法形式に引き直し、それに対応する課税要件が充足されたものとして取り扱う権限が課税庁に認められているものではないから、本件譲渡資産及び本件取得資産の各別の売買契約とその各売買代金の相殺という法形式を採用して行われた本件取引を、本件譲渡資産と本件取得資産との補足金付交換契約という法形式に引き直して、この法形式に対応した課税処分を行うことが許されないことは明かである。」と判示して原告の主張を認容した。

③最高裁平成十五年六月十三日決定（上告不受理）[注(26)]

①の東京地裁判決では、被告国側の主張が認容されて七億円＋三億円の一〇億円を譲渡収入金額とするとした。一方、②の東京高裁は租税法律主義を根拠に原告納税者の主張を認容し、七億円が譲渡収入金額となるとした。最高裁は被告の上告を不受理として本件は高裁の判断により確定した。

(4)　争点及び展開される論理の考え方（リーガルマインド）

本件の争点は、契約自由の原則が支配する私法関係において納税者が選択した私法上の法形式を課税庁が否認し、別の法形式に引き直して課税することが可能か否かという点にある[注(27)]。

ここでまず検討しなければならない点は、課税庁が、本件について、当事者の選択した私法上の法形式を否認して、別の法形式に引き直して課税するという否認権の行使のための法的根拠の存否にある。契約自由の原則を覆して当事者が選択した法形式を引き直すにあたっては明確な法的根拠を必要とする。

本件において納税者の行為に仮装行為や通謀虚偽表示、事実の隠蔽行為が存在すれば、事実を偽り虚構したことを立証し、課税庁がその違法性を根拠に否認しうることは論をまたない。本件取引の経過を検討すると、そこには仮装行為や通謀虚偽表示に該当する行為を見出すことはできない。そうすると、本件が租税回避行為に該当するゆえに租税公平主義から派生する実質主義を根拠に、もしくは契約解釈の名の下に否認したものと構成せざるを得ない。

※しかし、この岩瀬事件東京高裁判決は、租税法律主義の下では否認規定が個別具体的に存在しない限り、租税回避であるからといって課税庁が納税者の行為を否認することができないということを明確に判示した。この同高裁の判断を最高裁も支持したところから、租税回避であるとしても否認規定によらない否認は、租税法律主義の下では許容されないことを裁判所が明確にしたという点で画期的な判断として注目された。

八　紛争予防の視点からの論点

納税者が通常の法形式を用いて税負担の減少を図るのであれば、それは節税とされる。節税は納税者の当然の権利といえる。違法でない限り税負担額をできるだけ抑えたい（税負担最小化）と考えるのは、ほとんどの納税者に共通する思考といえる。

ところが、節税と一線を画すとされる租税回避は、課税の公平を歪める行為であるとされ、租税法はその行為を否認する個別否認規定を各個別租税法に定め対応してきた（ここに「否認」とは、課税庁が、納税者が選択した法形式を通常とされる法形式に引き直して課税することをいう）。

たとえば、所得税法五九条の「みなし譲渡」規定や相続税法七条の「みなし贈与」規定が個別の租税回避否認規定とされるものである。ところが、このような個別の否認規定がない場合にも、納税者の行為が租税回避行為とされた場合には、課税庁が実質主義や課税の公平などを論拠にその行為を否認できるのかといった、租税回避の否認問題は、租税法実務上、頻発する紛争の争点の一つとされてきた。

そもそも節税と租税回避の境界は必ずしも明確ではない。納税者が節税行為とした行為が、課税庁により租税回避であると認定される場合が少なくない。そうすると、租税法実務の場面では、節税と租税回避の判別と、仮に租税回避であるとされた場合に、その否認の手法が、適法か違法かが争われることになる。

この紛争の構図は、租税公平主義を論拠に個別の租税回避否認規定を必要としないとする課税庁の基本的な立場と、個別の否認規定がない場合の否認は租税法律主義に反して違法であるとする納税者の主張が対立するというものである。

前記岩瀬事件はこの紛争の構図を象徴する事件であったがゆえに、大きな注目を集めた事案である。岩瀬事件を素材に紛争予防の視点から、次の三点を検討すべき論点として整理できる。

第一は、原告の税負担減少目的で交換契約を採らずに二つの売買契約を締結した行為は租税回避といえるか。

第二は、租税回避であるとすればその行為を否認する個別的否認規定が存在するか。

第三は、租税公平主義を論拠に個別的否認規定によらずに実質主義もしくは契約解釈といった手法により否認できるか。

ここで、第一の論点にある、納税者の行為が租税回避行為に該当するか否かの判断の基準を明確にしておこう。

租税回避行為とは、私法上の法形式の選択可能性を利用し、私的経済取引の見地からは合理的理由がないのに、通常用いられない法形式を選択することによって意図した経済目的ないし経済成果を最終的には達成しつつ、他方で通常用いられる法形式に対応する課税要件の充足を回避し、これにより租税負担を減少させる行為をいう。

この定義によれば、①私法上の法形式の選択可能性を利用することにより通常用いられない法形式（異常な法形式）を選択し、②通常用いられる法形式を選択したと同様の経済目的・経済成果を達成し、③結果として租税負担を軽減ないし排除する、という三つの要件を充足する行為ということができる。この要件を本件事案にあてはめると以下のとおりである。

第一に、民法上の売買を法形式として選択する。第二に、Xらは本件取得資産（土地と借地権と建物）を、B社は本件譲渡資産（土地と借地権と建物）を入手することを目的としているのであるから、通常用いられる法形式は、売買ではなく交換という法形式を用いる方が合理的である。第三に、独立した別個の売買という法形式を選択することにより、交換の法形式を選択するよりも譲渡収入金額を三億円余圧縮することが可能となる。このように本件は、前記租税回避行為の該当要件を充足している。

租税回避行為であるとするためには、当事者が用いた法形式が異常であること、租税回避以外にそのような異常な法形式を用いた理由が見出せないことが必要である。したがって本件は、租税負担の軽減を主たる目的として法形式の選択可能性を利用し、通常用いられない法形式を選択したものであるという課税庁の認定は否定できない。そうすると本件が租税回避行為であるとの判断も可能である。

九　まとめ

譲渡所得課税の問題は租税法上の最も紛争の頻発する課税問題といえよう。紛争予防の視点からは資産の譲渡の意義はもちろん、租税回避の否認問題を税理士は論点整理しておくべきであろう。さらに、所得税法五九条のみなし譲渡、法人税法二二条二項の無償譲渡規定の解釈、相続税法七条のみなし贈与の規定の射程など論ずべき論点が存在することを忘れてはならない。

最後に確認しておくべきは、租税回避行為は違法行為ではないという点である。違法ではないからこそ、看過できない租税回避に対してはあらかじめ個別の否認規定を法は用意しているのである。したがって、租税回避であるからといって課税庁が個別の否認規定によらずに否認するとすれば、租税法律主義に反することになることを確認しておきたい。しかし、この当然のことが租税法実務の場面で堅持されているか否かについては、税理士の意識に大きく左右されることを認識すべきであろう。


注(1)　なお、所得概念については、金子宏『租税法（第二〇版）』（弘文堂、二〇一五年）一七九頁以下や、詳細な研究として同『所得概念の研究』（有斐閣、一九九五年）一頁以下を参照されたい。

注(2)　金子宏『租税法（第二〇版）』（弘文堂、二〇一五年）一八四頁。

注(3)　最判昭和四十三年十月三十一日『訟月』一四巻一二号一三五五頁。

注(4)　最判昭和四十七年十二月二十六日『民集』二六巻一〇号二〇八三頁。

注(5) 東京高判昭和五十九年七月十六日『行集』三五巻七号九二七頁。

注(6) 最判昭和六十三年七月十九日『判時』一二九〇号五六頁。

注(7) 東京高判昭和五十一年十一月十七日『訟月』二二巻一二号二八九二頁。

注(8) 前掲注(6)同。

注(9) 東京高判昭和五十四年六月二十六日『行集』三〇巻六号一一六七頁。

注(10) 最判平成十七年二月一日『判時』一八九三号一七頁。

注(11) 最判昭和三十六年十月十三日『民集』一五巻九号二三三二頁。

注(12) 大阪地判昭和六十年七月三十日『訟月』三二巻五号一〇九四頁。

注(13) 東京地判平成四年三月十日『訟月』三九巻一号一三九頁。

注(14) 大阪地判平成三年五月七日『判時』一四二一号六七頁。

注(15) 最判平成十八年二月二日『判時』一九三三号七六頁。

注(16) 最判昭和四十三年十月三十一日『訟月』一四巻一二号一四四二頁。

注(17) 金子宏、前掲注(2)、二三七頁以下。

注(18) 佐藤英明『スタンダード所得税法』(弘文堂、二〇〇九年)八四頁。

注(19) 名古屋地判平成十七年七月二十七日『判タ』一二〇四号一三六頁。

注(20) 金子宏、前掲注(2)、二三八頁。

注(21) 最高裁昭和四十一年(行ツ)第一〇二号同四十七年十二月二十六日第三小法廷判決『民集』二六巻一〇号二〇八三頁参照。

注(22) 最判昭和五十年五月二十七日『民集』二九巻五号六四一頁。

注(23) 金子宏、前掲注(2)、一二〇頁。

注(24) 東京地判平成十年五月十三日『税資』二三二号七頁。

注(25) 東京高判平成十一年六月二十一日『高民』五二巻一号二六頁、『訟月』四七巻一号一八四頁、『判時』一六八五号三三頁。

注(26) 最判平成十五年六月十三日『税資』二五三号‐順号九三六七。

注(27) 増田英敏『リーガルマインド租税法(第四版)』(成文堂、二〇一三年)二二三頁以下を参照されたい。

第八章　所得税法上の「必要経費」の意義と範囲

一　はじめに

日弁連の役員を務めた弁護士が、これらの役員としての活動に伴い支出した費用を事業所得の金額の計算上必要経費に算入し確定申告したところ、これらの費用は所得税法三七条一項に規定する必要経費に該当しない、としてなされた更正処分の取消訴訟の第一審の判断が平成二十三年八月に示された。同事案は、所得税法における最も重要な論点の一つとされる必要経費の範囲を争点とするものであり、税理士界においても注目を集めた。

税理士をはじめ、士業の会務活動に伴う支出は不可避な支出といえる。会務活動費を必要経費に算入することは当然と思う税理士も多いのではないかと思われる。弁護士や税理士の会務活動に伴う支出は必要経費に属するものと一般的には理解されてきたが、本件はその会務活動に伴う支出が所得税法上の必要経費の要件に該当するか否かという、必要経費該当性が検証されたという点で極めて興味深い事例といえよう。

所得税の課税物件としての所得は、収入金額から必要経費を控除して算定されるのであるから、「必要経費」は所得測定のための主たる構成要素といえる。ゆえにこの必要経費該当性を巡る紛争も頻発するのはやむを得ない。

そこで、紛争予防の視点から所得税法上の「必要経費」の範囲、その該当性の基準を、さきの「弁護士会役員事件」注(1)を素材に整理しておきたい。

二　弁護士会役員事件と必要経費の判断基準

(1)　事件の構図と当事者の主張

本件は、弁護士業を営み、単位弁護士会会長や日弁連副会長等の役員を務めた原告（以下「X」という）が、これらの役員としての活動に伴い支出した懇親会費等を事業所得の金額の計算上必要経費に算入し、また、消費税および地方消費税（以下「消費税等」という）の額の計算上課税仕入れに該当するとして、所得税および消費税等の確定申告をしたところ、処分行政庁である仙台中税務署長（以下被告「Y」という）が、これらの費用については、所得税法三七条一項に規定する必要経費に算入することはできず、また、消費税法二条一項一二号に規定する課税仕入れには該当しないなどとして、所得税および消費税等の更正処分ならびに過少申告加算税の賦課決定処分を行ったのに対し、原告Xが、これらの支出の大部分が事業所得の金額の計算上必要経費に当たり、また、消費税等の額の計算上課税仕入れにも該当すると主張して、同処分の取消を求めて出訴した事案である。

本件の主要な争点は、①本件各支出を所得税法三七条一項に規定する必要経費に算入することができるか否か、②本件各消費税関係支出が消費税法二条一項一二号の課税仕入れに該当するか否か——の二点とされるが、ここでは①の必要経費該当性の争点に限定して紹介する。

被告Y（国側）の主張は、「本件各支出は、所得税法三七条一項に規定する事業所得に係る必要経費のうち、販売費や一般管理費のように特定の収入との対応関係を明らかにできないもの（その年における販売費、一般管理費その他これらの所得を生ずべき業務について生じた費用。以下『一般対応の必要経費』という。）に該当するか否かが問題となるところ、一般対応の必要経費の該当性は、当該事業の業務内容、当該支出の相手方、当該支出の内容等の個別具体的な諸事情から社会通念に従って客観的に判断して、当該事業の業務と直接関係を持ち、かつ、専ら業務の遂行上必要といえるかによって判断すべきであり、そのような判断の下必要経費と認識し得ない支出や費用については、家事費として経費不算入とすべきであり、また、それが必要経費であるか家事費であるか判然としない支出や費用については、家事関連費として、原則経費不算入とすべきである（所得税法三七条一項、四五条一項一号、所得税法施行令九六条参照）。」（※筆者傍線）というものである。

一方、原告Xは、「弁護士は、弁護士会を設立し、弁護士会は日弁連を設立し、弁護士会等の活動を通し、最高度の自治の内で、弁護士自らが弁護士の使命を実践することが弁護士法により求められている。そして、弁護士にとって、弁護士会に入会し、日弁連に登録することは、弁護士の業務の開始および存続の要件であり、日弁連および弁護士会の会務活動は、弁護士制度と弁護士に対する社会的信頼を維持し弁護士の事務の改善に資するものである。したがって、会務活動は、弁護士としての業務のために必要かつ不可欠なものであり、弁護士業務の重要な一部であり、弁護士の事業活動そのものである。

そして、所得税法三七条に定める必要経費のうち、いわゆる一般対応の必要経費については、その文言および性質上、支出と収入の直接関連性は必要とされていないから、会務活動に伴う支出は、いずれも必要経費に該当するというべきである。」（※筆者傍線）と主張した。

(2) 裁判所の判断――東京地裁判旨

当事者の主張に対して、裁判所は会務活動費が必要経費に該当するか否かの判断の基準を次のように示して、原告の主張を斥けた。

「事業所得の金額の計算上必要経費が総収入金額から控除されることの趣旨は、投下資本の回収部分に課税が及ぶことを避けることにあると解されるところ、個人の事業主は、日常生活において事業による所得の獲得活動のみならず、所得の処分としての私的な消費活動も行っているのであるから、事業所得の金額の計算に当たっては、事業上の必要経費と所得の処分である家事費とを明確に区分する必要がある。そして、所得税法三七条一項は、上記のとおり、一般対応の必要経費について『所得を生ずべき業務について生じた費用』であると規定している。また、同法四五条一項は、家事上の経費（以下『家事費』という。）およびこれに関連する経費（以下『家事関連費』という。）で政令に定めるものは必要経費に算入しない旨を定めているところ、同条項を受けた所得税法施行令九六条一号は、家事関連費のうち必要経費に算入することができるものについて、経費の主たる部分が『事業所得・・・を生ずべき業務の遂行上必要』であることを要すると規定している。このような事業所得の金額の計算上必要経費が総収入金額から控除されることの趣旨や所得税法等の文言に照らすと、ある支出が事業所得の金額の計算上必要経費として控除されるためには、当該支出が所得を生ずべき事業と直接関係し、かつ当該業務の遂行上必要であることを要すると解するのが相当である。そして、その判断は、単に事業主の主観的判断によるのではなく、当該事業の業務内容等個別具体的な諸事情に即して社会通念に従って客観的に行われるべきである。

（二） そうすると、本件各支出が原告の事業所得の金額の計算上必要経費として控除されるためには、本件各支出が原告の事業所得を生ずべき業務と直接関係し、かつその業務の遂行上必要であることを要するということにな

る。」（※筆者傍線）

すなわち、原告の会務活動費は同要件を充足しないとして、原告敗訴とする判断を示した。

(3) まとめ

必要経費該当性をめぐる訴訟は頻発してきた。とりわけ弁護士業務に関する必要経費該当性をめぐる訴訟でも、最近の事例に限れば、たとえば、弁護士業と不動産貸付業を営む原告が、所得税申告について、借地権設定のための貸付金等の貸倒損失が必要経費に該当するか否かが争点とされた事例がある。

この事例につき、裁判所は「必要経費とは、所得を得るために必要な支出のことを意味するものであるが、ある支出が必要経費として控除され得るためには、それが事業活動と直接の関連をもち、事業の遂行上必要な費用であることが必要である。そして、事業の遂行上必要であるか否かは、関係者の主観的判断ではなく、客観的一般的に通常必要とされるものと認められるかどうかを基準として判断すべきものと解される。」（※筆者傍線）注(2)との基準を示して、原告弁護士の請求を斥けた。

本件は、弁護士会役員としての会務活動費が、所得税法三七条一項の「販売費、一般管理費等の一般対応の必要経費」に該当するか否かが争点とされたが、その該当性判断の要件として、**裁判所は、①事業活動との直接関連性の要件と、②業務遂行上の必要性の要件、の二要件**を適用して、原告の会務活動費が、①事業活動との直接関連性の要件を充足しないとして、原告の主張を排斥している。

問題は、従来から採用されてきた同条が定める一般対応の必要経費の要件のうち、①の「事業活動との直接関連性の要件」にある。

所得税法三七条は、所得の計算上必要経費に算入すべき金額は、別段の定めがあるものを除き、「これらの所得の総収入金額に係る売上原価その他当該総収入金額を得るため直接に要した費用の額」および、「その年における販売費、一般管理費その他これらの所得を生ずべき業務について生じた費用（償却費以外の費用でその年において債務の確定しないものを除く。）の額とする。」と定めている。

したがって、**控除されるべき必要経費は、売上原価等の収入を獲得するために直接要した費用と、販売費、一般管理費等の所得を生ずべき業務に生じた費用の二種類の費用であると規定されている。**

同条の文理解釈からすると、「直接に要した費用」とは売上原価等の収入との直接対応関係にある費用を意味し、この「直接に要した」との文言は、後段の販売費、一般管理費等の一般対応費用にまではかかってはいない（修飾していない）。

そうすると、**「いわゆる一般対応の必要経費については、その文言および性質上、支出と収入の直接関連性は必要とされていない」**との原告の主張は当然といえる。

必要経費の該当性判断で注意を要するのは、売上等の収入を獲得するのに直接要した費用とは、売上原価等を意味するのであり、販売費・一

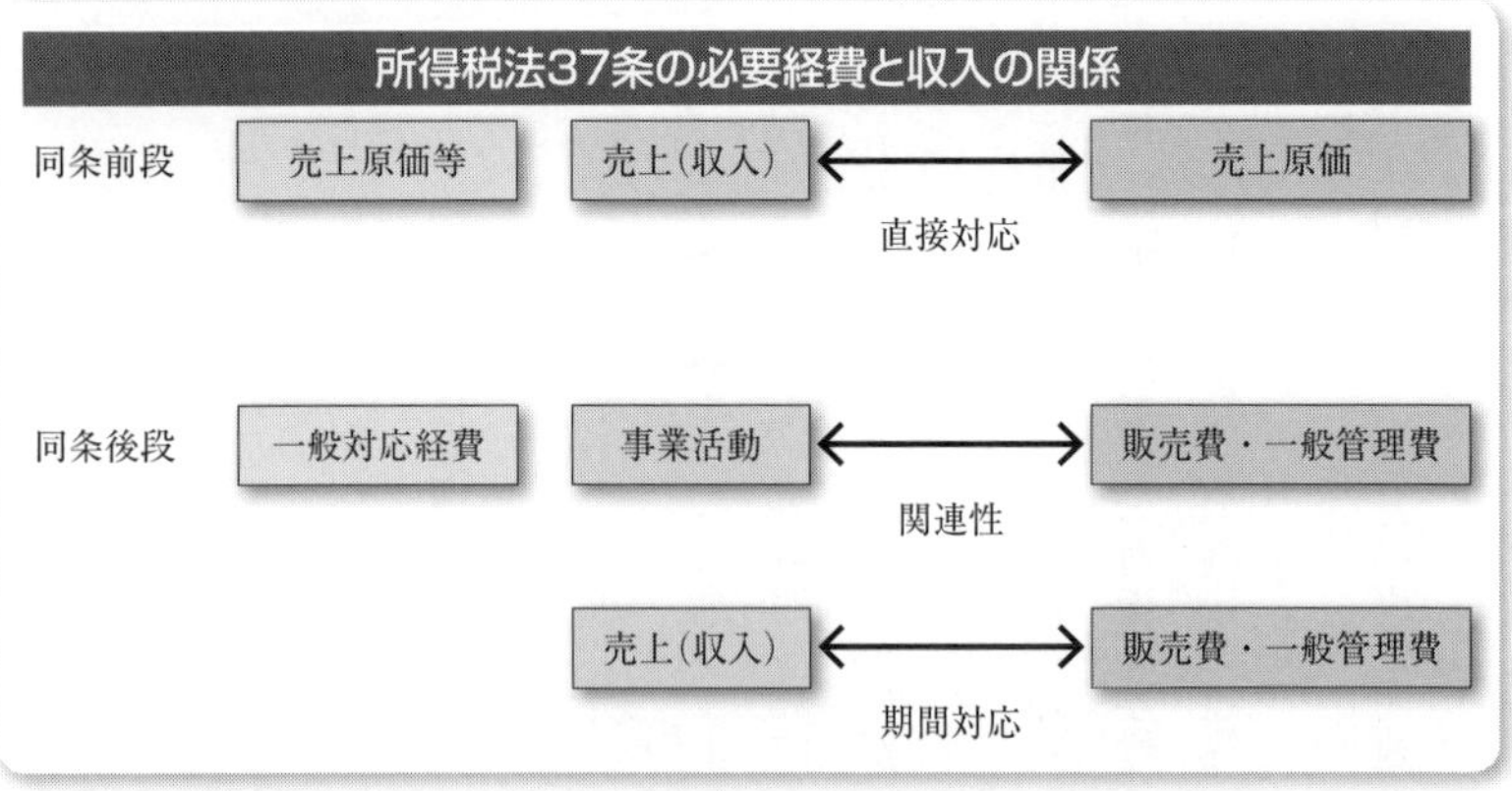

般管理費等の一般対応費用は、事業活動との関連性の有無および必要性は要件とされるが、売上等の収入との個別的直接関連性は要件とはされていないという点である。

裁判所が当該活動の有償性や営利性の有無を事業活動の考慮要因に含めるべきであるとする見解を示しているが、活動の有償性や営利性をも判断要件に含めることは、一般対応の必要経費の範囲を過度に狭めることになる。

一般対応経費は収入との直接対応関係を求められているものではない。

したがって、一般対応経費が必要経費として収入から控除できる要件は、「事業活動との関連性」と「事業活動上の必要性」の二つの要件であり、「直接」の文言は付加すべきではないといえる。なぜなら、売上原価等にのみ「直接」の文言は用いられているのであり、一般対応経費に関しては、「所得を生ずべき業務について生じた費用」と定めるのみで、「直接」の文言は条文上見当たらないからである。条文にない直接関連性の要件を付加することは、収入との直接関連性をも法が要求していることになり、拡大解釈となるから租税法律主義に反する。

これらの関係性を整理すると前頁の図示のとおりとなる。

三　必要経費控除の趣旨――なぜ「必要経費」を所得計算上控除するのか？

所得概念については前述のとおりであるが、所得税の課税対象となる具体的な課税所得は、収入金額から必要経費を控除する方法により測定される。

ここに収入とは、現金の形式をとる必要はなく、現金以外の資産およびその他の経済的利益が広く収入を構成する。

所得税法三六条が「その年分の各種所得の金額の計算上収入金額とすべき金額又は総収入金額に算入すべき金額

は、別段の定めがあるものを除き、その年において収入すべき金額（金銭以外の物又は権利その他経済的な利益をもって収入する場合には、その金銭以外の物又は権利その他経済的な利益の価額）とする。」（※筆者傍線）と定めているが、この条文は収入の年度帰属、範囲、そして収入の評価について定めたものである。

右記傍線部分は、金銭以外の権利その他の経済的利益をもって収入する場合として、金銭以外の経済的利益を広く収入金額に含めるという、収入金額の範囲について明らかにしたものといえる。

また、その経済的利益の評価は、同条二項が「金銭以外の物又は権利その他経済的な利益の価額は、当該物若しくは権利を取得し、又は当該利益を享受する時における価額とする。」と定めて、時価によることを明確にしている。

収入とともに所得の範囲を確定していく一方の要素である「必要経費（necessary expense）」とは、所得を獲得するために必要な支出をいう。この必要経費を、所得を測定する際に、収入金額から控除することが認められている。たとえば所得税法二七条は、「事業所得の金額は、その年中の事業所得に係る総収入金額から必要経費を控除した金額とする。」と定めて、収入金額から必要経費を控除して所得金額を求めるとしている。

このように、必要経費を控除することにより所得金額を算出するという、その趣旨は、「いわば投下資本の回収部分に課税が及ぶことを避けることにほかならず、原資を維持しつつ拡大再生産を図るという資本主義経済の要請にそうゆえんである。」注[3]と説明される。

原資に課税することを避け、課税が拡大再生産の障害にならないようにする目的から、収益獲得の原資に相当する支出を必要経費として収入金額から控除することを認めたところに、制度趣旨が存在するのである。この考え方に基づいて、わが国の所得税制度も所得金額の測定においては、収入を獲得するために必要な支出を、必要経費として控除することを認めているのである。

四　必要経費の意義と範囲――控除可能な必要経費の要件

所得税法三七条は必要経費の意義を定めた一般的規定であり、同条は、事業所得、不動産所得、そして、雑所得の金額の計算上必要経費に算入すべき金額の範囲を明確に定めている。

この必要経費とは、所得を稼得するために必要な支出を意味するものであり、所得稼得のために投下した資本に相当する。所得は総収入から収入を得るための原資となった部分を控除した純所得を意味するから、この必要経費の範囲は収入を得るための原資に相当するか否かにより判断されることになる。

必要経費の範囲は課税物件である「所得」に直接影響を及ぼす所得税法の最も重要な論点であり、紛争予防の視点からも注意を払う必要があるといえる。

(1)　弁護士などの士業の必要経費を巡る判例の動向と「弁護士会役員事件」判決の位置づけ

弁護士の顧客や知人に対する慶弔費や飲食代などが交際費に該当するか否かが争点とされた事案で、東京高裁平成十八年六月十五日判決[注(4)]は、以下のような判断を示している。控訴人X（弁護士業）は、日常の交流・交際を通じて業務の拡大を図っているとして、法曹団体等の会費、顧客や知人に対する慶弔支出やゴルフ代、飲食代、贈答品購入費などは、いずれも必要経費であると主張する。しかし、こうした日常の交流・交際の費用を支出することが仕事を得る一つの端緒となることがあり得るとしても、それは支出の直接の目的ではなく、あくまでも間接的に生ずる効果に過ぎないというほかない。したがって、所得税法の同規定の趣旨に照らすと、支出が必要経費に算入されるためには、業務の遂行上必要なものか否か、その部分を明らかに区分することができるか、などについて個別具体的な検討を要するところ、X主張の接待交際費は、業務の遂行上の必要性を認め難く、これを必要経費とすることはできない、として、Xの主張を排斥している。

また、大阪高裁平成十八年二月二十三日判決注(5)は、控訴人が交際費等の支出として飲食費などを必要経費に算入することの可否が争点とされた事案であるが、裁判所は以下のような判断を示している。すなわち、控訴人X（歯科医業）が主張する飲食費や接待交際費等の支出自体、Xの営む事業との関連は希薄である上、Xが、政財界に顔が広く、自らテレビドラマに出演したり衆議院議員選挙に立候補したりするなど幅広い活動をしていることをも斟酌すると、仮に、X主張通りの支出を認めることができるとしても、当該支出は、社会通念に照らして、Xの事業所得等を生ずべき業務について生じた費用であるとも、Xの事業所得等の総収入金額を得るために直接要した費用であるとも到底認めることはできない。よって、必要経費に算入することはできないというものである。

このように、従来の判例上の必要経費の要件は、①**「事業活動との直接関連性の要件」**と、②**「業務遂行上の必要性の要件」**の二要件を判断要件としていることが確認できる。したがって、「弁護士会役員事件」の本判決も必要経費の判断の基準として、これまでの判例の判断基準を踏襲したものと位置づけることができる。

(2) 所得税法の必要経費の法構造と「直接」の文言の射程

必要経費とは所得を得るために必要な支出のことをいう。所得の計算上、必要経費控除を認めるのはいわば投下資本の回収部分に対する課税を回避することにほかならず、原資を維持しつつ拡大再生産を図るという資本主義経済の要請に対応している。

包括的所得概念の下で、そもそも、その年の所得は、その年中の純資産の増加分と同期間中の消費額から構成される。

一方では、所得は収入金額から収入を獲得するために費消された経済価値（必要経費）を控除した残額を意味する。たとえば、リンゴを五〇万円で仕入れて一〇〇万円で売り上げた場合には、売上高一〇〇万円から、売上原価五〇万円を控除した残額が所得金額となる。

なお、リンゴを産地から仕入れるためにレンタカー（五万円）を借り、補助者一人（五万円）を雇いこの取引を成就させたとすると、一〇〇万円から六〇万円（売上原価五〇万円＋レンタカー五万円＋補助者への給与五万円＝六〇万円）を控除した残額の四〇万円が所得となる。この六〇万円が必要経費とされることは理解できる。

ところが、仕入れたリンゴを家族で一万円分食し、またレンタカーを五日のうち一日家族旅行に使用した（一万円相当の料金分）場合には、この部分は家事費であるから必要経費には算入できない。家族のために費消した経済価値は、収益獲得活動のために費消された経済価値とは区別されるべきであるから、必要経費として取り扱うことはできない。

この例から必要経費の意義を具体的に整理すると、必要経費とは所得を得るための活動と直接関連を有し、その必要性が客観的に認められる支出ということができる。

したがって、家族が費消したリンゴ一万円分と、家族旅行で利用したレンタカー代金一日分の料金は、収益獲得活動と関連性を有しないから必要経費から除外されることになる。

この考え方に基づき、所得税法三七条は必要経費を収入金額から控除することを次のように定めている。すなわち、不動産所得、事業所得、雑所得の金額を計算する場合の必要経費に算入すべき金額として、「別段の定めがあるものを除き、これらの所得の総収入金額に係る売上原価その他当該総収入金額を得るため直接に要した費用の額及びその年における販売費、一般管理費その他これらの所得を生ずべき業務について生じた費用（償却費以外の費用でその年において債務の確定しないものを除く。）の額とする。」と規定している。

同条は不動産所得、事業所得、そして雑所得の必要経費の範囲を、①総収入金額を得るために直接要した売上原価とその他の直接費用、②その年の販売費および一般管理費、③その他これらの所得を生ずべき業務について生じた費用で債務の確定したもの、およびその年に生じた償却費、そして④別段の定めが適用される支出と定めている。

収益費用対応の原則に基づいて、①の支出が直接対応費用（直接対応するのは売上収入との直接対応性を意味する）であり、②と③の費用が期間対応費用（期間対応とは売上との直接対応関係になく期間を軸にした間接費用という意味である）ということができる。

さらに所得税法は、家事関連費等の必要経費不算入の定めを四五条に置いている。同条は「家事上の経費及びこれに関連する経費で政令で定めるもの」を家事費および家事関連費として必要経費に算入しないと定めている。前記の例でいえば、自家消費分と家族のために費消した分は家事費として必要経費から除外される。

同条の定めに対応する政令である所得税法施行令九六条では、「事業所得（中略）を生ずべき業務の遂行上必要であり、かつ、その必要である部分を明らかに区分することができる」経費を必要経費と定めている。

このように所得税法は、必要経費の範囲を規定した原則規定（法三七条）と、家事費と政令で定める家事関連費を必要経費から除外する必要経費不算入規定（法四五条）との二つの条文により、収入金額から控除できる必要経費の範囲を確定させるという条文構成を採用している。

事業所得等の金額は収入金額から、個人の支出額を事業関連費と家事費および家事関連費に分類し、後者を支出額から除外したものを必要経費として控除することにより算定することを命じているのである。

なお、三七条が、①の売上原価その他収入金額を得るために直接要した費用と定めているように、直接費用と、②・③の販売費および一般管理費のように直接費用ではなく期間対応もしくは直接ではないという意味における間接対応費用に分類している点には注意を要する。

ところで、本判決（「弁護士会役員事件」）は必要経費の判断基準として、**「当該支出が所得を生ずべき事業と直接関係し」として直接関係性の要件を基準としているが、条文上は「直接」の文言は三七条が定める①の売上原価類型に属する費用にのみ要求されるのであって、②・③の販売費および一般管理費等の期間対応費用には、条文上「直接」の文言は全く付されていないのである。本判決が、「直接関係し」としている点は、三七条の条文にない「直接」の文言を付加していることになる。**

この「直接」の文言を付加したことにより、本判決では、弁護士会活動の事業関連性の判断に営利性、有償性をも問うており、「直接」の文言を重視した裁判所の判断には疑問が生じる。

そこで、必要経費の範囲を確定する関連条文に「直接」の文言がいかに用いられているかを確認することにしよう。

条文上、「直接」の文言は、必要経費とされない家事関連費の範囲を明示した所得税法施行令九六条一項二号に用いられていることが確認できる。

すなわち同施行令は、**「家事上の経費に関連する経費のうち、取引の記録等に基づいて（中略）事業所得又は山林**

所得を生ずべき業務の遂行上直接必要であったことが明らかにされる部分の金額に相当する経費」（※筆者傍点）として、**「直接」**の文言を必要性の要件に加えている。

同条の条文の文脈からすると、「直接」の文言は、当該支出が家事関連費とみられる場合にこの直接の基準が用いられるということができる。

家事関連費は、業務遂行上、「直接必要であったか否か」により必要経費算入の可否が判断されるとするものであり、家事関連費とみられる支出を必要経費に算入する場合には、業務上直接必要性の要件を充足すべきことを定めたものである。

家事費であることが明らかである支出は必要経費から除外し、家事関連費であれば、業務遂行上の直接必要性が立証できて初めて必要経費に算入できるとしているのであり、直接必要性の要件は家事関連費の必要経費算入の要件であるということが確認できる。

そうすると、弁護士会活動費などは家事費にも家事関連費にも該当しないはずであるから、家事関連費に該当する支出でなければ「直接」必要性の要件は判断に用いられるべきではないのである。

すなわち、原資に課税しないとした本来の必要経費制度の趣旨を踏まえれば、所得税法三七条から導出される販管費などの間接対応経費（期間対応経費）は、「業務との関連性」が唯一のメルクマールとなるのであり、業務との関連性が一般的かつ客観的に認められれば営業費用となり、必要経費に算入されると解されるのである。

いたずらに「直接」の文言を付加することは業務との関連性ばかりか有償性や収入直接対応関係を求めるといった、業務ではなく収入との対応関係を意味するといったミスリードを招く危険がある。領収証やその他の証憑により、支出金額と業務との関連性が客観的に証明できるのであれば、必要経費とされるべきである[注(6)]。

つまり「業務との関連性」により必要経費は判断されるものであり、必要経費性を否認する場合には、わが国では立証責任は税務署が負うことになる。

五　まとめ

「弁護士会役員事件」を素材に必要経費についてその考え方を整理してきた。以下では租税法解釈のあり方を踏まえた簡潔なまとめを行うことにする。

まず、弁護士は弁護士会に登録して初めて弁護士業務に従事できる仕組みになっている。税理士も同様である。したがって、弁護士会入会や税理士会入会は業務遂行の前提となるはずである。まずこの点を確認すべきである。

今回取り上げた事件の原告は、弁護士会活動は業務遂行と密接に関係し、その関係性は制度的にも業務遂行の前提とされていることから、業務関連性があることは当然であるとの立場に立って主張を展開していた。

とりわけ、原告の主張は、所得税法三七条が定める直接対応費用である売上原価以外の一般対応の費用は、収入との直接関連性を要求されていないと主張している。

一方、被告国側は、必要経費該当性の判断は、「事業活動との直接関連性の要件」と「業務遂行上の必要性の要件」の両者を充足するか否かによるべきであると主張した。

この条文は、家事関連費と通常みなされる支出を必要経費に算入する際には、取引記録等により納税者が「直接必要性」の立証責任を負うことになることを示唆したものと解することができよう。

争点とされている弁護士会活動費用は、**三七条の一般対応費用であるから、収入との個別直接的な対応関係を求**

められているものではないはずである。

収益費用対応の原則の観点からすると、三七条の定める費用のうちで売上原価に類する費用のみが個別直接対応を求められているのであり、販売費および一般管理費、そして、業務について生じた費用も一般対応関係であり、期間対応が求められているのみである。「業務について生じた費用」との文言を「直接」要した費用と解することはできない。

従来の判例も本判決も、「事業所得の金額の計算上必要経費が総収入金額から控除されることの趣旨や所得税法等の文言に照らすと、ある支出が事業所得の金額の計算上必要経費として控除されるためには、**当該支出が所得を生ずべき事業と直接関係し、かつ当該業務の遂行上必要であることを要すると解するのが相当である。**」（※筆者傍線）と判示して、規定の趣旨を踏まえると「直接」関係性を要するとしている。

「直接」の文言を要件に付加すると、一般的もしくは間接的関係性は排除されるという結果を招く。「直接」関係性の要件を用いると、弁護士会活動は、弁護士の本来の業務である訴訟代理活動とは具体的内容を異にするゆえに、業務との関係性が否定されることになる。

そもそも、直接性の要件はその支出と収入に対応関係を有することをその内容としている。原価とは、その支出により収入を増加させるものと理解されるのである。会務活動と収入の増加は対応関係にあるとはいえない。しかし、三七条の費用のうちで直接関係性が要求されるのは、売上原価とそれに類する原価類似費用のみであることは条文のとおりである。租税法律主義の下にある租税法の解釈は、文理解釈が求められており、文言に忠実になされるべきである。

「直接」の文言が解釈により付加されると、一般対応費用の範囲が過度に限定されることになる。販売費や一般管理費に属する交際接待費や広告宣伝費、福利厚生費といった当然必要経費とされるような支出も「直接」事業関連性の要件を用いることは必要経費の範囲を過度に縮小させる。原資に課税しないとする必要経費控除制度の制度趣旨にも反する結果となる。

本件では必要経費の立証責任の所在にも言及した。紛争予防には、必要経費の立証に意を用いることがより一層求められることとなるといえよう。

注(1)　東京地判平成二十三年八月九日『判タ』一三八三号二〇四頁。

注(2)　第一審：東京地判平成十六年九月十四日『税資』二五四号－順号九七四五、控訴審：東京高判平成十七年二月九日『税資』二五五号－順号九九三〇、上告審：最判平成十七年六月二十三日決定『税資』二五五号－順号一〇〇六一。

注(3)　金子宏『租税法（第二〇版）』（弘文堂、二〇一五年）二八二頁。

注(4)　東京高判平成十八年六月十五日『税資』二五六号－順号一〇四二八。

注(5)　大阪高判平成十八年二月二十三日『税資』二五六号－順号一〇三二七。

注(6)　水野忠恒『租税法（第四版）』（有斐閣、二〇〇九年）二四九頁。

第九章　紛争予防における租税法と会計の関係性
――法人税法二二条の意義

一　はじめに

税理士の紛争予防は、税理士の使命、そして、職務と責任を税理士自身が正しく理解し、その使命を誠実に、愚直に実践するという覚悟によって実現されるということができよう。使命を忘れた安易な仕事ぶりではクライアントの信頼を勝ち取ることはできないし、金融機関も税務署も納得させることはできない。もちろん紛争予防もなしえないのである。

税理士の使命と職務は、一言でいえば「租税正義の実現」に尽きる。税理士は、わが国経済の屋台骨を支える中小企業の経営者の羅針盤であるといえよう。であるからこそ「ブレない税理士」として確固たる信念を堅持しつつ、タイムリーに経営者をサポートしていくことにその崇高な使命はあるといえよう。

そこで本章では、紛争予防の視点から、税理士の職務と責任の意義を明確にしたうえで、租税正義の実現の視点から租税法と会計の関係を整理することにする。「適正な納税義務」は、租税法と会計の両輪が十分に機能して初めて確保される。租税正義の実現は両者により論証されるのである。

二　「情報の爆発の時代」に税理士に求められるもの

ところで筆者は、市民法律相談や事務所において法律相談を行っている。相談の内容は多岐にわたるが、最近の相談者の特徴は、インターネットや必要な書籍の入手が容易になったせいか、情報へのアクセスが容易であるために、事前に多くの情報を収集し、問題に関する知識が豊富であるところにある。

それは良いことであるが、問題は情報を収集したが、その情報の洪水の中でいかなる決断を下すべきか、また、木を見て森を見ない、大局的な判断ができずに混乱して相談にみえる方が急増しているという点である。

たとえば、相続の問題でも「このようにすると税金が安くなる、こうすれば得すると、この『本』には書いてあるのだが……」といった具合で専門家顔負けである。

情報の爆発の中で、何が正しい情報で、何が誤った情報なのか判別できず、さらには情報過多ゆえにブレにブレて混乱してしまう例が多くある。これは相談者ばかりでなく相談を受ける弁護士にもあてはまる。情報量が増えれば増えるほど、情報へのアクセスが容易になればなるほど、いかなる価値により情報を選別していくべきかが問われることになる。すなわち、問題の本質を見抜いていく視座、立ち位置の確立が求められるのである。

知識は豊富であっても、その知識を価値秩序の下に順序付けする力が専門家に求められている。

専門家としての税理士にも確固たる価値観もしくは哲学が求められている。結論を先取りすれば、その哲学とは租税正義の追求にあるといえる。「租税正義とは何か」と繰り返し自問自答し、哲学する姿勢の中から、ブレない税理士の姿が顕現されていくのであると信じる。

情報の爆発の時代ともいえる今こそ、税理士はブレない視座と価値観を堅持すべき時であるといえよう。

三　申告納税制度の理念と租税法律主義

申告納税制度の本質と租税法律主義を整理することにより、税理士の存在意義は明確にされる。そこで、まず両者の関係を整理したうえで、松沢智『税理士の職務と責任（新版）』（中央経済社、一九九一年）注(1)のエッセンスを確認していこう。

租税法律主義の下においては、国家と国民の租税をめぐる関係は法により律せられ、ダイレクトな法律関係として理解される。申告納税制度は、自己の納税義務の範囲を租税法に基づいて申告することにより確定していく納税制度である。まさに国民主権の納税制度への顕現ともいえる制度が申告納税制度といえる。この申告納税方式は、納税者による適法な申告が行われている限り、納税義務の確定過程に租税行政庁が介在することは想定されていない納税制度といえる。国税通則法一六条の文言からもこのことは確認できよう。

戦前の賦課課税制度の下では、租税行政庁の行政官が租税法を解釈・適用し、国民の納税義務の範囲を確定し、納税者に確定した納税義務を履行させるのであるから、租税法は賦課課税制度を担う租税行政庁の行政官のためにあったといっても過言ではない。戦後の申告納税制度は、国民自らが租税法を解釈・適用して自己の納税義務の範囲を確定し、履行していくものであるから、租税法は、まさに納税者のためにあるということができる。

一方、租税行政庁は、申告納税制度の下では、納税者の申告が租税法の定めるとおり履行されているかどうかを検証する、チェック機関であると位置づけることができよう。いくら課税の公平が図れるように立法された租税法であっても、その解釈・適用に誤りがあれば課税の公平は確保されない。納税者の申告に誤りがないかどうかをチェックし、租税法律主義における合法性の原則が堅持されているかどうかを点検する任務が、租税行政庁に委ねられているといってよい。

そうすると、主権者である国民が容易に租税法を解釈し、申告が可能となるような租税法の体系が構築されねば、申告納税制度は画餅に帰する。納税者の一部を除いてほとんどが、租税法の専門家とはいえないから、課税要件が法定されているばかりでなく、明確であり、容易に解釈が可能な租税法の存在が、申告納税制度を機能させるうえでの基幹的なインフラといえよう。そのインフラを構築する基本原理が租税法律主義である。

この申告納税制度は、租税法律主義の要請が厳守されることにより円滑に機能する。換言すると、租税法律主義の機能である納税者の予測可能性の確保こそが、申告納税制度の生命線であるともいえる。したがって、租税法律主義と申告納税制度はセットになって民主主義国家の租税制度形成に寄与するという関係にある注(2)。

国民主権主義を基調にした憲法の制定に伴い申告納税制度が導入された。申告納税制度における税理士の地位は、租税法律主義の要請に基づいて、租税法の適正な解釈・適用の実現を図る租税法の専門家ということになろう。

四　税理士の職務と責任——税理士の使命と租税正義

そうすると、申告納税制度が国民主権主義の憲法理念を根底に据えているのである。そこで、誤解してならないのは、国民主権主義を強調するあまり税理士が納税者の権利を擁護する弁護士的地位と同等の地位にあることを意味するものではないという点である。

この点について、松沢『職務と責任』注(3)は、憲法の国民主権主義の原理に基づく租税観に立脚した税理士の使命について次のように述べられている。

「(税理士は) 税務署長と納税者のいずれにも偏せず、『租税正義』を貫こうとするものである。『税理士は誰のためにあるか』といえば、委嘱者たる納税者のために行動すべきではあるが、しかし、委嘱者ともある程度の間隔を置いて、良心に従い客観的に物事を判断し、『租税正義』を基礎に、租税法を法律としての視点から正しく解釈し、納税者をして適正な納税義務を実現させることに『税理士』の使命がある。しかも、法改正により『中正な立場』から『独立した公正な立場』へと発展したことは、そこに自らの判断において、積極的に行動し、権利・義務の主体的な地位を獲得したことを意味する。これがまさにプロフェッションとしての『法律家』の仕事なのである。」

税理士法一条は、「税理士は、税務に関する専門家として、独立した公正な立場において、申告納税制度の理念にそつて、納税義務者の信頼にこたえ、租税に関する法令に規定された納税義務の適正な実現を図ることを使命とする。」と定められているのであるから、**税理士は「税務署長と納税者のいずれにも偏せず」に、「独立した公正な立場」で、租税法を適正に解釈し、適用して、法律のとおりに納税者に納税義務の履行をさせることを、その使命とするのである。**

換言すると、税理士は申告納税制度の下で、**「独立した公正な立場」**で憲法原理としての租税法律主義の実効性を担保する国家における社会的存在ということができるのである。

租税国家における国民の幸福実現のための価値概念(哲学もしくは倫理的概念)である「租税正義」の実現を租税法の解釈・適用の基礎において、独立した公正な立場で業務を遂行するという、崇高な使命を税理士は保持していることをここで確認しておきたい。

松沢『職務と責任』では、**「『税理士』よ『法律家』たれ。租税法という法分野の範囲内ではあるが、先ず自ら『法**

律家』としての誇りをもって職務にあたって貰いたい。」と税理士の本質的職務に基づいて大きなエールを送っている。

そのうえで、「**租税法が法律であり、法律学である以上、学問と密着した職業であって、単なる個人の利益追求のみを主眼として営まれるものではなく、公共に対する奉仕の精神をもち、このような同じ目的を追求する人間集団として存在するのが、税理士制度なのである。そこに、社会一般から高い評価が得られる所以がある。また、そうであるからこそ社会的責任も存するのであって、単に依頼者だけの権利を擁護するために行動すれば足りるのではない。広く社会における税制に関し啓蒙せしめ、世論を指導し得る公的な使命をも有しているのである。**」と述べられている。

「**税理士よ法律家たれ**」との言葉は、出版当時、きわめて新鮮かつ刺激的な言葉として税理士界では受け止められた。租税法の範囲内であるが、税理士は法律家であることに疑念の余地はない。この当然であることを指摘された、その趣旨は、目先の記帳業務に忙殺されている、どちらかというと職務を矮小化しがちであった税理士に対して、租税法の法律専門職として、その職務に誇りを持てと、激励し期待されたところにあったと思われる。それから二〇数星霜を経た現在では、税理士界の研修で、租税判例の研究を素材にした研修が活況を呈していることは感慨深い。

税理士は、納税者をして適正な納税義務の実現を図ることにより、租税における正義を実現し、申告納税制度を担うという、公共に対する奉仕という崇高な使命を有するゆえに、国家社会において高い評価を得るのである。その高い評価を獲得し維持していくためには、研修による不断の研鑽が不可欠である。

ところで、税理士の使命は租税正義という専門家としての哲学もしくは理念を基礎として、適正な納税義務の実現を図ることにあることは、これまでに述べたとおりである。

なぜ、「適法」ではなく「適正」なのか、という点について検討することは、租税法と会計の関係性を明確にし、租税正義の実現の実質的意義を解明することにもなる。

五　租税法における紛争予防は二段階論——紛争予防税法学は紛争を予防するか

税理士の使命は、納税者の納税義務を適正に実現させていくことにある。納税者の納税義務の範囲は、所得税法や法人税法といった各個別租税法によって具体的に定められているのであるから、納税義務が適正に実現されているか否かは、「税理士自身の、税法のプロフェッショナルとして、法律家としての良心に従い、いずれにも偏せず、申告納税制度の理念にそって、納税義務者との業務に対する委託契約による委任の趣旨に従って、誠実に行動したかどうかによって決まること」注(4)になるのである。

申告納税制度の理念にそって租税法実務に法の支配を確立し、租税正義の実現を図るという税理士の使命を誠実に履行することが税理士の職務と責任ということになる。そして、税理士は、この職務と責任を果たすことにより、課税庁やクライアントとの紛争を予防することが可能となるはずである。

引き続き税理士の職務と責任の問題を、紛争予防の視点から、租税法と会計の関係性を確認することにより整理していくことにしよう。

法人税法が、企業会計に準拠して各事業年度の所得の計算原則としていることを同法二二条で通則として定めているところからも、法人税の適正な納税義務の履行は、企業会計と法人税法の二段階において検証されなければならないといえよう。

したがって、紛争予防も、この二つの段階に分けて考えられるべきということになる。

紛争予防税法学は紛争を予防するという、予防法学の思考に基づいている。裁判官の法的判断の構造を研究対象とする要件事実論の研究成果を租税法実務に展開することにより、税理士が当事者となる租税法実務上の紛争を予防可能であると筆者は確信するものであるが、「**予防法学は紛争を予防するか**」、という問いかけで始まる興味深い見解に接した（中川徹也「企業活動をめぐる紛争予防と要件事実」伊藤滋夫総括編集『民事要件事実講座五（企業活動と要件事実）』（青林書院、二〇〇八年））。

確かに租税法実務においては個別税法の規定を適正に解釈・適用すれば紛争は予防できるかといえば、それは一面的に過ぎるといえる。そのことを見事に指摘したのが次の見解である。

すなわち、その見解とは、「要件事実が活躍する主戦場は民事訴訟であり、要件事実は、すでに生じている具体的な紛争を解決するために機能する。そのような要件事実に関する考え方が、紛争予防と接点を持ち得るのだろうか」という命題を提示したうえで、「予防法学は紛争を予防しない」という疑問の投げかけから始まる。

そして、本論では次のように述べている。

「弁護士の業務は予防法学的分野に拡大されなければならないといわれてきている。また、企業法務は、臨床法務から予防法務へ、予防法務から戦略法務へ、と進展してきているといわれる。予防法学あるいは予防法務の定義は必ずしも定まっていないようであるが、予防法学あるいは予防法務という言葉が用いられるとき、そこには必ず、将来発生するであろう紛争を未然に防止するという機能への期待が存在している。すなわち、予防法学あるいは予防法務においては、法的な作業を行うことによって紛争を予防する、ということが期待されている。

それでは、紛争を予防するとはどういうことなのだろうか。予防法学あるいは予防法務において、紛争を予防することが実践されるのだろうか。紛争の原因となるような事態を想定したとき、そのような事態の発生を防ぐ作業は、紛争を予防するものとなる。

例えば、商品に瑕疵がある場合には、それが紛争の原因となる可能性がある。そこで、商品製造上の技術の向上を図る、あるいは、商品出荷前の検査の能力向上を図ることにより、瑕疵ある商品が取引されることを防ぐことができれば、そのような作業は紛争を予防することになる。しかし、紛争の原因となるような事態の発生の防止という作業、ここでの商品製造技術の向上や商品検査能力の向上は、法的な作業となるわけではない。法的な作業によって商品の瑕疵の発生そのものをあらかじめ防ぐことはできない。

紛争の原因となるものは様々であるが、法的な作業によっても紛争の原因となるような事態が発生することを事実として直接に排除することができるわけではない。弁護士の業務として予防法学的分野の重要性が説かれるとき、予防法学的業務により紛争の発生を防止し得ることを安易に前提としてはいないだろうか。紛争をかかえた当事者に対し、弁護士は、事前に法律専門家の助言を得ておけば紛争の発生を防止することができたという趣旨を述べることがある。しかし、そこで想定されている助言は、多くは、取引をすべきでなかった、取引を中止すべきだったという種類の助言であり、紛争の予防作業というより、紛争からの回避作業である。少なくとも、法的な作業は紛争原因の発生を事実として直接に防止し得るものではないという意味では、法的な作業は紛争の予防に無力である。そこで、**『予防法学は紛争を予防しない』**という表現も可能となる。」注(5)

予防法学の有用性を主張する立場からは傾聴に値する見解であるといえよう。予防法学の限界を意識することが紛争予防の実効性を確保するうえで重要であるといえるからである。

この見解は、租税法実務における紛争予防にもあてはまる。その理由は、法人税法の基本構造に起因する。法人税の課税物件は法人の各事業年度の所得であるが、その所得は各事業年度に帰属する益金の額から損金の額を控除することにより確定される。

要件事実論的に整理すると、法人の所得の要件事実は、各事業年度の益金の額と損金の額となる。この益金と損金の要件事実の存否は、公正妥当な会計処理の基準により作成された会計帳簿により立証される。したがって、原始証憑から複式簿記の原理に従い作成された、証拠能力のある品質の高い会計帳簿が用意されて初めて法人税法における紛争予防が可能となる。いかに、法人税法の各条文の解釈・適用を適正に行っても、その前提となる要件事実の中枢にある益金と損金の測定システムに瑕疵が存在していたのでは正義は実現されないのである。

さきの見解の例示のとおり、製品の瑕疵が紛争を惹起するとすれば、製造工程において、いかに製品の製造技術を向上させ、出荷前に検品を徹底するかといった、法的作業以前の問題が紛争予防に有用である。法人税法の中核規定である二二条の意義と構造を確認すると、①**法人所得課税制度が公正妥当な会計処理の基準に合致しているか否かという、会計段階における紛争予防**と、②**法人税法の別段の定めに合致しているか否かという、租税法段階における紛争予防**というように、二段階により議論されるべきであることを意識することは極めて重要である。

六　法人税法二二条の基本構造と紛争予防

(1)　法人税法二二条の構造

わが国の法人税の課税物件は法人の所得であるが、法人税法二一条は「各事業年度の所得に対する法人税の課税標準は、各事業年度の所得の金額」であると定め、各事業年度の所得の金額の計算の通則を規定している。

この法人税法二二条は、法人税法の中核となる基本規定であるから、同条の意義と射程を明らかにすることは、法人税法における紛争予防を論じるうえで重要である。そこで、以下ではこの問題を拙著『リーガルマインド租税法（第四版）』一〇七頁以下（成文堂、二〇一三年）によって整理しておこう。

まず、法人税法二三条以下の条文は、いずれも法二二条の**「別段の定め」**として体系づけられており、二二条は次の五項により構成されている。

まず第一項では、「内国法人の各事業年度の所得の金額は、当該事業年度の益金の額から当該事業年度の損金の額を控除した金額とする。」と定めて、法人の所得の概念を積極的に定義するのではなく、益金の額から損金の額を控除した差額として法人所得の範囲を確定するとしている。事業年度という一定期間に生じた益金と損金の差額により、各事業年度の法人の所得を確定させることを定めている。

同条二項は益金の事業年度の範囲を、「別段の定めがあるものを除き」と限定を付した上で、①資産の販売、②有償又は無償による資産の譲渡又は役務の提供、③無償による資産の譲受け、④その他の取引で資本等取引以外のものに係る当該事業年度の収益の額、の四つに類型化して規定している。

同条三項は、損金の範囲を「別段の定めがあるものを除き」とやはり限定を付した上で、①当該事業年度の収益に係る売上原価、完成工事原価その他これらに準ずる原価の額、②前号に掲げるもののほか、当該事業年度の販売費、一般管理費その他の費用（償却費以外の費用で当該事業年度終了の日までに債務の確定しないものを除く）の額、③当該事業年度の損失の額で資本等取引以外の取引に係るもの、の三種に類型化している。

そのうえで、第四項が、第二項の収益の額および第三項が規定する費用、損失の額は、「一般に公正妥当と認められる会計処理の基準に従って計算されるものとする。」と規定している。

ここで、法人税法二二条四項は、法人の益金および損金の額について、「一般に公正妥当と認められる会計処理の基準」に従ってその範囲を確定すべきことを定めたものである。この規定の趣旨は、「昭和四十二年に、法人税法の簡素化の一環として設けられたものであって、法人の各事業年度の所得の計算が原則として企業利益の算定の技術である企業会計に準拠して行われるべきこと（『企業会計準拠主義』）を定めた基本規定である。」注(6)とされる。

企業会計に準拠するとしたその理由は、法人の利益と法人の所得は概念それ自体に差異があるわけではなく、共通するものといえるから、法人所得を測定するための、すなわち独自の法人税法のための会計帳簿を法人に作成させるなどの手間を省くことに求めることができよう。

ところで、企業利益が収益から費用を差し引き、その純額概念とするのに対して、法人税法が益金と損金という文言を使用するのは、別段の定めや無償取引に関する規定等により、企業会計上、収益に算入される項目（金額）が益金に不算入とされ、逆に企業会計上の収益に含まれない項目（金額）が益金には算入されるなど、その範囲を異にすることの証左といえる。

費用と損金の関係も同様に、法人税法が損金算入規定や損金不算入規定という別段の定めを設けることにより、企業会計上の費用に加算、減算を行い、損金の額の範囲を確定させるという構造を採用している。したがって、企業会計上の費用と法人税法の損金の範囲は異なる。

企業会計により測定された企業利益に法人税法が調整を加えて法人所得を測定するのである。**法人税法が「別段の定め」を規定するその立法目的は、まさに担税力を適正に測定し、課税の公平を実現するという租税公平主義の要請にある。**

企業会計が期間損益の適正な算出により、企業の投資家や債権者といった利害関係者に、その企業の経営成績と財政状態を表示することを目的とすることと、その目的は大きく異なる。

法人税法の本質は、課税の公平の実現のために、企業会計上の収益・費用の範囲に修正を加えることを目的とする「別段の定め」の法体系ということができる。

したがって、法人税法を学ぶことは、別段の定めを中心とした益金・損金の意義と範囲を確定する基準を学ぶことであるといえよう。

この企業会計による企業利益と法人税法によって求められる法人の所得の関係性は図（次頁）によりクリアになる。

(2) 益金の意義と論点 ——未実現利益の除外と無償取引の益金算入

法人税法の益金の範囲について注意すべき点は、同二二条二項が「**取引にかかる収益**」と規定している点と、資産の無償譲渡、役務の無償提供その他の無償取引にかかる収益も益金に算入されると規定している点の二点である。

まず前者の「**取引にかかる収益**」と法が規定しているその趣旨は、原則として、取引として実現した利益のみが所得であることに法が限定を付したことを意味するものであり、その趣旨は評価益などの未実現の利益を課税対象から除外するところにある。

そして、「**無償による資産譲渡、役務提供**」も益金を構成するとした無償取引規定が紛争予防の視点からも極めて注意を要する論点といえる。

注(1)　松沢智『税理士の職務と責任（新版）』（中央経済社、一九九一年）。

注(2)　増田英敏『リーガルマインド租税法（第四版）』（成文堂、二〇一三年）六五頁参照。

注(3)　松沢智、前掲注(1)、二頁以下。

注(4)　松沢智、同、六八頁。

注(5)　中川徹也「企業活動をめぐる紛争予防と要件事実」伊藤滋夫総括編集『民事要件事実講座五（企業活動と要件事実）』（青林書院、二〇〇八年）六七頁。

注(6)　金子宏『租税法（第二〇版）』（弘文堂、二〇一五年）三一六頁。

図　各事業年度の所得の金額（法人税法22条の構造と企業会計の関係性）

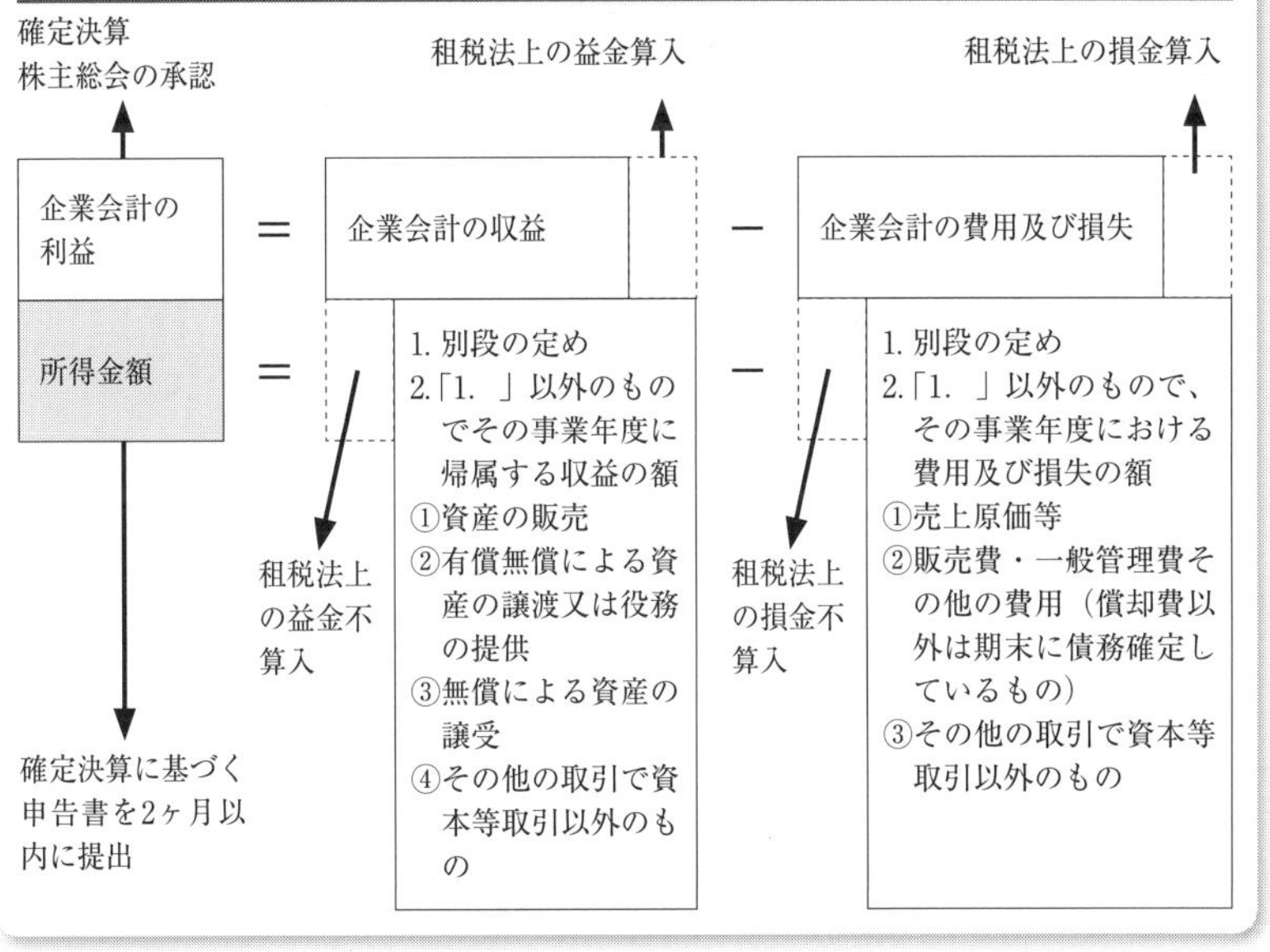

第十章　法人税法二二条二項の「無償取引」規定

一　はじめに

法人税法は、各事業年度の所得の金額を「当該事業年度の益金の額から当該事業年度の損金の額を控除した金額とする」（同法二二条一項）と定めている。そして、当該事業年度の益金に算入すべき金額は、別段の定めのあるものを除き、「資産の販売、有償又は無償による資産の譲渡又は役務の提供、無償による資産の譲受けその他の取引で資本等取引以外のものに係る当該事業年度の収益の額」（法二二条二項）と規定する。すなわち、益金に算入すべき金額は、私法上有効に成立した法律行為の結果として生じたものであるか否かにかかわらず、また、金銭の形式をとっているか、その他の経済的利益の形式をとっているかの区別なく、資本取引以外の取引で資産の増加の原因となるべき一切の取引によって生じた収益の額を益金に算入すべきものとする趣旨と解される。

二　法人税法二二条二項の「無償取引」の益金算入規定の射程

ところで、法人の課税所得の金額の範囲を確定する上で最も紛争の頻発する論点は、資産の無償譲渡、役務の無償提供といった無償取引の益金課税の問題であろう。

企業会計上は無償取引は収益に計上することはしないが、法人税法は二二条二項で益金の額に算入すべきであると規定している。実質的にみた場合、資産の有償譲渡、役務の有償提供によって得た対価を無償で給付（贈与）したのと同じであるところから、当該無償譲渡行為に担税力を見出し、法二二条二項はこれを収益発生事由として規定したものと考えられる。

この法二二条二項の無償取引規定の趣旨は、「収益とは、外部からの経済的価値の流入であり、無償取引の場合には経済的価値の流入がそもそも存在しないことにかんがみると、この規定は、正常な対価で取引を行った者との間の負担の公平を維持し、同時に法人間の競争中立性を確保するために、無償取引からも収益が生ずることを擬制した創設的規定であると解すべきであろう」[注(1)]と説明され、この考え方は適正所得算出説として学説・判例において通説的な見解として受け入れられている。

当該無償取引規定は、資産の無償譲渡取引ばかりでなく低額譲渡にも適用されると解されている[注(2)]。

まず、租税法実務、とりわけ法人税法をめぐる租税訴訟実務に大きな影響を与えてきた松沢智『新版　租税実体法（補正第二版）』（中央経済社、二〇〇三年）によれば、法人税法二二条二項の「無償による資産の譲渡」の射程は、土地などの固定資産と、棚卸資産とは区別して論ずべきであるとしている。

すなわち、同書は法人税法二二条の「無償による資産の譲渡」については、「土地などの固定資産の場合と、たな卸資産の場合を内包して例示しているのである。しかし、両者は本質を異にし、前者はキャピタル・ゲインであり、後者は贈与による利益の処分であることを看過してはならない。」[注(3)]とされる。

キャピタル・ゲインに対する課税は、資産の値上りによりその資産の所有者に帰属する増加益を所得として、その資産が所有者の支配を離れて他に移転するのを機会にこれを清算して課税しようとするものである[注(4)]から、必ずしも当該資産の譲渡が有償であることを要しないということになる。したがって、低額譲渡であると認定されると、資産の移転を機に反射的に適正な時価と低額な譲渡価額との差額が益金として認識・計上されることになる。

一方、棚卸資産の低額譲渡については、「低廉譲渡したとしても、そこに、実質的にみて、時価と低廉部分との差に相当する経済的利益を自己の支配から相手方たる譲受人に移転せしめて自由に処分する贈与契約の存在が認められなければ、時価による収益は当然には実現しないといわねばならぬ。その場合、事業活動としてたな卸資産を販売しているのであって、それは商取引によってなされるのであるから、契約自由の原則が作用するので、何パーセント値引きをしようが、本来、干渉するところではないからである。従って、贈与契約を実質的に認めうるためには、相手方が特定の者であること、かつ低廉の割合が、通常値引きとは考えられない程の極端な廉価であることを要する。それは、著しく低い価額の対価による譲渡（常識的にいって二分の一未満）価額であり、かつ、特定の者に対し売却する場合に限って贈与契約の存在が推認されよう（個人企業におけるたな卸資産の著しい低価による譲渡（所得税法四〇条一項二号、及び所得税法五九条、令一六九条参照）。不特定の者であれば、如何に廉価であっても低廉譲渡による贈与契約とはなりえないものと解する。」[注(5)]とされる。

さらに、低額譲渡の益金課税に関する代表的な裁判例である、いわゆる「清水惣事件」の控訴審[注(6)]では、子会社の経済状況が悪化しており、その救済のため、原告である親会社が無利息貸付けを行ったことが、法二二条二項の無償取引に該当するか否かが争点とされた。

同裁判所は、無利息貸付けが無償取引に該当するか否かの判断の基準を以下のように判示している。

(1) 合理的経済目的が存在するときは収益計上を否定

「金銭の無利息貸付がなされた場合、貸主はもとより利息相当額の金銭あるいは利息債券を取得するわけではないから、それにもかかわらず貸主に利息相当額の収益があつたというためには、貸主に何らかの形でのこれに見合う経済的利益の享受があつたことが認識しうるのでなければならない。」

「金銭（元本）の貸付けにあたり、利息を徴するか否か、また、その利率をいかにするかは、私的自治に委ねられている事柄ではあるけれども、金銭（元本）を保有する者が、自らこれを利用することを必要としない場合、少くとも銀行等の金融機関に預金することによりその果実相当額の利益をその利息の限度で確保するという手段が存在することを考えれば、**営利を目的とする法人にあつては、何らの合理的な経済目的も存しないのに、**無償で右果実相当額の利益を他に移転するということは、通常あり得ないことである。したがつて、営利法人が金銭（元本）を無利息の約定で他に貸付けた場合には、借主からこれと対価的意義を有するものと認められる経済的利益の供与を受けているか、あるいは、他に当該営利法人がこれを受けることなく右果実相当額の利益を手離すことを首肯するに足りる何らかの**合理的な経済目的その他の事情が存する場合でないかぎり、**当該貸付がなされる場合にその当事者間で通常ありうべき利率による金銭相当額の経済的利益が借主に移転したものとして顕在化したといいうるのであり、右利率による金銭相当額の経済的利益が無償で借主に提供されたものとしてこれが当該法人の収益として認識されることになるのである。」（※筆者傍線）

(2) 寄付金として益金計上することの可否

「本件無利息融資に係る右当事者間において通常ありうべき利率による利息相当額は、被控訴人が、東洋化成からこれと対価的意義を有するものと認められる経済的利益の供与を受けているか、**あるいは、営利法人としてこれを受けることなく右利息相当額の利益を手離すことを首肯するに足る何らかの合理的な経済目的等のために東洋化成にこれを無償で供与したものであると認められないかぎり、**寄付金として取扱われるべきものであり、それが法三七条五項かつこ内所定のものに該当しないかぎり、寄付金の損金不算入の限度で、本件第一、第二事業年度の益金として計上されるべきこととなる。」（※筆者傍線）

右記のとおり、裁判所は、無利息貸付けについて利息を収受しないことに対して、**「合理的な経済目的その他の事情が存する場合でないかぎり」**、親会社は通常収受すべき利益を益金に計上すべきであるとした。さらに同判決は、(2)の無利息貸付けにつき、**営利法人としてこれを受けることなく右利息相当額の利益を手離すことを首肯するに足る何らかの合理的な経済目的等のために東洋化成にこれを無償で供与したものであると認められないかぎり、**商事利息（年六％）による利息相当額は、法人税法上の寄附金に該当すると判示したものである。

同判決は、法二二条二項の無償取引に係る益金計上の要件および寄付金該当性の要件として、「合理的経済目的その他の事情の存在」を明示したものである。課税実務上もこの合理性の要件の付加を踏襲している注(7)。

三　租税回避の否認と法人税法二二条二項

私人間の経済取引は、私的自治の原則もしくは契約自由の原則が支配し、その経済取引に係る価格は当事者間において自由に決することができる。その契約価格が通常の取引価格から大きく乖離していたとしても、当事者間において自由な意思表示ができる条件下において取り交わされた契約を前提にする限り、何ら私法上の有効性に瑕疵は生じない。たとえ異常な条件による取引であったとしても取引の当事者間で有効な合意が成立した取引であれば、私法上は有効な取引として是認される。

ところが、当該取引が租税負担の軽減のみを目的として、通常の取引価格から大きく乖離した価格によりなされた場合には、租税行政庁は、法人税法二二条二項や一三二条を根拠に、その価格を正常な取引価格に引き直して租税法規を適用し課税する。このことをここでは広義の意味における租税回避行為の否認という。

この租税回避行為の否認を認める法的根拠は、租税負担の軽減のみを目的に非正常取引がなされ、そのことを看過すると正常な取引を行っている納税者との間に租税負担の不公平を生ぜしめることになるゆえに、課税の公平性を維持することに求められる。

特殊関係者間取引においては、取引の当事者の利害が対立関係にあるのではなく一致するという関係にあるゆえに、正常な対価によらない資産や役務の取引、いわゆる非正常取引が行われやすいという特徴を有する。**ここで重要な点は、正常取引か非正常取引か否かを判断する基準であり、その判断基準は、当該取引の取引価格などの主たる要素に経済的合理性が存在するか否かによってなされる。**

ところで、アメリカ合衆国の内国歳入法典四八二条は、「納税者間の所得及び控除の配分」とのタイトルのもとに「（法人格を有するかどうか、アメリカ合衆国において設立されたものかどうか、連結申告をする要件を満たしているかどうか、を問わず、）同一の利害関係者によって直接または間接に所有されまたは支配されている二以上の組織・営業または事業のいずれに対しても、財務長官またはその代理人は、脱税を防止し、あるいはそれらの事業の所得を正確に算定するためにそれが必要であると認める場合には、それらの事業の間に総所得、経費控除、税額控除、その他の控除を配分し、割り当て、または振り替えることができる。」と定めている。当該規定は、特殊関係会社間における非正常取引（関連企業の間で、相互に特殊関係のない独立の当事者間の正常な取引と異なる条件で行われた取引をいう）を正常取引に引き直して計算できる権限を内国歳入庁に付与している注(8)。

わが国ではこの規定に直接的に対応するような規定は存在しない。しかしながら、親会社が子会社に無利息融資を行った場合に利息相当額を収益として計上すべきか否かを争点とした、前述の大阪高裁昭和五十三年三月三十日「清水惣事件」判決は、「少くとも銀行等の金融機関に預金することによりその果実相当額の利益をその利息の限度で確保するという手段が存在することを考えれば、営利を目的とする法人にあつては、何らの合理的な経済目的も存しないのに、無償で右果実相当額の利益を他に移転するということは、通常あり得ないことである」から、「何らかの合理的な経済目的その他の事情が存する場合でないかぎり、当該貸付がなされる場合にその当事者間で通常ありうべき利率による金銭相当額の経済的利益が借主に移転したものとして顕在化したといいうるのであり、右利率による金銭相当額の経済的利益が無償で借主に提供されたものとしてこれが当該法人の収益として認識されることになるのである」と判示し、法人税法二二条二項を根拠に商事法定利率による利息相当額が当該親会社の収益とされるべきであるとした。

当該判決は、特殊関係者間取引において他に「合理的な経済目的」が何ら存しないにもかかわらず、独立当事者間取引では考えられないような条件での経済取引が行われた場合には、「通常ありうべき利率」の授受があったものとして、すなわち正常取引に引き直して課税することを是認したものである。

この判決に見られるように法人税法二二条二項は、租税回避否認効果を有するという点で内国歳入法典四八二条の法的効果と対応するものと思われる。

なお、同族会社の行為・計算の否認規定（法人税法一三二条）も租税回避行為の否認を目的とする規定であるが、法人税法二二条二項は、次のような利点を有する。

前者は同族会社のみに適用されるのに対して、法人税法二二条二項は、同族会社ばかりでなく非同族会社の租税回避行為にも適用することが可能である。さらには、一三二条の適用要件は、「法人税の負担を不当に減少させる」ことが要件とされており、「不当性」が不確定概念と指摘されるようにその要件を充足しているか否かについて、その判断が容易ではないが、二二条二項は、その適用の結果、自動的に租税回避を否認し得る点がとりわけ注意を要する。注(9)

四　法人税法二二条二項をめぐる紛争予防と合理的経済目的の立証

特殊関係者間取引の経済的合理性を論じる場合には、当該取引における取引価格が合理的であるかどうかが焦点となる。取引価格が独立当事者間取引における正常取引と比較し、大きな乖離が存在していないということを立証することにより、基本的にはその特殊関係者間取引の経済的合理性は立証される。

さらに、取引価格の経済的合理性と同様に、租税回避行為の否認の議論で重要な点は、取引において選択された法形式の合理性の視点であろう。特殊関係者間取引における取引価格の正常性の認定には、当該取引に用いられた法形式の合理性が少なからず影響を与える。合理的な理由が存在しないにもかかわらず迂遠なプロセスを経てなされた取引は、取引価格の経済的合理性を吟味する以前に当該取引自体が租税回避行為として否認される危険を有する。

特殊関係者間取引の合理性の問題は、取引価格の合理性という経済的合理性の問題と、取引に採用された法形式（たとえば賃貸借か売買かというように私法上の法形式の選択の問題をさす）の合理性の問題の、両者を分離しては論じられない。**したがって、税理士としては、常に特殊関係者間取引においては私法上の法形式の選択の合理性と取引価格の合理性の立証を念頭に置いて職務を遂行することが紛争予防に不可欠である。**

次章は、「公正妥当な会計処理の基準」の意義を紛争予防の視点から論じることにする。


注(1) 金子宏『租税法（第二〇版）』（弘文堂、二〇一五年）三〇七頁、同「無償取引と法人税」『所得課税の法と政策』（有斐閣、一九九六年）三四三頁以下に詳述。

注(2) 最判平成七年十二月十九日『民集』四九巻一〇号三一二一頁、増井良啓「低額譲渡と法人税法二二条二項」水野忠恒ほか編『別冊ジュリ租税判例百選（第五版）』九七頁以下（二〇一一年）。

注(3) 松沢智『新版　租税実体法（補正第二版）』（中央経済社、二〇〇三年）一四〇頁以下。

注(4) 最判昭和四十三年十月三十一日『訟月』一四巻一二号一四四二頁。

注(5) 松沢智、前掲注(3)、一四三頁。

注(6) 大阪高判昭和五十三年三月三十日『訟月』二四巻六号一三六〇頁。

注(7) 法人税基本通達9－4－2、増井良啓、前掲注(2)、九九頁以下参照。

注(8) 金子宏「アメリカ合衆国の所得課税における独立当事者間取引（arm's length transaction）の法理——内国歳入法典四八二条について」『所得課税の法と政策』（有斐閣、一九九六年）二五五頁。

注(9) 増田英敏『租税憲法学（第三版）』（成文堂、二〇〇八年）三〇二頁以下参照。

第十一章　「公正妥当な会計処理の基準」の意義

一　はじめに

本章のテーマ設定の趣旨は、租税法は法律であるが、租税法だけでは担税力に応じた課税という立法目的を達成し得ない、という租税法特有の問題の存在を理解し、この問題意識を醸成することにある。

この租税法特有の問題は主として次の二種に分類できる。

その第一は、租税法律関係は、私法上の法律関係の適法なる確定が前提とされる点である。すなわち、売買契約か、贈与契約か、もしくは交換契約かといった私法上の契約関係の確定を前提に租税法律関係が確定されるということである。課税物件の帰属の問題は、実質帰属者課税の原則に基づきながら、納税義務者と課税物件の帰属を、私法上の法律関係を前提に認定していくという問題である。

なお、実質所得者課税の原則は、課税物件である所得の人的帰属関係という課税要件事実の認定についてのルールであり、帰属という課税要件を前提に、帰属の要件の充足の有無を判定するための事実認定の基準といえる注(1)。

第二は、課税標準の測定は、所得税や法人税に代表されるように、真実性の原則を順守した企業会計の手法を採用することによりなされるという点である。所得の構成要素である収入と費用の範囲をいかに確定し、いかなる年度に帰属させるかという問題も、企業会計における期間損益計算の手法に準拠しつつ、租税法独自の法的基準を組み合わせて解決していくことになる。

本章では、後者の課税標準の測定の問題を、法人税に絞り、法人所得の測定構造の視点から会計と法人税法の関係性を明らかにすることを目的とする。

法人税法二二条は課税標準の租税法と会計の関係性について包括的に定めた条文といえる。同条一項が、各事業年度の所得の金額は、当該事業年度の益金の額から損金の額を控除した金額であると定め、課税物件としての事業年度における法人所得は、当該事業年度に帰属する益金の額から損金の額を控除することにより、その範囲を確定すると定めている。

同条二項の益金の額と三項の損金の額は、二三条以下で定める別段の定めがある場合を除き、「一般に公正妥当と認められる会計処理の基準」に従って計算されるものと同条四項が規定している。

そうすると、「一般に公正妥当と認められる会計処理の基準」とは何を意味するかが大きな問題となる。

二　法二二条四項「公正妥当と認められる会計処理の基準」と法構造上の位置づけ

法二二条二項は、益金の範囲を「別段の定めがあるものを除き」次の取引に係る収益を益金とすると定め、三項で同様に「別段の定めがあるものを除き」次に掲げる額とする、と定めている。そのうえで、四項は、「第二項に規定する当該事業年度の収益の額及び前項各号に掲げる額は、**一般に公正妥当と認められる会計処理の基準**に従って計算されるものとする。」（※筆者傍線）と定めている。

まず、**はじめに確認しなければならないのは、「別段の定め」と「公正妥当と認められる会計処理の基準」の関係性**である。

この関係性を松沢智教授は、「法人税法は課税所得の計算に関して別段の定めとして種々の規定を設けているので、二三条以下の規定が先ず適用され、それによって解決しえない場合にはじめて補充的に二二条四項が適用される。同条四項がすべてに優先する原則的規定と解すべきではない。従って、同項は、法に明文がない場合の法解釈として当然のことを定めた確認的規定であると解すべきである。勿論、同項が、一般的な不確定文を用いているからといって課税庁の自由裁量の余地を認めたものではない。納税者において、一般に公正妥当とされている会計慣行に反した会計処理をすれば、課税庁は四項に基づいて更正しうるし、逆に課税庁の更正処分が、公正妥当な会計慣行に反していれば四項に違反する違法な処分として取消しを免れないことになる。つまり、会計慣行が法的な『事実たる慣習』としての性質を帯びることにより法規範性が与えられているからである。」注(2)と述べておられる。

この説明は、法の構造と文言を確認すれば当然導き出される関係性といえよう。法二二条二項の益金の額の範囲の規定は、「別段の定めがあるものを除き」と限定を付しているのであるから、二三条以下の別段の定めが二二条の益金もしくは損金の範囲を確定する上で優先適用される。別段の定めが用意されていない事項については四項が定める「公正妥当と認められる会計処理の基準」に従って計算されるべきことを命じる、という法構造を採用しているのである。

ではなぜ、松沢教授は、法規定の構造からすると当然ともいえる両者の関係性について、ことさら同書において強調されたのであろうか。そこには、税理士をはじめとする租税法の専門家の多くが、租税法が法律であることを深く意識せず、法人税法を簿記会計の延長としてとらえる傾向が背景にあったと思われる。また、会計思考を優先するあまり、「一般に公正妥当と認められる会計処理の基準」を企業会計原則であると短絡的に理解している専門家も少なくなかったことに起因する。

すなわち、松沢教授は、法人の所得は法人税法という法律により認識、測定され、具体的にその範囲が法律判断とその適用により確定するのであるから、「公正妥当と認められる会計処理の基準」が企業会計原則を指すと理解する会計学から出発した読者を想定し、法人の所得が単なる計算技術により測定されるのではなく、租税法の解釈・適用により法的に確定することを強調するねらいがあったと理解することができよう。

三 「公正妥当と認められる会計処理の基準」の意義

金子宏東京大学名誉教授は、「一般に公正妥当と認められる会計処理の基準」とは、「一般社会通念に照らして公正で妥当であると評価されうる会計処理の基準を意味する。（中略）客観的な規範性をもつ公正妥当な会計処理の基準といいかえてもよい」注(3)としたうえで、「その中心をなすのは、企業会計原則・同注解、企業会計基準委員会会計基準・適用基準等、中小企業の会計に関する指針（日税連・日本公認会計士協会・日本商工会議所・企業会計基準委員会の四団体で作成した指針）、中小企業の会計に関する基本要領や、会社法、金融商品取引法、これらの法律の特別法等の計算規定・会計処理基準等である（中略）が、それに止まらず、確立した会計慣行を広く含むと解すべきであろう」注(4)として、公正妥当な会計処理の基準の意義を具体的に提示されている。

そのうえで、公正妥当な会計処理の基準の意義については、次の三つの点に注意する必要があるとされている。

第一は、企業会計原則の内容や確立した会計慣行が必ず公正妥当であるとは限らないことである。その意味では、企業会計原則や確立した会計慣行について、それが公正妥当であるといえるかどうかをたえず吟味する必要がある。第二は、企業会計原則や確立した会計慣行が決して網羅的であるとはいえないことである。企業会計原則は、多くの重要な事項について定めているが、その内容は、どちらかといえば原理的・基本的な事項に限られている。したがって、会計慣行や企業会計原則により網羅されていない問題が生じた場合に、何が公正妥当な会計処理の基準であるかを判定するのは、国税庁や国税不服審判所の任務であり、最終的には裁判所の任務である。したがって、この点に関する通達・裁決例・裁判例等は、企業会計の内容を補充する機能を果たしており、租税会計が逆に企業会計に影響を与えているのである。

公正妥当な会計処理の基準の法規範性は判例の蓄積により補強され、補完されていくのであるから、税理士は最新の判例に注意を払う必要があるのである。

第三は、公正妥当な会計処理の基準は、法的救済を排除するものであってはならないことである。法的な観点から見た場合には、「公正妥当」という観念の中には、法的救済の機会の保障も含まれていると解すべきである。

この注意点をも踏まえると、公正妥当な会計処理の基準とは、一般社会通念に照らして公正妥当な基準たり得るかが常に問われる存在であるということができる。

四　会計上の事実認定――仕訳と法的三段論法

この法二二条四項の意義は、まさしく事実認定の基準を明示したという点に求められよう。個別取引をいかに契約書等の証拠資料により認識し、測定し、記録するかについて、「公正妥当と認められる会計処理の基準」により、法的に認定すべきことを命じたところにこの四項の意義は求められる。

四項が定める「公正妥当と認められる会計処理の基準」を法は、当初から個別具体的な明文の基準であることを予定していない。なぜならば、経験則や社会通念に基づく事実認定の問題は、時代とともに変化しうるものであり、固定化できるものではないし、租税法独自の問題ではないから個別に租税法が明文の規定により基準を定義することにはなじまないのである。

益金・損金の範囲を法的に確定していくプロセスは、裁判官の法的な批判に耐えうる程度の規範性を持つ、社会通念の視点からも認容されねばならないことを「公正妥当と認められる会計処理の基準」と定めることにより普遍化することを命じたものであるといえよう。

ところで、筆者は、忠佐市『企業会計法の論理』（税務経理協会、一九七七年）により、法律学の視点から会計をとらえ、法と会計の関係を理解することの重要性を学んだ。同書の第三章「会計上の事実の認定」の内容は、会計学の本質を法律の視点から理解する上で極めて有益である。その内容をトレースしてみよう。

まず、同書は**「仕訳の三段論法」**と題して、仕訳も法的三段論法と同様の思考を採用していることを次のように整理している。

「私の理解するところでは、その仕訳は、下記のような三段論法の形式によっている。

（大前提）営業用自動車のタイヤの取替えは固定資産の修繕であり、固定資産の修繕に要した支出は費用である。

（小前提）営業用自動車Bのタイヤ C を新タイヤ A に取り替えた。

（結論）タイヤ A の買入代金は費用である。

この大前提は、その内容は大部分が実質的原則なのであり、勘定科目などの部分は形式的原則なのである。そして、小前提が会計上の事実である。しかし、ここでは事実の認定の結果が述べてあるだけで、いかにしてそれが認定されたかは述べていない。ただ、小前提に間違いがないとすれば、結論は三段論法によって証明された判断となる。（中略）したがって、この小前提に間違いがないかどうかは、確かめられていなければならない。それよりも、前後の順序を並べなおしてみて、いくらで買ったタイヤAを、いつ、どこで、だれが、どういう操作によって営業用自動車Bのタイヤと取り替えたかを確かめておいて、上記の三段論法による結論に達することが本来のあり方のはずである。」

このように、証拠に基づく事実認定過程の存在が、結論としての仕訳判断の適正性を担保するという関係にあることを指摘している。複式簿記の原理に基づく仕訳理論もしくは仕訳の基準が大前提であり、その大前提に小前提としての事実をあてはめ、仕訳という結論が導出されるが、その事実に間違いがないか立証できる仕組みの存在が仕訳の適正性を担保するというものであり、まさに法的三段論法が当てはまるのである。

この点について、「実際上は、それらの事情が現場で一つ一つ確認されるだけで足りるのではなくて、その当時現場で確認されるべきであったことが、後日になって第三者によっても間違いがなかったと追認されるように証明の手段が保存されていることが、期待されている。タイヤAを×円で買い入れたことは証明が成り立つが、タイヤCと取り替えられたのか、それとも横流しされたのかは、まだ確かめられていない、という場合もありうるわけである」から、タイヤAがタイヤCと取り替えられたことを立証可能な証拠によって証明できるということまでもが求められている。

五　会計上の事実認定の客観化と巡回監査

また、会計上の事実の認定は客観性の批判に耐えられなければならない。そして、基本的には、経験則にしたがって客観的になされるべきである。

この点について、前掲書『企業会計法の論理』は以下のように述べている。

「簿記会計においては、その対象となるものを取引と呼び、会社について、それに関係がある財産（資産および債務）の存否と、その増減変化の動きをそれに含ませている。その財産が存在すること、しないこと、財産の増減変化があったこと、どんな結果が生じているかを知ることが事実の認定である。したがって、この事実の認定は、通常の社会人が、通常の思考過程にしたがえば、通常はその認定に達するであろうという関係における結果を見い出すことが予定されている。こうした一般化の要件を満たすことが客観性と呼ばれる。自分はこういう結果を見い出した、というだけでは足らない。その立場に置かれた当人以外の通常の社会人も同様の結果を見い出したであろう、という思考過程にしたがうことが要請されるわけである。」注(5)

事実の認定は証拠によるが、その証拠から通常の一般人であれば、通常の思考過程を通してその事実の認定に到達するという、客観性が担保されていなければならない。

証拠収集は、事実認定の客観化を図るうえで不可欠である。税理士や会計事務所が行う巡回監査は証拠収集作業である。領収証や請求書といった証憑の点検は、まさに証拠による事実認定の客観化を図り、会計帳簿に集大成される。巡回監査に裏付けられた会計帳簿は、公正妥当な会計処理の基準に従っていることを立証する具体的手段であるともいえよう。

以上のとおり、会計帳簿の客観性は、会計上の事実認定（証拠に基づく事実の確定）過程を経て担保される。この事実認定の考え方は、租税法ばかりでなく、法一般の法的思考の根底にある「正義」の実現のために基本的かつ不可欠な要素であることをここに確認しておきたい。

会計帳簿の客観化のための作業である巡回監査は、租税正義の実現のための要諦といえる。

社会科学に属する会計学も法律学も、科学に共通する普遍性と客観性が求められる学問である。リーガルマインドは、会計にも普遍化できる考え方であることを指摘して結びとしたい。


注(1)　谷口勢津夫『税法基本講義（第三版）』（弘文堂、二〇一二年）二四八頁以下参照。

注(2)　松沢智『新版　租税実体法（補正第二版）』（中央経済社、二〇〇三年）一六一頁。

注(3)　金子宏『租税法（第二〇版）』（弘文堂、二〇一五年）三一七頁。

注(4)　金子宏、同、三一七頁。

注(5)　忠佐市『企業会計法の論理』（税務経理協会、一九七七年）四一頁以下参照。

第十二章　租税実体法と紛争予防——通達課税と交際費等の範囲

一　はじめに

筆者は、交際費等の範囲を争点とした租税訴訟において鑑定意見書の作成を依頼されたことがある。その事件の詳細をここで紹介することは控えるが、概要を簡潔に示すと次のとおりであった。

健康食品販売業を営む原告が、法人税の申告（青色申告）にあたり、販売委託先のうち優秀な販売実績を達成した個人事業者に対し、海外旅行に招待し、その旅行費用を支払報酬金として損金に計上して申告した。なお、販売実績を達成した事業者には報酬の一部として海外旅行に招待することが同社の報酬基準にあらかじめ定められていた。

ところが、当該法人が負担した本件旅行費用は、租税特別措置法第六一条の四第三項の交際費等に該当するとして、各年度について更正処分および過少申告加算税の賦課決定処分がなされた。これらの各処分の取消しを求めた事件である。

課税処分の理由は、通達を根拠に旅行費用の支出は報酬ではなく交際費等に該当するというものであった。

また、最近でもレストラン用地の買収を依頼した不動産業者に支払った仲介手数料のうち、宅建業者の仲介手数料基準を超過して支払った金額は、交際費等に該当すると税務調査で指摘され、修正申告の慫慂《しょうよう》を受けているが、応じるべきか否かといった内容の相談をうけた。

判例上も、医学者に製薬会社が提供した英文添削補助支出が交際費等に該当するか否かが争われた、いわゆる萬有製薬事件はとりわけ注目された注(1)。

このような交際費等の範囲をめぐる問題は、税務調査の一つの論点といえるであろう。とりわけ、法人側が報酬支払として損金処理したものを交際費等に該当するとして否認される事例が少なくない。

その原因は、租税行政実務が過度に通達に依存して、根拠法の拡張解釈がなされているところに問題があるといえよう。

交際費課税の問題は、交際費等の範囲を定めた通達に実務が大きく影響を受けていることに主たる原因を求めることができる。後述するが、交際費等の範囲については詳細な通達の規定が存在する。

本章では、交際費課税を素材に通達課税の問題点を整理し、そのうえで交際費等と報酬とを区別する法的基準についても明確にしたい。

二　交際費課税をめぐる通達課税の弊害——租税法律主義の視点から

(1)　通達の意義

金子宏東京大学名誉教授は、通達に関し、以下のように述べられている。

「通達とは、上級行政庁が法令の解釈や行政の運用方針などについて、下級行政庁に対してなす命令ないし指令である。（中略）行政組織の内部では拘束力をもつが、国民に対して拘束力をもつ法規ではなく、裁判所もそれに拘束されない。（中略）したがって、通達は租税法の法源ではない。（中略）しかし、実際には、日々の租税行政は通達に依拠して行われており、納税者の側で争わない限り、租税法の解釈・適用に関する大多数の問題は、通達に即して解決されることになるから、現実には、通達は法源と同様の機能を果たしている、といっても過言ではない。たしかに、租税法規の統一的な執行を確保するために、通達が必要なことはいうまでもない。もし、通達がなく、各税務署ごとに独自の判断で租税法を解釈・適用するとなると、租税行政は甚だしい混乱に陥ることになろう。しかし、通達のこのような重要性にかんがみ、その内容は法令に抵触するものであってはならない。（中略）すなわち、法令が要求している以上の義務を通達によって納税者に課すことがあってはならないと同時に、法令上の根拠なしに通達限りで納税義務を免除したり軽減することも許されない。」注(2)

同教授のこの見解は、通説として広く受け入れられている。

この見解を整理すると次の四点にまとめることができよう。また、租税法の解釈・適用といった租税法実務の実際においては、通達に関する確認事項として、この四点を常に留意する必要があるといえる。

①通達は行政内部の命令でありその拘束力は行政庁内部に限定されること。
②通達は法源ではないところから、国民および裁判所は通達に拘束されないこと。
③租税行政が通達に即して遂行されるところから、国民が争わない限り租税法の解釈・適用は通達によって遂行されてしまうこと。
④通達が法令に抵触することは許されず、通達により租税負担を加重したり軽減したりすることは許されないこと。

このように、通達は法源ではないということが明確に確認されている。

また、平井宜雄専修大学名誉教授は、「法源」の意義について、「『法源』の語の最も正統的な用法は、裁判をするに当たって基準とすべき規範、言い換えれば、裁判官を拘束する規範を指示する語を言うものである」注(3)と述べておられる。**すなわち通達は法源ではないのであるから、裁判をするに当たって基準とすべき規範ではなく、裁判官の判断を拘束するものでもないのである。**

なぜ、この点をここで強調するかといえば、とりわけ交際費課税をめぐる紛争では裁判所の判断が通達に影響を受けている、もしくは通達を「裁判をするに当たっての基準とすべき規範」とみなしているのではないかと疑念を抱く事例が多く見受けられてきたからである。

品川芳宣筑波大学名誉教授も、租税法律主義の観点から通達の持つ危険性について次のように指摘されておられる。

「課税要件法定主義の趣旨からすれば、法源に当たらない税務通達は、法令の解釈事項に限定され、その域を出ることはない。しかしながら、税務通達においては、ときには、法令の根拠が不明であったり、法令の規定に代替する（あるいは法令の規定に反する）ような規定もまま見受けられる。例えば、昭和二十九年から平成十年まで所得税及び法人税の通達で設けられていた債権償却特別勘定（平成十年改正前の法人税基本通達9－6－4～9－6－11等参照）は、売掛金等について評価損の計上を禁止している法人税法第三三条第二項の規定に反する疑義があった。

そのような批判もあってか、平成十年の法人税法及び所得税法の改正においては、債権償却特別勘定に関する規定が本法に取り込まれることになった（法法五二①一、所法五二①）。」注(4)

このような租税法の解釈通達の持つ問題点をまずここで確認しておく。

(2) 行為規範と通達

ところで、申告納税制度の下において、所得税法や法人税法に代表される各個別租税実体法は租税法律関係のうち、納税義務者は誰かといった租税債務の当事者、納税義務の範囲、租税債務の成立・承継・消滅などを定めるものであり、納税者にとっては申告納税するための行為規範としての性質を有するといえる。

一方、租税実体法の解釈・適用をめぐり、国と納税者との間に見解の相違による紛争が生じた場合には、これらの租税実体法は、裁判規範としての側面が強調されることになる。

すなわち、「租税実体法（Steuer materielles Rechts）は、課税庁の行為規範として財政需要の充足のために国民から租税を徴収するという行政作用にその根拠を与えるものであるのみならず、申告納税制度の下では、納税者において納税申告をする際の拠りどころとなるので、納税者の申告にあたっての行為規範でもある。さらに、右の課税庁と納税者とで、法の解釈・適用をめぐって意見を異にし争われたときは、その限りにおいて紛争を解決するために裁判規範として機能するという両面性をもつものである。」注(5)として、租税実体法が行為規範と裁判規範の二面的性質を持つことをここに確認しておく。

通達は、租税行政遂行のための行為規範としての租税実体法の規定の適正な解釈を明示するという限りにおいては、通達も行為規範として、課税要件明確主義に寄与する。

そして、租税行政庁がすべての納税者に対して等しく租税行政手続を遂行するといった、平等な法的取り扱いに寄与するという側面を持つ。

ところが、行為規範としての租税実体法の機能をサポートする地位にある通達が独り歩きをし、通達による根拠法（根拠となる税法の規定）の拡大解釈や縮小解釈がなされるという、租税法律主義の形骸化を招くことが危惧されるのである。税理士実務において過度な通達依存は、この租税法律主義の形骸化を加速させることを忘れてはならない。

以下では、法令に抵触し、通達により租税負担を加重する前記④の問題を「通達課税」と呼称することにする。この通達課税は、租税法律主義に抵触するものである。租税行政庁による恣意的課税は、「通達」というツールを利用して行われる場合が多いことに我々は注意を払うべきである。

通達が詳細で平明に書かれているところから、税理士実務において根拠法の厳格な文理解釈を怠り、通達に過度に依存することは租税法律主義を形骸化させる。

課税要件法定主義の趣旨からすれば、法源に当たらない税務通達は、その通達の内容が根拠法の適正な解釈である限りにおいて許容される。

(3)　国税庁の通達の運用方針の確認

ところで、国税庁長官が昭和四十四年五月一日に国税局長に発出した法人税基本通達の「法人税基本通達の制定について」と題した前文の内容は、通達課税の弊害を戒めるものであり興味深い。少し長くなるがまず紹介しておきたい。

「この法人税基本通達の制定に当たっては、従来の法人税に関する通達について全面的に検討を行ない、これを整備統合する一方、その内容面においては、通達の個々の規定が適正な企業会計慣行を尊重しつつ個別的事情に即した弾力的な課税処理を行なうための基準となるよう配意した。

すなわち、第一に、従来の法人税通達の規定のうち法令の解釈上必要性が少ないと認められる留意的規定を積極的に削除し、また、適正な企業会計慣行が成熟していると認められる事項については、企業経理にゆだねることとして規定化を差し控えることとした。

第二に、規定の内容についても、個々の事案に妥当する弾力的運用を期するため、一義的な規定の仕方ができないようなケースについては、『〜のような』、『たとえば』等の表現によって具体的な事項や事例を例示するにとどめ、また、『相当部分』、『おおむね…%』等の表現を用い機械的平板的な処理にならないよう配意した。

したがって、この通達の具体的な運用に当たっては、法令の規定の趣旨、制度の背景のみならず条理、社会通念をも勘案しつつ、個々の具体的事案に妥当する処理を図るように努められたい。いやしくも、通達の規定中の部分的字句について形式的解釈に固執し、全体の趣旨から逸脱した運用を行ったり、通達中に例示がないとか通達に規定されていないとかの理由だけで法令の規定の趣旨や社会通念等に即しない解釈におちいったりすることのないように留意されたい。」（※筆者傍線）注(6)

この前文の内容は、通達に従って税務行政を遂行する税務行政職員ばかりでなく、税理士も注意を払う必要がある。

租税法実務における租税正義は、過度に、もしくは形式的・硬直的に通達に依存するのではなく、根拠法である租税法の適正な解釈によるべきことを求める租税法律主義の要請を十分に尊重することにより担保される注(7)。

「租税法律主義を尊重する」とは、税理士等の租税法の実務家が安易に通達に依存することなく、根拠規定の文言の適正な解釈に注意を払い、疑義が生じた場合には判例の傾向を点検し、適正な解釈とは何かを絶えず検証していくことを意味する。

三　交際費等の範囲の判断と通達依存

ところで、「交際費等の範囲」について通達は詳細な定めを置いている。詳細な通達の定めが存在することは、それだけ交際費等の範囲について通達が租税行政を拘束することになり、租税法の専門家としての税理士までもが無批判に通達の定めを受け入れることは、まさに通達課税の温床となりかねない。

具体的に「交際費等の範囲」に関する主たる通達の一部を列挙すると以下のとおりである。

○措通61の4(1)－1（交際費等の意義）

措置法第六一条の四第四項に規定する「交際費等」とは、交際費、接待費、機密費、その他の費用で法人がその得意先、仕入先その他事業に関係ある者等に対する接待、供応、慰安、贈答その他これらに類する行為のために支出するものをいうのであるが、主として次に掲げるような性質を有するものは交際費等には含まれないものとする。

（昭57年直法2－11「十一」、平6年課法2－5「三十一」、平成26年課法2－6「三十二」により改正）

(1)寄附金
(2)値引き及び割戻し
(3)広告宣伝費
(4)福利厚生費

(5)給与等

○措通61の4(1)−12（給与等と交際費等との区分）

従業員等に対して支給する次のようなものは、給与の性質を有するものとして交際費等に含まれないものとする。（平6年課法2−5「三十一」、平19年課法2−3「三十七」により改正）

(1)常時給与される昼食等の費用

(2)自社の製品、商品等を原価以下で従業員等に販売した場合の原価に達するまでの費用

(3)機密費、接待費、交際費、旅費等の名義で支給したもののうち、その法人の業務のために使用したことが明らかでないもの

○措通61の4(1)−4（売上割戻し等と同一の基準により物品を交付し又は旅行、観劇等に招待する費用）

法人がその得意先に対して物品を交付する場合又は得意先を旅行、観劇等に招待する場合には、たとえその物品の交付又は旅行、観劇等への招待が売上割戻し等と同様の基準で行われるものであっても、その物品の交付のために要する費用又は旅行、観劇等に招待するために要する費用は交際費等に該当するものとする。ただし、物品を交付する場合であっても、その物品が得意先である事業者において棚卸資産若しくは固定資産として販売し若しくは使用することが明らかな物品（以下「事業用資産」という。）又はその購入単価が少額（おおむね三〇〇〇円以下）である物品（以下61の4(1)−5において「少額物品」という。）であり、かつ、その交付の基準が61の4(1)−3の売上割戻し等の算定基準と同一であるときは、これらの物品を交付するために要する費用は、交際費等に該当しないものとするこ

とができる。（昭54年直法2－31「十九」、平6年課法2－5「三十一」により改正）

○措通61の4⑴－15（交際費等に含まれる費用の例示）

次のような費用は、原則として交際費等の金額に含まれるものとする。（中略）（昭52年直法2－33「36」、昭54年直法2－31「十九」、昭55年直法2－15「十三」、平6年課法2－5「三十一」、平7年課法2－7「二十八」〈中略〉により改正）

※⑴ないし⑶および⑹ないし⑾は省略

⑷得意先、仕入先その他事業に関係のある者（製造業者又はその卸売業者と直接関係のないその製造業者の製品又はその卸売業者の扱う商品を取り扱う販売業者を含む。）等を旅行、観劇等に招待する費用（卸売業者が製造業者又は他の卸売業者から受け入れる⑸の負担額に相当する金額を除く。）

⑸製造業者又は卸売業者がその製品又は商品の卸売業者に対し、当該卸売業者が小売業者等を旅行、観劇等に招待する費用の全部又は一部を負担した場合のその負担額

以上のように、交際費等の範囲については、二〇を超える詳細な規定が定められている。根拠法は、措置法六一条の四第三項のみであるのに対して対照的である。

これらの通達に共通した規定振りの特徴は次の二点であるといえよう。

その第一の特徴は、給与や寄附金、福利厚生費の費目を実質的に区分判断するための基準が明らかにされてはいないという点である。

たとえば、「措通61の4⑴－1（交際費等の意義）」に代表されるように、「主として次に掲げるような性質を有す

るもの」と定めているが、「次に掲げる」に対応する規定は、⑴「寄附金」ないし⑸「給与等」というように、それぞれの性質を説明する定めはおかれていない。

それぞれに列挙された費目と交際費等を区分するために必要な概念規定が定められていないのである。

なお「措通61の4⑴－12（給与等と交際費等との区分）」の規定もまったく同様であり、ほかの規定振りにも共通した特徴がある。そうすると、これらの通達により交際費等の範囲を判断する際には、観劇や旅行費用は交際費等に該当するといった形式的な判断を余儀なくされる。

第二の特徴は、概念的な定めをおかず、固有の名詞、たとえば「旅行」とか「観劇」といった名詞が繰り返し例示列挙されるという点である。

たとえば、「措通61の4⑴－15（交際費等に含まれる費用の例示）」の⑷および⑸には、取引関係者を「旅行」もしくは「観劇」に招待する費用が繰り返し用いられているが、いかなる理由により「旅行」は交際費に該当するかについての説明がなされていない。

これらの特徴を有する通達により、法人のある支出が「交際費等」に該当するか否かを判断することになれば、「旅行」費用は、すべて交際費等に属すると判断されることは必然であるといえよう。

報酬としての旅行費用支出なのか、債務弁済手段としての旅行費用負担なのかといった、費用支出の目的や費用の性質について実質的に判断がなされることなく、旅行招待の支出は交際費等に該当するといった極めて形式的にその範囲が確定されることになる。

このように詳細に定められた通達によって、交際費等の範囲がその性質ではなく例示列挙により示されると、その結果として交際費等の範囲は拡張されていくことになる。すなわち、通達が本法の定めを拡大して解釈し、通達によるまさに交際費課税がなされるのである。税理士が根拠条文の解釈・適用に注意を払わなければ通達課税が横行することになる。

まさにこの点に通達課税の大きな問題が存在するといえる。

四　租税法の適正な解釈・適用と交際費等該当性の判断基準

(1)　交際費課税制度と交際費等の範囲

交際費課税をめぐる過度の通達依存は、以下に紹介するように交際費等の範囲を定める租税特別措置法六一条の四の第四項が、不確定概念を多用しているところにその原因が求められる。その結果として、解釈通達が多数制定され、それらの通達が形式的・硬直的に運用され独り歩きすることにより、交際費等の範囲が拡張されていくという通達課税の問題を惹起する。

そこで、以下では、交際費課税の問題を素材に、租税法律主義の下における租税法の解釈・適用のあり方を整理したい。

まずはじめに、交際費課税のフレームを確認しておくことにする。法人税法上の交際費等の取扱いについては法人税法本体ではなく、租税特別措置法において特別な定めを用意している。

交際費課税の立法の趣旨は、法人の支出する交際費等の中には事業との関連性の少ないものもあり、また交際費等の損金算入を無制限に認めると、いたずらに法人の冗費・濫費を増大させるおそれがあるために、その支出に歯止めをかけることにあった。

措置法六一条の四第一項は、資本金が一定金額（一億円）を超える法人については、交際費等の損金算入を一切認めず、資本金がそれ以下の法人についてのみ、定額控除限度額の損金算入を認めている、という交際費に関する取扱いを定めている。

そのうえで、措置法六一条の四第四項は、「交際費、接待費、機密費その他の費用で、法人が、その得意先、仕入先その他事業に関係のある者等に対する接待、供応、慰安、贈答その他これらに類する行為のために支出するもの（略）（専ら従業員の慰安のために行われる運動会、演芸会、旅行等のために通常要する費用〈略〉その他政令で定める費用を除く。）をいう。」として、交際費等の意義と範囲を定めている。

同規定は、「その他の費用」、「その他事業に関係のある者等」、そして、「その他これらに類する行為のために」といったように、いわゆる不確定概念が多用されている。

ある支出が交際費等に該当すると、損金算入が認められないか、もしくは制限を受けることになる。そのため交際費等の意義と範囲は、租税負担に大きな影響を与える。

ある支出が交際費等に該当するのか、寄附金に該当して損金算入限度額の範囲内で損金に算入されるのか、もしくは利益の処分としての役員賞与に該当するのか、さらには広告・宣伝費として全額損金に算入されるのかは、ダイレクトに法人の租税負担に影響を与える。ゆえに、交際費等に該当するか否かは、税法上の費用分類をめぐる法解釈問題として大きな論点となる注(8)。

(2) 萬有製薬事件と文理解釈の意義

租税法上の交際費等の該当性が争点とされた紛争事例は多く見られる。とりわけ、いわゆる萬有製薬事件[注(9)]は学界および実務界において注目を集めた。同判決によって示された判断の基準は、その後の交際費等の範囲が争点とされた事件の判断基準とされてきている。

この萬有製薬事件は、交際費等の意義と範囲を定めた措置法六一条の四第三項の規定の解釈について正面から検討を加えた事案であるという点から、法人の行った支出が交際費等に該当するか否かを判断する際のメルクマールともなる事案として位置づけることができよう。

ここでは、この萬有製薬事件を素材に、租税法の解釈のあり方について確認しておこう。本件の概要は次のとおりである[注(10)]。

原告製薬会社（萬有製薬・以下「X」という）は、その医薬品販売先である大学病院の医師等から英文の医学論文が海外の雑誌に掲載されるよう添削依頼を受け米国の添削業者に外注していた。Xは、医師等から国内の平均的な料金を徴収し、米国の外注業者にはその三倍以上の料金を支払って、その差額を補助支出として負担していた。その補助支出額は、平成六年八月期で一億四五一三万円余、平成七年三月期で一億一一六九万円余、平成八年三月期で一億七五〇六万円余に及んでいたが、添削依頼した医師等はXが外注費の差額を負担していたという認識はなかった。

この英文添削補助支出に対して課税庁は、英文添削の依頼をした医師等が製薬会社の「事業に関係のある者」に該当し、本件負担額の支出の目的が医師等に対する接待等のための支出にあたるとして、その負担額は交際費等に該当するとし、上記各事業年度の法人税について更正処分を行った。

Xが、本件負担額は交際費等ではなく、損金算入枠が認められている寄附金であると主張して、更正処分の取消しを求めた事案である。

同事件の第一審は、措置法六一条の四第三項の規定が「支出の相手方」と「支出の目的」の二つの要件を交際費等該当要件と定めているとする被告国側の主張（二要件説）を支持し、X側の主張を棄却した。

一方、控訴審は、租税法律主義を尊重する立場に立脚して、措置法の根拠条文を厳格に文理解釈したうえで、「当該支出が『交際費等』に該当するというためには、①『支出の相手方』が事業に関係ある者等であり、②『支出の目的』が事業関係者等との間の親睦の度を密にして取引関係の円滑な進行を図ることであるとともに、③『行為の形態』が接待、供応、慰安、贈答その他これらに類する行為であること、の三要件を満たすことが必要であると解される。」として、いわゆる三要件説を採用して、Xの主張を認容し、Xが逆転勝訴した。

本件第一審判決直後に筆者は、『ジュリスト』（一二四四号二九五頁以下（二〇〇三年））誌上に同判決を批判する評釈を寄稿し、さらに学会誌『税法学』（五四九号一九七頁以下（二〇〇三年））、『月刊税務事例』（二〇〇四年二月号一頁以下）にも詳細な判例評釈を公表した。

とりわけ、同事件第一審判決の行った同規定の解釈について、筆者は次のように批判した。

「以上の論じてきたところから、本件裁判所の判断の妥当性を評価するにあたり、次の三点の疑問を提起しておきたい。

まず、判定要件に先の行為形態の要件を加えると、本件支出が交際費等に該当するためには、その支出の相手方、そして、目的の要件を充足したとしても、その支出行為の形態が『接待、供応、慰安、贈答その他これに類する行為』に該当するか否かが問われることになる。すなわち、本件英文添削サービスが、接待、供応、慰安、贈答といった人間の食欲、物欲、金銭所有欲といった欲望を充足する行為と同質の行為形態といえるのであろうか、という点である。これが第一の疑問である。

第二は、英文添削サービスに対する法人の支出が、立法趣旨である冗費の支出に該当するのであろうか。すくなくとも、学術の振興に対する支出が冗費（無駄遣い）でないことは自明であろう。

第三は、第一審では、交際費等の要件には、支出の相手方の利益享受の客観的認識は不要であるとしているが、果たしてそうであろうか。この点について、金子宏教授は、『その相手方がそれによって法人から利益を受けていると認識しうる客観的状況のもとで支出されていること、が必要であると解すべきであ』注⑾るとされておられる。この指摘は重要である。なぜならば、相手方自身が利益享受していることを認識できないような状況下でなされる支出は、支出法人にとっては不合理な支出であるとともに、その利益供与を相手方が客観的に認識できないような支出は、コスト削減にしのぎを削る企業環境下ではありえない、と思われるからである。

本件裁判所の判断には、以上三点の疑問が存在することを指摘して、その妥当性について疑問を提起しておきたい。」注⑿。

第一と第二の疑問点は**租税法律主義の視点**から、そして第三は**「社会通念」の視点**からの指摘である。

すなわち、第一の行為形態の要件の補充は、措置法の「接待、供応、慰安、贈答その他これらに類する行為」との文言を文理解釈により素直に読み込む必要があると考えたからである。法が行為の形態を示す文言を規定しているにもかかわらず、この文言の存在を度外視して要件を縮小して解釈することは結果として交際費等の範囲を拡大することを意味する。

さらに、このいわゆる「行為の形態」を示す文言を第三の要件として加えることにより、交際費等の範囲が明確になり、課税要件明確主義に資するはずであり、予測可能性が確保される。二要件説によると、交際費等の範囲は無限といえるほどに拡大し、恣意的な交際費課税の温床となるリスクがある。

第二は、立法目的の視点から、本件事案に当該規定を適用するについて具体的妥当性は充足されるかを検証する、という点である。ある規定を具体的事例にあてはめた場合に、そのあてはめが妥当であるか否かは、当該規定の立法目的と同規定を具体的事実にあてはめた場合の結果との整合性が問われることになる。冗費や濫費の抑制を主たる立法目的とした交際費課税規定を、学術研究支出に適用することは、いかにも当該立法目的を逸脱しているとの批判は免れない。

立法目的と当該法規定を適用した結果の整合性は常に問われねばならない関係にある。

第三は、社会通念からの検証である。企業が交際費として金銭を支出する場合に、支出の相手方の利益享受の客観的認識は不要であるとしているが、果たしてそうであろうか。支出の相手方が利益を受けていると認識できないような支出は、一般企業では社会通念上、許されない。したがって、法規定の解釈・適用の可否は最終的には社会通念基準ともいえる基準によっても検討されなければならない。

この三点の疑問はまさしく、租税法の解釈・適用のあり方を問うものである。

したがって、侵害規範とされる租税法の適正な解釈には、租税法律主義の要請が尊重されなければならない。

「租税法律主義を尊重する」とは、具体的には、①**厳格な文理解釈の追求**、②**立法目的と法を適用した結果の具体的妥当性という目的と法律効果の整合性の確保**、そして、③**社会通念基準**、の三点から総合的に検討されるべきであるといえる。

この疑問点について控訴審判決がいかに対応したかを検討してみると、まず、次の判旨のとおり「通達」に拘束されておらず、措置法の厳格な文理解釈から判断基準が導き出されており、租税法律主義の要請に対応した内容であると評価できる。

すなわち、控訴審の判旨は、措置法六一条の四第三項は、同法六一条の四第一項に規定する「交際費等」の意義について、「法文の規定や、『交際費等』が一般的に支出の相手方及び目的に照らして、取引関係の相手方との親睦を密にして取引関係の円滑な進行を図るために支出するものと理解されていることからすれば、当該支出が『交際費等』に該当するというためには、①『支出の相手方』が事業に関係ある者等であり、②『支出の目的』が事業関係者等との間の親睦の度を密にして取引関係の円滑な進行を図ることであるとともに、③『行為の形態』が接待、供応、慰安、贈答その他これらに類する行為であること、の三要件を満たすことが必要であると解される。」（※筆者傍線）として、まず、根拠規定の文理解釈からすると、①**「支出の相手方」**、②**「支出の目的」**に加えて、③**「行為の形態」**の要件の三要件が導かれることを確認している。

そのうえで、「課税の要件は法律で定めるとする租税法律主義（憲法八四条）の観点からすると『その他これらに類する行為』を被控訴人主張のように幅を広げて解釈できるか否か疑問である。そして、ある程度幅を広げて解釈することが許されるとしても、本件英文添削のように、それ自体が直接相手方の歓心を買うような行為ではなく、むしろ、学術研究に対する支援、学術奨励といった性格のものまでがその中に含まれると解することは、その字義からして無理があることは否定できない。」(※筆者傍線)として、「行為の形態」の要件を拡張しようとする国側の主張は、「字義」の解釈からしても受け入れることはできないと判示している。

この「字義」の解釈について裁判所の指摘は、まさに租税法律主義の下における租税法解釈のあり方としての**「文理解釈」**の要請を意識したものといえよう。

次に、隣接費用と交際費等の区分の法的基準等について検討する。

五 「支出の目的」の要件と「行為の形態」の要件の関係性

松沢智『新版 租税実体法(補正第二版)』(中央経済社、二〇〇三年)の第五章『交際費・福利厚生費・広告宣伝費』は、「はじめに」において、この章の主題を次のように明確にされている。

「これに対し税法の規定は、交際費の範囲につき必ずしも明確ともいえないところから、それが法人の費用として支出されても一定限度損金不算入の規定があるため(租税特別措置法六一条の四第一項)、他の全額損金と認められる費用たる関連諸経費との区分について課税庁と納税者との間に鋭く見解が対立することが少なくないようにおもわれる。しかしながら、税法は『課税要件明確主義』を原則としている。従ってケースバイケースで交際費になったり、給与または福利厚生費或いは広告宣伝費となったりするのでは、明確性に背反し、かつ租税公平負担の原則にも背反することになろう。しかも、そこに行政の恣意が入り込むおそれなしとしない。そこで、先ず交際費とは何かを税法の目的をふまえて法解釈により明らかにし、他の関連諸経費と明確に峻別する法理の建設が必要となる。」

このような問題提起に加え、交際費の支出の相手方について、その法人の一般従業員に対するものも含まれるのかどうかが問題とされる。支出の相手方は通常、一般的には「対外的な関係者」と理解されるが、租税法上は社内の役員や従業員も含まれると理解されているからである。

そこで、交際費課税のまとめとして、交際費等の三要件における「支出の目的」の要件と「行為の形態」の要件の関係性、従業員に対する給与、報酬と交際費の区別の基準、さらには福利厚生費と交際費の境界を画する法的基準、について簡潔に整理したい。

交際費等の「三要件説」を最初に学説として提唱したと思われる松沢智教授は、交際費等の該当要件のうち、「支出の目的」と「行為の形態」の要件が混同して理解されていることは誤りであると指摘され、両者は厳格に区別されるべきであるとして、次のように自説を展開されている。

「従来交際費概念の意義につき、交際の目的という『支出の目的』と、『接待、きょう応、慰安、贈答その他これらに類する行為』という交際の『具体的形態』とを混同して扱われていたようにおもわれる。接待、きょう応等の行為は、目的ではなく交際の目的で行なわれた具体的行為の類型（外形基準）に過ぎない。両者は厳に区別することを要する。従って、〝慰安の目的〟とか〝贈答の目的〟等と説くことは誤りであって、交際費概念の建設には目的と行為の態様は区別しなければならぬ。単に〝飲み喰い〟だけを捜し出して、それのみを基準として、会社の全従業員がデラックスな飲み喰いをしたとか、旅行したということだけを指摘して交際費と即断するようなことは誤っているといわなければならない。福利厚生の目的、ないしは給与の目的で支給する場合もあるからである。」注(13)

「交際の目的で行なわれた具体的行為の類型」という指摘は、「支出の目的」の要件と「行為の形態」の要件との関係性を理解する上で重要な示唆を与えるものといえる。

すなわち、この二つの要件は、それぞれ単独では、要件該当性を判断できるものではないのである。「旅行」が「行為の形態」の要件に該当するか否かは、その「支出の目的」の要件が、交際・接待目的に該当しているか否かによって判断されるのである。つまり、「単に〝飲み喰い〟だけ（中略）とか、旅行したということだけを指摘して交際費と即断するようなことは誤っているといわなければならない。」のである。

したがって、給与の目的で旅行費用を支出する場合には、その支出は交際費ではなく給与なのである。措置法の条文の構成も、「交際費、接待費、機密費その他の費用で」と、冒頭に「支出の目的」の要件を示す文言を配し、その目的で行われる行為として「接待、供応、慰安、贈答その他これらに類する行為」と定めているのである。

したがって、**支出の目的を度外視して、行為形態のみを論じることは誤りであるといえる。**

役務提供の対価として旅行費用を提供したとすれば、明らかに行為自体が旅行であろうとも、その支出は給与支払いもしくは報酬支払いというように、費用の法的性質が決定されるのである。

社会通念からも、ある行為が慰安行為に該当するか否かといった行為の性質は、その行為の目的との関係性の中で決定されると考えるのが妥当であろう。

たとえば、以下のケースを考えてみよう。

①将来の取引につなげる接待目的で、A社はBに五〇万円の海外旅行を提供した。

②Bが完成させた仕事に対して、A社はその報酬として五〇万円相当の海外旅行を提供した。

①は役務提供の対価としてではなく、旅行を提供したのであるから接待行為に該当するが、②は役務提供の対価として五〇万円の旅行を提供したのであるから、給与支払いもしくは報酬支払い行為に該当すると考えるのが妥当である。

この例からも自明のように、旅行費用の負担という同一の行為であってもその行為の目的が異なることにより、「接待、供応、慰安、贈答」といった行為の形態に該当するか、報酬に該当するかが決定されるのである。すなわち、「行為の形態」の該当性判断は、その行為の目的との関係性の中で決定されるのである。

そうすると、この支出の目的を考慮せずに海外旅行の提供といった行為自体を形式的にとらえ「行為の形態」の該当性のみで判断すると、誤った結論に至ることに注意すべきである。

交際費等の該当性の三要件のうち、「支出の相手方」の要件は独立して判断できるが、「行為の形態」の要件は、「支出の目的」の要件との関係性の中で決定されなければならない。

「行為の形態」の該当性の判断要素として、「支出の目的」は大きな比重を占めるといえる関係にあることが確認できる。

六　給与・報酬と交際費の限界線――費用支出のタイミングの視点

給与等の報酬と交際費の区別の問題は、その本質に着目すべきであろう。そこで、両者の区別の基準として**「支**

払いのタイミングの視点」を用いることにより、その本質について考察してみよう。

まず、民法六二三条は、「雇用は、当事者の一方が相手方に対して労働に従事することを約し、相手方がこれに対してその報酬を与えることを約することによって、その効力を生ずる。」と定め、同六二四条は「労働者は、その約した労働を終わった後でなければ、報酬を請求することができない。二　期間によって定めた報酬は、その期間を経過した後に、請求することができる。」と定めている。

すなわち、役務提供に対する報酬支払いは、まず先に契約に基づき労働（役務）を当事者の一方が提供し、その労働の終了後にその労働の対価を請求することができるのである。つまり過去の労働等の役務提供に対する対価が給与や報酬なのである。

一方、交際費は、法人が営業を遂行するに当たって得意先、仕入先などの事業関係者との親睦を密にして、取引関係の円滑な進行を図る目的で支出される費用である。すなわち、事業関係者と親睦を密にして将来の取引関係を円滑に図るための支出であるから、その費用は将来の収益獲得のために支出されていることになる。

この過去に対する支出なのか将来に向けての支出なのかという、費用支出のタイミングの視点は、ある支出が交際費に該当するか、給与などの報酬に該当するかを判別する最も有用な視点といえる。

将来の収益獲得のために投下される費用の前払い的本質を有するのが交際費であり、過去の収益獲得活動に対する費用の後払い的本質を有するのが給与等の報酬である。

七　福利厚生費と交際費の区別の基準

給与等と福利厚生費の本質的差異を、支出のタイミングの視点から松沢教授も以下のように論じている。

「海外旅行等の場合に、それが福利厚生か給与かという点で区別に問題があろう。しかし、その区別は、両者の本質から考えるべきである。（中略）

寧《むし》ろ、福利厚生費とは従業員の教養を高め心身を豊かにさせ、生活と労働環境を改善し労働意欲を向上させ、明日の活力を養成するために支出するものであり、従って、あくまでも従業員の自由にその支出を委ねるものではない、**つまり企業の将来のために企業主のサイドから従業員に与えるものである。**

これに対し、給与は従業員の労務の提供に対する対価である。（中略）それは従業員が企業に対し労務を提供した後に与えられる報酬なのである（民法六二三条、六二四条）。従って、**それは従業員の過去の労務提供に対する対価であるから、**（中略）給与は過去を凝視するものであるが、福利厚生費は将来に向けられている」（※筆者傍線）注⒁

福利厚生費は傍線部のとおりの目的により「**将来に向けられた費用支出**」であり、給与は「**過去の役務提供に向けられた費用支出**」であるとの指摘は説得力がある。

また、将来に向けられた支出でも福利厚生費と交際費は支出の目的が異なるのであるから、この目的の要件により区別すべきである。

一方、交際費の本質が、将来に向かって事業活動を円滑化し、拡大するための支出であることは先に確認したとおりである。海外旅行費用が過去の役務提供の対価として支出されたものであれば、支出のタイミングの視点からも交際費に該当しない。

この過去の行為に対する支出なのか、将来の行為に向けての支出なのかという、費用支出のタイミングの視点から判断することが交際費と報酬の区分の明確化に有用であることが確認できた。

八　まとめ

これまでの議論をここで整理しよう。

一般的に法人の費用支出の区分は、まず、給与等の報酬支払いと、そのほかの費用支出に区分されることになろう。**その際の区分判断の基準は「直接対価性」の存否によることになる。労働などの役務提供の対価としての費用支出は直接対価性を有するものであり、給与等の報酬に区分される。一方、直接対価性のない費用支出は、その支出の性質により交際費や福利厚生費、そして広告宣伝費というように区分されることになる。**

この点について、ある法人の支出が、「給与的性格のものかどうかの判断基準は、国外の旅行であるからとか、金額の多寡とか或《ある》いは『慰安のため』かどうか等ということで区別するのではなく、あくまでも報酬性の実質で判断すべきである。結局、それは事実認定の問題である。通常一般に考えられる福利厚生費の観念としては、わが国の現状では、海外旅行はなお検討すべき問題ともおもわれるが、理論的には、『報酬性』の有無で決定すべきである。」[注(15)]と考える。

役務提供の対価支払いの性質を有する費用支出は、給与等の報酬に区分されるのである。

たとえば、一カ月間、販売員として販売業務に従事した者に対して三〇万円の対価を支払った場合には、その対価支払いは給与等の報酬とされるであろう。一方、事前に金銭ではなく三〇万円相当の旅行費用を負担すると両者間で合意して、旅行費用の提供をした場合には、この旅行費用は給与等の費用支出とされる。

この三〇万円相当の旅行費用支出が交際費とされる余地はない。この費用支出が交際費に該当しないことは自明であるといえる。社会通念に照らしても、旅行という現物給与の支給とみなすのではなかろうか。

なぜ、現物給与とみなすのかといえば、役務提供の対価として旅行が提供されたからである。

そうすると、やはり、ある支出が給与などの報酬に該当するか否かは、その支出が対価の支払いなのかどうかによって判断されるのである。

対価性のある費用支出を交際費であるとするためには、「租税法律主義」の下では、「対価性のある支出も……の場合には交際費に該当する」といった明文の規定の存在が必要となる。

なぜならば、そもそも、措置法六一条の四第三項は、役務提供の対価支払いのための支出、すなわち対価性のある支出を規定の射程外においているからである。措置法が定める「接待、供応、慰安、贈答」のいずれの項目も、役務提供の対価として提供される行為ではないという点では、共通した性質を有しているといえる。

これらの行為に対価性が認められれば、たとえば接待に役務提供の対価支払いとしての対価性が認められると、「社会通念上」、それはもはや接待ではなくなるのである。役務提供の対価として提供される供応、慰安は、そもそもありえないのである。

したがって、レストラン用地の土地買収に際し、不動産業者から市場動向も踏まえて土地の選定や提案を受け、困難な地上げを依頼し、熱心な営業が功を奏して土地買収が成功した場合に、不動産業者の仲介手数料の基準を超過した報酬を支払った場合には、法人税法二二条が定める損金に該当するものであり、交際費等に該当するとの見解は受け入れがたい。なぜならば、交際費等の範囲を定めた措置法六一条の四第三項は、対価性のある費用支出を射程の範囲外においていることは明らかであるといえるからである。

すなわち、交際費等の要件である「支出の目的」に、役務提供に対する対価支払い目的は想定されていないのである。「支出の目的」は、その支出を通して取引関係者との円滑な関係を築くことにあり、接待費、交際費、機密費に共通した目的がそれであり、対価支払いの目的は含まれていないのである。

以上のことから、交際費等の該当性の法的基準の正確な理解は、紛争予防に不可欠であることを指摘して結びにかえる。


注(1) 増田英敏『リーガルマインド租税法（第四版）』（成文堂、二〇一三年）五三六頁以下。

注(2) 金子宏『租税法（第二〇版）』（弘文堂、二〇一五年）一〇八頁以下。

注(3) 平井宜雄「『判例』を学ぶ意義とその限界」『専修ロージャーナル』一号一〇頁（二〇〇六年）。

注(4) 品川芳宣『租税法律主義と税務通達』（ぎょうせい、二〇〇三年）一五頁。

注(5) 松沢智『租税争訟法（改訂版）』（中央経済社、一九九八年）一八頁。

注(6) 国税庁Webサイト（http://www.nta.go.jp/shiraberu/zeiho-kaishaku/tsutatsu/kihon/hojin/zenbun/01.htm）、本稿執筆当時。

注(7) 増田英敏『租税憲法学（第三版）』（成文堂、二〇〇六年）三四二頁。

注(8) 金子宏、前掲注(2)、三八〇頁。

注(9)　控訴審：東京高判平成十五年九月九日『判時』一八三四号二八頁以下、第一審：東京地判平成十四年九月十三日『税資』二五二号－順号九一八九。

注(10)　増田英敏、前掲注(1)、五三六頁以下。

注(11)　金子宏、前掲注(2)、三八一頁。

注(12)　増田英敏『ジュリ』一二四四号（二〇〇三年）二九五頁以下。

注(13)　松沢智『新版　租税実体法（補正第二版）』（中央経済社、二〇〇三年）三二六頁。

注(14)　松沢智、同、三三三頁。

注(15)　松沢智、同、三三三頁以下。

第十三章　紛争予防と租税手続法——税務調査

一　はじめに

平成二十三年に国税通則法の大改正が行われたことを踏まえ、租税法律主義の手続保障の原則の視点から、改正された国税通則法の評価と租税法実務に及ぼす影響について論点を絞り論じる。

本章で取り上げる問題は、紛争予防税法学との関係から、紛争事例を素材に、税理士実務と密接に関係する租税手続法上の次の三つの論点とする。

第一は、税務調査をめぐる紛争と、その論点を整理し、国税通則法の改正の意義について検証する。

第二は、更正の請求をめぐる法解釈上の問題点を検証する。

第三は、更正処分をめぐる法的問題と理由附記の問題を検討する。

なお、今般の国税通則法の改正は税務調査手続規定が整備されたことが最も注目されるが、本章では改正前の税務調査をめぐる問題状況をまず整理する。そのうえで、国税通則法改正の意義を整理していくことにする。

なぜならば、改正前の問題状況を把握することにより、改正の法的効果、影響を正しく理解できると思料するからである。

なお本章は、改正前の税務調査、とりわけ質問検査権の行使をめぐる法的な問題状況を明確に租税法律主義の視点から整理した拙稿「租税調査の諸問題と租税法律主義」『租税憲法学（第三版）』一八三頁以下所収（成文堂、二〇〇六年）、および同「申告納税制度における租税調査の現状と課題」『税法学』五五五号一三五頁以下（二〇〇六年）の内容を参照する。

二　租税手続法と租税実体法

(1)　租税法の体系

租税手続法に関しては、平成二十三年度の税制改正により納税環境の整備を目的とした国税通則法の画期的な改正が行われたことは周知のとおりである。

この改正により税務調査手続の法定化、更正の請求の期間延長、処分理由の附記等が規定されるとともに、租税罰則の見直しが行われた。消費税率の引き上げに象徴されるように国民に痛みを強いる大増税が現実化すると、国民の納得と税務行政に対する協力は不可欠となる。

ところで、租税法の体系は、**租税実体法の領域と租税手続法の領域**に大別できる。

租税実体法は、**課税要件**（納税義務者、課税物件、課税物件の帰属、課税標準、税率）を定めることにより納税者の納税義務の範囲・内容を確定し、さらに、その成立・変更および消滅に関する法の全体を内容とする。所得税法や法人税法は租税実体法の主要な法といえる。

一方、租税手続法は、租税債務の確定と租税の徴収手続を規定する法の全体をいう。

本章では、租税争訟法の領域も検討の範囲に含めることにする。

租税正義は、実体法上の適法要件と手続法上の適法要件の両者を充足することにより実現する。すなわち、租税実体法の適正な解釈・適用により租税債務が適正に確定し、さらに、租税債務は租税手続法の適正な解釈・適用により適正に実現する。

(2) 申告納税制度と税務調査の意義

戦後、国民主権を基本原理とする日本国憲法が制定されたことに伴い、わが国の諸制度も民主化された。民主化された制度の象徴的存在の一つが、申告納税制度の導入であった。すなわち、所得税、法人税、相続税の主要直接税について、戦前の賦課課税制度から申告納税制度（self-assessment system）に転換した昭和二十二年の税制改正であろう。

この申告納税制度は、租税法律主義の原則の尊重を大前提として、国民自らが租税法を解釈・適用して税額を算定し、その税額を国民自らが国家に納付する制度である。

賦課課税制度は、国家が租税の税額を査定し、国民に告知することにより国民に租税を賦課するという課税制度であったのに対して、申告納税制度は、主権者自らが国家運営の経費としての租税を租税法に基づいて計算し、主体的に租税を納付するところにその意義が存する。

申告納税制度は、憲法の国民主権の理念を反映した租税制度と位置づけられる。
松沢智教授による以下の見解が、申告納税制度の本質を端的に示しているといえよう。

「憲法は国民が主権者であることを宣言しており（憲法前文）、主権者である納税者たる国民は、自ら納税申告することによって、主権者たる国民の利益の確保のために創った国家という団体の維持・存続、並びに活動に必要な費用を自ら支弁し、窮極的にはその福利を享受することとなる。（中略）したがって、税制面における申告納税制度の確立の理念は、憲法の基本原則である国民主権主義と深く結びついているのである。」注(1)

このように、申告納税制度は国民主権憲法の理念を租税制度に具体的に反映させた制度である、というところに制度の本質があるといえる。

一方、この申告納税制度は、納税者の申告が適正に行われることが前提とされるために、申告納税の適正性の具体的な検証作業が不可欠となる。制度定着の要件としての検証作業として税務調査が位置づけられた。すなわち、申告納税制度は、担税力に即した課税を求める租税公平主義の要請が充足されて初めて受け入れられるものである。したがって、申告納税制度にとって、申告の適正性を検証する制度である税務調査は不可欠な制度といえる。国民が申告納税の権利を取得する一方で、税務調査に対する受忍義務を負担するという関係にある。適正な担税力測定に基づく納税は課税の公平を実現し、その結果として申告納税制度の趣旨を実現するものでもある。

まさに、申告納税制度は国民主権の憲法の制定によって勝ち取られた国民の権利の一つということができよう。

そして、税務調査は申告納税制度の実効性を担保する制度として位置づけられる行政作用であるといえるのである。

三　税務調査手続をめぐる法的問題――国税通則法改正以前の論点整理

(1)　税務調査の類型と法的性格――強制調査か任意調査か

わが国の実定租税法は、①課税処分のための調査、②滞納処分のための調査、そして、③犯則事件のための調査、の三種の税務調査を規定している注(2)。

なお国税通則法の改正により、これらの課税処分のための調査規定は削除され、通則法に統一された。

①課税処分のための調査

課税処分のための調査については、所得税法二三四条、法人税法一五三条－一五七条、相続税法六〇条、印紙税法二一条等において規定されている。この調査は、更正・決定、賦課決定などの課税処分をするための資料収集を目的とした調査である。この課税処分のための調査が税務調査の代表的なものである。

たとえば、所得税法二三四条は、「当該職員の質問検査権」として、「国税庁、国税局又は税務署の当該職員は、所得税に関する調査について必要があるときは、次に掲げる者に質問し、又はその者の事業に関する帳簿書類（中略）その他の物件を検査することができる。」と定めている。

これは、税務調査の手続規定というものではなく、質問検査権を税務職員に授権する権限授権規定である。本来であればこの規定の他に調査手続規定が用意されるべきであるが、手続規定は他に存在していない。

申告納税制度の下においては、納税者の申告税額が適正か否かを最終的に点検するための情報収集はきわめて重要であり、その点検には、課税要件事実を認定する際に使用された領収証や帳簿などの資料の入手が不可欠である。

しかし、この資料を税務職員へ提出することに協力的である納税者ばかりでないことは容易に想像できる。そこで、所得税法や法人税法といった各個別租税法は、課税要件事実につき関係者に質問し、関係物件を検査する権限、すなわち質問検査権を税務職員に認める権限を付与しているのである。

したがって、この質問検査権に基づく税務調査は、申告納税制度の実効性を担保するうえからも、もっとも重要な調査といえるものである。

この質問検査権規定により授権された課税処分のための調査の法的性格の通説的理解は、間接強制を伴う任意調査であるとされている。調査の相手方が調査に応じない場合には、実力をもって調査を強制することができないという意味で任意調査とされる。

しかしながら、実力によって直接調査を強行することはできないが、納税者は調査の受忍義務を負っているがゆえに、合理的理由なしに調査を拒絶した場合には処罰を科されるという意味から、**間接強制調査**であるとされる。

②滞納処分のための調査

滞納処分のための調査は、国税徴収法一四一条以下に規定されている調査である。滞納処分手続を遂行するための調査であり、基本的には任意調査とされているが、①の調査と同様、正当な理由がない調査拒否に対しては罰則が用意されており、**間接強制調査**と位置づけられる。

③犯則事件のための調査

犯則事件のための調査は、国税犯則取締法一条以下に規定されている調査であり、犯則事件の嫌疑者に対して、質問・検査（同法一条）し、場合によっては臨検・捜索（同法二条）を行うものである。**質問・検査は任意であるが、臨検・捜索は裁判官の許可を得た上での強制調査**である。

この租税犯則調査は、租税犯則事実の存否とその内容を解明することを目的とする手続で、犯罪事実が確認された場合には告発または通告処分に連動する調査であるところから、実質的には刑事手続に準ずる手続であるとされる。

本章で問題として取り上げるのは、①**課税処分のための調査**である。この調査においては、とりわけ「税務職員の質問検査権行使の法的限界」と「適正な質問検査権行使の範囲の問題」が、従来の税務調査をめぐる紛争の中心的な争点とされてきた。

そこで、以下では税務調査のうち、「課税処分を目的とする質問検査権行使」に焦点を絞って論じることにする。

(2) 質問検査権行使をめぐる紛争の歴史的展開

「手続規定が存在しない」と批判される従来の質問検査権の行使をめぐっては、多くの訴訟が歴史的にも累積されてきた。税務職員の質問検査権に基づく税務調査が憲法に適合しているか否か、また、質問検査権規定の解釈をめぐり、国と納税者との間の紛争は歴史的にも頻発してきた。

このような紛争の歴史的展開をトレースすることは、税務調査をめぐる問題の本質を理解するうえで有用である。

わが国の質問検査権行使をめぐる紛争の歴史的展開は、次の三期に分けて整理することができる[注(3)]。

〈紛争の頻発・激化期〉【昭和四十年代初期～昭和四十七年頃】

昭和四十年代初期から昭和四十七年頃までの時期に、全国的に質問検査権行使をめぐる紛争が激化した。この時期には、租税行政庁の質問検査権行使について厳格な判断を示した裁判例がいくつか見られた。

たとえば、千葉地裁昭和四十六年一月二十七日判決注(4)は、「税の徴収確保と被調査者の私的利益の保護との調和するところで、質問検査権の限界を考察すると、被調査者は当該税務職員に対し調査の合理的必要性の開示を要求でき、右要求が入れられない限り、適法に質問検査を拒むことができる。」と判示して、調査の合理的必要性の開示を質問検査権行使の法的要件とすることを明確にしている。

〈判例の判断基準の確立期〉【昭和四十七年～昭和四十八年】

昭和四十七年から四十八年にかけては、最高裁の判断が相次いで示された時期である。

まず、最高裁昭和四十七年十一月二十二日大法廷判決注(5)は、質問検査権と憲法上の令状主義の関係について、質問検査権行使の性質が刑事責任追及を目的とした調査手続ではないから、質問検査権行使時には捜査令状の提示が不要であるとの判断を初めて下した。この判決により、これまでの捜査令状の不存在が憲法第三五条に違反するか否か、といった調査手続をめぐる紛争に対して、明確な判断が示されたことになる。

さらに、最高裁昭和四十八年七月十日第三小法廷決定注(6)は、質問検査権行使の前提となる調査理由の開示や調査日時・場所の事前告知といった要件・手続は、税務職員の裁量に委ねるものであり、調査の法律上の要件ではないとの判断を示した。

この二つの最高裁判決および決定により、判例上、質問検査権制度をめぐる憲法上の疑義につき解決が見られた。

すなわち、同制度をめぐる憲法上の争点について合憲判断が示されたことにより、その合憲性は確立したとされる[注(7)]。その後の同制度をめぐる紛争の争点は、同制度の合憲性から、質問検査権行使の具体的な手続の法的妥当性の検討へと移行していくことになる。

〈紛争の展開期〉【昭和四十九年〜現在】

判例の確立期を経て、最高裁判断後（昭和四十九年以降）から現在までの期間を、紛争の展開期と位置づける。この期間に次のような傾向の紛争の展開が見られた。

第一に、先の二つの最高裁判決および決定により、この問題に対する紛争の法的な判断基準が明示され、確立されたかに見えたが、その後現在に至るまで、質問検査権行使をめぐる紛争は後を絶つことなく提起されてきている。

第二に、この間の紛争の中身は、質問検査制度の合憲性を争うというよりも、むしろ質問検査権行使の具体的な要件をめぐるものとなってきている。

たとえば、最高裁昭和六十三年十二月二十日第三小法廷判決[注(8)]は、税務職員による、納税者の店舗内への無断立ち入り調査を違法とする判断を示した。

本件は、税務調査の目的で、被調査者の店舗兼作業場に臨場した国税調査官が、被調査者の不在を確認するために、被調査者の同意を得ずに同店舗内の内扉の「とめがね」を外して同店舗兼作業場に立ち入った行為が違法であるとした原告の主張を認容し、国家賠償法に基づき慰謝料三万円の支払いを命じたものである。

四　税務調査をめぐる紛争の法構造

(1)「申告」の法的性質をめぐる解釈の対立と紛争

税務調査をめぐる紛争の本質は、申告納税制度における納税者の「申告行為」の法的性格をいかに理解するかという点に凝縮される。

「申告」により納税者の納税額が法的に「確定」すると理解すれば、課税処分を目的とする税務調査の発動要件は厳格に解されなければならないことになる。納税者の納税義務の範囲が申告により具体的に確定しているのであるから、課税処分のための税務調査には慎重でなければならない。申告により確定した納税額がいつでも調査により変更できるとすると、申告納税制度の本来の趣旨が損なわれることになる。

税務職員の質問検査権は「必要があるとき」に行使できると定められているが、その「必要性の要件」は厳格に解される。「三年調査に来ていないから調査させよ」といった一般的抽象的必要性では、質問検査権の発動要件を充足したとはいえない。通常一般人のだれが判断しても調査の必要性があったといえる客観的必要性の要件の充足が求められることになる。具体的には、数値の異常性や申告漏れの疑いが事実上存在しなくてはならないと解されるのである。

したがって、納税者の申告の法的性質をいかにとらえるかにより税務調査の適法性の要件をめぐる解釈は鋭く対立することになる。この点に税務調査をめぐる紛争の原因が求められる。

税務調査をめぐる法的問題を申告納税制度との関係で鋭く論じた、松沢智『租税手続法』（中央経済社、一九九七年）は、この紛争の本質について次のように明確に指摘している。

「税法学において、かつて質問検査権の問題ほど議論の相剋するものは存しなかった。しかし最判（三小）昭和四十八年七月十日決定、刑集二七巻七号一二〇五頁（以下、『最高裁決定』という）が現われるや、従前の論争に一応の決着がついたものとされ、爾後、下級審もほぼこれにしたがい、次々と質問検査権に関する判断を示し、かえって、実務では、課税当局に、その行使につき自由裁量に委ねられたものと解され、最近では拡大解釈さえされているようにもおもわれる。そのために税務調査に対して、むしろ『租税行政手続法』を新しく制定して納税者の基本権を擁護し、これに制約を加えるべきであるとする議論も少なくない。

しかも、特に税務調査における『事前通知』『理由開示』をめぐって実務上鋭く意見が対立し、単に課税上弊害が無い場合にのみ課税当局の与える恩恵に過ぎないとする考え方と、申告行為によって租税債権は確定している（国税通則法一六条一項）ので、一旦確定したものに対しこれを排除し、更正処分として新たな税額を創設しようとするのは納税者の基本権の侵害であるから事前に通知したうえで、その理由を告知すべきであるとする考え方とが激突した。これに対して租税行政庁は、前述したように右の確定とは、一応のものに過ぎず、それは更正（処分）がないことを条件とする一応の確定であるから、適正な納税義務確認のためには、当然に調査できるし、税務調査を実施するに際し、課税上の弊害があれば自由裁量行為として、『事前通知』『理由開示』は不要である旨を強調する。ここに確定の有無が実は質問検査権の最大の問題を包蔵しているようにおもわれる。」注(9)

さらに、税額の「確定」と税務調査との関連性について、対立する見解を次のように整理した。

「いずれの見解においても、納税申告それ自体によって確定の効果が生ずるとされるところから、申告によって、一旦確定された税額を税務調査により変更するには厳格な法規制が必要であるとする論者と、右の確定は、単に一応のものに過ぎず、通則法一六条一項一号の後段には、『その申告がない場合又はその申告に係る税額の計算が国税に関する法律の規定に従っていなかった場合その他当該税額が税務署長又は税関長の調査したところと異なる場合に限り、税務署長又は税関長の処分により確定する方式をいう。』と規定されているところから、更正のないことを条件とする一応の確定に過ぎないので、税務署長は納税者の客観的所得を確認するために自由に税務調査できるとする見解とが対立する。」注⑽

つまり、税務調査をめぐる紛争が、納税者の「申告」の法的な性質について、納税者と租税行政庁の見解の相違により生じてきたことを指摘されているのである。

⑵　申告納税制度における納税申告と「確定」の法理

申告納税方式は、納付すべき税額が原則として納税者の申告により確定するものであり、「申告納税方式の特色としては、何といっても、最も民主的な課税方式であるという点があげられる。すなわち、課税が適正かつ公平に行われるためには、その課税の前提となる事実を最もよく熟知している納税義務者の協力を得るのが適切であり、納税義務者による課税標準等の申告が要請されるのは当然であるといえるが、更に、納税義務の履行を国民自ら進んで遂行すべき義務と観念し、その申告自体に納付すべき税額の確定の効果を与え、もって自主的にその納付を行う建前とすることが、民主主義国家における課税方式としてふさわしいものということができるからである。」注⑾とされるように、納税義務の第一次確定権を納税者に付与するところに申告納税方式の本質を見いだすことができよう。

そうすると、確定した納税義務の範囲を変更する課税処分を目的とした税務調査においては、調査の日時・場所、そして、調査理由などの事前告知等の納税者の権利を保護するための手続規定の整備が当然必要であるということになる。

(3) 納税者による税務調査の違法性の主張の四類型

納税者による質問検査権行使の違法性の主張は、次の四種の場合に類型化することができる。

①課税処分の取消訴訟において質問検査権行使の違法性を主張する場合

②青色申告承認取消処分の取消訴訟において質問検査権行使の違法性を主張する場合

③質問検査権行使が違法であることを根拠に国家賠償請求をする場合

④検査拒否罪あるいは公務執行妨害罪などの刑事訴訟における抗弁として質問検査権行使の違法性を主張する場合

従来の質問検査権行使をめぐる紛争は、①ないし②の類型に集中していたが、最近では③の類型に属する紛争が増加傾向にある。

たとえば、注目事例としては、大阪高裁平成十年三月十九日判決注⑿を取り上げることができる。

さらに、納税者の権利意識の高まりを受けて、課税処分の所得金額の争いにとどまらず、調査手続の違法性を併せて争う事例が増加している。

適法な課税処分の要件は①**実体法上の適法要件**（**各個別税法に定める課税要件を充足していること**）と、②**手続上の適法要件を充足していなければならない**から、調査手続の違法性や理由附記の瑕疵は課税処分の違法事由になりうる。

(4) 税務調査の理論と実際――「訴訟に耐えうる課税処分のための証拠収集」

質問検査権に基づく税務調査の目的は、課税処分（更正処分）に必要な処分の根拠を示す証拠の収集・保全である。もちろん、適正・適法な申告が行われているか否かをチェックすることは、申告納税制度を機能させ、公平な課税を実現する上で不可欠である。

税務調査の目的は「公平な課税の実現」にあると教科書的には説明される。一方で、調査を遂行する租税行政の最前線では、課税処分に対する納税者側から処分の取消訴訟が提起されることを前提として、「訴訟に耐えうる調査」の遂行が求められている。

課税処分の適法性を維持するのに必要にして十分な証拠の収集と保全が行われれば、租税訴訟を未然に防止するもしくは抑止することが可能となる。まさに適法にして綿密な税務調査を遂行することは、課税当局にとっても課税処分後の紛争予防となるのである。

この点について、東京国税局課税第一部国税訟務官室発信の「税務調査に生かす判決情報」は、その冒頭において次のように述べており、税務調査の本質を示す内容であり興味深い注⒀。

「訴訟型社会の到来といった厳しい環境の中、調査の現場において『訴訟に耐えうる課税処分』が行われることがますます重要になっていることから、当室では、今事務年度、これまでの『判決速報』に加えて、部下である調査官等に対して具体的に指示・指導等を行い自らも調査を担当されている統括官の方々に『調査に生かす判決情報』と題して『調査手続』や『証拠の収集と保全』など調査等に役立つポイントについて、具体的事例や判例を紹介しながら、数回に分けて発信することとしました。」

このように、税務調査が課税処分のための調査である以上、取消訴訟を前提に「訴訟に耐えうる課税処分」のための証拠収集と保全が、税務調査の目的であることを確認している。そのうえで、調査担当者にリーガルマインドの必要性を啓蒙することを趣旨として「調査に生かす判決情報を発信する」と述べられている。

調査が訴訟に耐えうる課税処分のための証拠収集であるとすれば、調査の立ち合いをする税理士は、調査に耐えうる証拠を調査以前に十分に準備することが求められる。会計帳簿は企業の取引行為を認定する証拠として位置づけられるのであるから、税務調査の前段階で十分な原始証憑や帳簿の精査を行い、会計帳簿の証拠能力を高める必要がある。

税理士が実践する巡回監査の意義は、まさに会計帳簿の証拠能力を高め、訴訟にも耐えうる証拠の整備にあるといえよう。

訴訟では原告と被告双方の攻撃と防御の衡平性が担保される。訴訟に耐えうる証拠収集が目的とされる税務調査においても、調査手続の法整備により調査官と被調査者である納税者の攻撃と防御の衡平性が担保されるべきである。被調査者にも事前手続として調査の日時・場所等の事前告知がなされるべきである。この問題意識に基づいて従来から税務調査手続の法整備が求められてきたのである。

今般の国税通則法の改正は、この問題に対応するものであったといえよう。

五　税務調査手続を法定化した国税通則法改正の意義

税務調査をめぐる納税者と租税行政庁の紛争はこれまで頻発してきた。紛争の歴史的展開については、前述のとおりである。

紛争が頻発してきた基本的な原因は、税務調査を行う権限、すなわち質問検査権を税務職員に授権する規定を所得税法や法人税法といった各個別租税法に定めていたが、授権規定を定めるのみで、質問検査権行使の具体的手続に関する規定が一切定められていなかったという点にある。

旧所得税法二三四条第一項では、「国税庁、国税局又は税務署の当該職員は、所得税に関する調査について必要があるときは、次に掲げる者に質問し、又はその者の事業に関する帳簿書類その他の物件を検査することができる（以下略）」（※筆者傍線）と定めるのみで、調査の日時・場所や調査理由の事前通知の要否など、いわゆる調査手続については一切規定していなかった。

手続規定が定められていないのであるから、最判（三小）昭和四十八年七月十日決定（以下「最高裁決定」という注⒁）が、「所得税法二三四条一項の規定は、国税庁、国税局または税務署の調査権限を有する職員において、当該調査の目的、調査すべき事項、申請、申告の体裁内容、帳簿等の記入保存状況、相手方の事業の形態等諸般の具体的事情にかんがみ、客観的な必要性があると判断される場合には、前記職権調査の一方法として、同条一項各号規定の者に対し質問し、またはその事業に関する帳簿、書類その他当該調査事項に関連性を有する物件の検査を行なう権限を認めた趣旨であって、この場合の質問検査の範囲、程度、時期、場所等実定法上特段の定めのない実施の細目については、右にいう質問検査の必要があり、かつ、これと相手方の私的利益との衡量において社会通念上相当な限度にとどまるかぎり、権限ある税務職員の合理的な選択に委ねられているものと解すべ」きであると判示したのは当然であると思われる。

むしろ、同最高裁決定は、手続規定の定めがないという法の不備を踏まえ「質問検査の必要性」と「被調査者の私的利益との衡量において社会通念上相当な限度にとどまるかぎり」という抽象的ではあるが、法的限界を明示することにより納税者の権利保護に最大限配慮したものと評価できる。

ところで、租税法律主義は課税要件のみでなく手続についても明確に法定し、手続の保障を求めている。にもかかわらず、納税者のプライバシー権など最も基本的な権利を侵害する恐れのある質問検査権の行使について手続的な保障が担保されていない状態が長く続いていたところに、税務調査をめぐる紛争が頻発した原因を求めることができる。この見方に異論はなかろう。

この税務調査をめぐる手続規定の不備に起因する紛争は、調査手続法の整備によるほか解決する手立てはなかったが、国税通則法の平成二十三年度十二月改正により、調査手続規定の整備が図られたのである。

すなわち、「平成二十三年度十二月改正で、個別租税法の質問検査の規定は、官公署等への協力要請の規定も含めて、すべて国税通則法に移された（七四条の二以下）。この改正によって、質問検査の手続が整備・改善され、また、かねての懸案の多くが正面から解決された。その意味で、この改正は、各租税に関する質問検査の規定を一括してその通覧を容易にするとともに、質問検査を円滑ならしめ、納税者の権利を保護することを目的とする大きな改正であったといえよう。」注(15)と評価される画期的な改正であった。

六　国税通則法改正の背景

税務調査をめぐる課税庁と、納税者もしくは税理士との紛争は、膨大な訴訟事例が示すように頻発してきたといえる。紛争が頻発する原因は、そもそも税務調査が追徴課税等の課税処分を目的として行われる行政行為であることに求めることができよう。納税者の申告の適正性をチェックし、課税処分を目的とするものであるから、構造的に納税者と課税庁が対峙する場面が生じ、見解の相違や対立が生じることはやむを得ない。

このような構造的な紛争原因に加え、税務調査には手続規定の不備という問題が存在してきた。税務調査は、各個別租税法が税務職員に質問検査権を法により授権することにより可能となる。ところが、法は強大な調査権限を税務職員に授権するばかりで、いかなる手続により調査が行われるべきかという、調査手続を法定していないという問題が内包されてきた。

税務調査手続規定を整備すると、調査の効率性が低下するといった理由から法整備は手つかずのまま長く放置されてきた。すなわち、税務調査の手続上の透明性や予見可能性は法により確保されていない状態が、わが国では長く続いてきたのである。

しかし、アメリカをはじめ主要先進諸国では、納税者の権利侵害をもたらすリスクのある税務調査については、とりわけ十分な法による手続保障が担保されていることは周知のとおりである。

企業活動のグローバル化を背景に、租税行政における手続保障の要請にわが国も対応せざるを得ない状況に直面していることも、国税通則法改正の背景の一つといえよう。

ところで、事実認定や法解釈の問題は、税務調査をめぐる紛争に限らず、租税法の解釈・適用において生じる紛争の争点である。

ところが、前述のとおり税務調査をめぐる問題は、税務調査の根拠規定である質問検査権行使の手続規定が法定されていないという、法の不備に起因する。この手続規定の欠落が税務調査特有の問題とされてきた。この問題については、学界においても過去数十年にわたり租税法律主義の内容である手続保障の観点から批判が繰り返されてきた。

平成二十三年に、ようやく改正が行われた国税通則法（以下では「通則法」もしくは「法」という）では、税務調査の論点とされてきた質問検査権行使手続について整備が行われた点に改正の第一の意義があるといえよう。

七　税務調査手続規定の整備の法的意義

通則法の改正は、主として①税務調査手続の整備・明確化、②更正の請求期間の延長、そして③不利益処分の理由附記、といった、従来から指摘されてきた手続法上の問題点について、法整備が行われたところに大きな意義を有する。

とりわけ、税務調査手続については、これまで各個別租税法に定められていた質問検査権規定が削除され、通則法に集約され（法七四条の二から六）、提出物件の留置き（法七四条の七）、権限の解釈（法七四条の八）、事前通知と通知を要しない場合（法七四条の九ないし一〇）、そして、調査終了の際の手続（法七四条の一一）等、調査手続について包括的な法整備がなされた。

まず、同法七四条の二が「当該職員の所得税等に関する調査に係る質問検査権」と題して、「国税庁等又は税関の当該職員は、所得税、法人税又は消費税に関する調査について必要があるときは、次の各号に掲げる調査の区分に応じ、当該各号に定める者に質問し、その者の事業に関する帳簿書類その他の物件を検査し、又は当該物件の提示若しくは提出を求めることができる」と定めて、改正前に所得税法等の各個別租税法に規定されていた質問検査権の税務職員への授権規定を削除し、改正通則法に集約統一された。

そのうえで、従来から論点とされてきた事前通知の問題について、同改正法七四条の九が、「納税義務者に対する調査の事前通知等」と題して、質問検査権を行使する場合には、行使する旨と以下の事項を事前に納税義務者および税理士等の税務代理人に通知する旨を明確に規定した。この事前通知規定が法定された意義は大きいといえよう。

事前通知事項は、以下のように列挙されている。

一　質問検査等を行う実地の調査を開始する日時
二　調査を行う場所
三　調査の目的
四　調査の対象となる税目
五　調査の対象となる期間
六　調査の対象となる帳簿書類その他の物件
七　その他調査の適正かつ円滑な実施に必要なものとして政令で定める事項

七の**「政令で定める事項」**について、国税通則法施行令三〇条の四が、①調査の相手方である納税義務者の氏名及び住所（名称及び所在地）、②調査を行う職員の氏名及び所属官署（複数であるときは、代表する者の氏名及び所属官署）、③調査を行う日時及び場所の変更に関する事項（改正通則法第七四条の九第二項）、④改正法第七四条の九第四項に基づいて事前通知が行われた場合でも、前記の調査の目的、対象税目、対象期間、対象となる帳簿書類等の物件に掲げる事項以外の事項について非違が疑われることとなった場合において、当該事項に関し質問検査等を行うことができると定めている。

同改正は、納税環境整備に関する通則法の改正を含む「経済社会の構造の変化に対応した税制の構築を図るための所得税法等の一部を改正する法律」（平成二十三年法律第一一四号）として、平成二十三年十一月三十日に成立し、同年十二月二日に公布された。

この改正は、調査手続の透明性を確保し、納税者の予見可能性を高めることを目的として、税務調査手続について従来の運用上の取扱いが法令上明確化されるとともに、全ての処分（申請に対する拒否処分および不利益処分）に対する理由附記の実施および記帳義務の拡大等が定められ、税務調査手続の法定化および理由附記の実施に係る規定については、平成二十五年一月一日から施行されたものである。

国税庁は、「調査手続の実施に当たっての基本的な考え方等について」と題する「事務運営指針」を次のように公表している注⒃。

すなわち、調査手続規定に伴う基本的な考え方として、通則法の改正は、「手続の透明性及び納税者の予見可能性を高め、調査に当たって納税者の協力を促すことで、より円滑かつ効果的な調査の実施と申告納税制度の一層の充実・発展に資する観点及び課税庁の納税者に対する説明責任を強化する観点から、従来の運用上の取扱いが法令上明確化されたところである。」と述べている。

手続の透明性を法律により確保し、納税者の予見可能性を高めることは、まさに租税法律主義の要請に対応することを明確にしたという、重要な意義を有するのである。

さらに前記のとおり、指針では「運用上の取扱いが法令上明確化された」と述べて、単に法律として明確にしたという表現が用いられているが、実は「法律」として定めることは、税務調査手続が租税法律主義の支配の下におかれるという意義を有することを確認しておきたい。税務調査手続の行政運用上の取扱いについて通達で定めるのみでは、納税者が税務調査手続の違法を主張して訴訟を提起した場合に、手続規定が法定されていないことを根拠に勝訴判決を得ることは、事実上不可能といえた。

しかし、調査手続規定が法定されることにより、その規定を根拠に被調査者である納税者が調査手続の違法を主張することが容易になるとともに、手続上の違法を根拠に課税処分の取消を求めて訴訟提起することも有用な権利主張の手段となったといえよう。何よりも税務調査過程を租税法律主義の支配の下に置くことができるという、重要な意義を有する改正であったといえよう。

八　改正通則法の税理士実務上の論点整理

⑴　税務調査と行政指導の区分の明示

通則法の改正に伴い発遣された事務運営指針は、通則法改正の税理士実務上の論点を整理するうえで有益である。

税務調査の行為主体は国税庁の職員であり、その調査担当職員が調査手続上の違法性を問われることがないように示された指針である。すなわち、税務調査手続における紛争予防のための指針と同運営指針を理解することができる。そうであれば、調査立会いを行う税理士はまさに調査手続法上の争点をこの指針から大いに学ぶことができるはずである。

ところで、指針の**第二章「基本的な事務手続及び留意事項」は、調査と行政指導の区分を明示すること、そして調査の意義を定義し、そのうえで、事前通知の内容と例外として事前通知を要しない場合について、次のように具体的に整理している。**

すなわち、**「調査と行政指導の区分の明示」**として、「納税義務者等に対し調査又は行政指導に当たる行為を行う際は、対面、電話、書面等の態様を問わず、いずれの事務として行うかを明示した上で、それぞれの行為を法令等に基づき適正に行う。」と定めている。

そのうえで、調査について「調査とは、国税（法第七四条の二から法第七四条の六までに掲げる税目に限る。）に関する法律の規定に基づき、特定の納税義務者の課税標準等又は税額等を認定する目的その他国税に関する法律に基づく処分を行う目的で当該職員が行う一連の行為（証拠資料の収集、要件事実の認定、法令の解釈適用など）をいうことに留意する（手続通達（平成二十四年九月十二日付課総5－9ほか九課共同『国税通則法第七章の二（国税の調査）関係通達』（法令解釈通達）をいう。以下同じ。）1－1）」と定義し、当該職員が行う行為であっても、「特定の納税義務者の課税標準等又は税額等を認定する目的で行う行為に至らないものは、調査には該当しないことに留意する（手続通達1－2）」としている。

この調査と行政指導の区分を明示する相手方は当然被調査者である納税者ということになる。この両者の区分を明示する趣旨は、調査に該当すれば通則法第七四条の二以下の調査手続規定を遵守することを調査者自らも確認し、納税者に対しては調査の透明性を確保し、予見可能性を付与するという、手続規定の法定化の目的の実効性を担保することにあるといえよう。調査であれば通則法が定める調査手続を遵守することが調査担当者に求められることになるからである。

また、税務調査とは、課税処分を目的とする一連の行為、すなわち①課税処分のための証拠収集、②要件事実の認定、そして、③法令の解釈適用等をいうと定義している。

税理士としては、税務職員からの電話等のやり取りで、行政指導と調査の区分について明示的に確認することが必要であろう。なぜならば、税務調査であれば調査手続規定を厳格に遵守して調査が行われているか否かについて、税理士には専門家として調査の遂行過程を監視する専門家責任があるからである。

調査行為が、課税処分のための証拠収集であり、要件事実の認定という訴訟を前提にした行政作用であるから、被調査者の権利は適正に保護され、防御権が付与されるべきである。そうであれば、適正な証拠収集が行われたかどうかについて、税理士は常に調査時においてリーガルマインドを駆使して検証し、対応することが求められているといえよう。

最近の大型訴訟事案として注目されたＩＢＭ事件では、米国本社が税務調査開始前の段階から弁護士を調査に立ち会わせることを指示し、税務調査過程に違法性がないかを法的にチェックするよう指示し、調査官の証拠収集の適法性が監視され、法的な制限を加え、その後の訴訟を有利に展開することが可能となったとされる注(17)。租税訴訟も事実認定が訴訟の成否を左右するのであるから、十分に準備された調査対応が訴訟自体に大きな影響を与えることは当然のことといえよう。

このように考えると、調査は課税処分のための証拠収集活動であるから、調査の事前通知は納税者（被調査者）の課税処分に対する防御権の行使の重要なファクターと位置づけることができよう。

(2) 事前通知の例外――事前通知が不要とされる場合

通則法は七四条の九第一項において、前述のとおり一号ないし七号で定める事項について、納税者およびその代理人に対して原則として事前通知を法定化した。

この事前通知についても「納税義務者に対し実地の調査を行う場合には、原則として、調査の対象となる納税義務者及び税務代理人の双方に対し、調査開始日前までに相当の時間的余裕をおいて、電話等により、法第七四条の九第一項に基づき、実地の調査において質問検査等を行う旨、並びに同項各号及び国税通則法施行令第三〇条の四に規定する事項を事前通知することになる。この場合、事前通知に先立って、納税義務者及び税務代理人の都合を聴取し、必要に応じて調査日程を調整の上、事前通知すべき調査開始日時を決定することに留意する。なお、事前通知の実施に当たっては、納税義務者及び税務代理人に対し、通知事項が正確に伝わるよう分かりやすく丁寧な通知を行うよう努める。」と事務運営指針も確認している。

改正過程では事前通知は書面によることを前提にしていたようであるが、事務量の加重を避けるため、書面による事前通知が緩和された。

ところで、事前通知の例外として事前通知を要しない場合を通則法七四条の一〇は、「前条第一項の規定にかかわらず、税務署長等が調査の相手方である同条第三項第一号に掲げる納税義務者の申告若しくは過去の調査結果の内容又は①その営む事業内容に関する情報その他国税庁等若しくは税関が保有する情報に鑑み、②違法又は不当な行為を容易にし、正確な課税標準等又は税額等の把握を困難にするおそれ③その他国税に関する調査の適正な遂行に支障を及ぼすおそれがあると認める場合には、同条第一項の規定による通知を要しない。」(※筆者傍線)と定めている。

この「事前通知を要しない場合」を法が明確に定めたことは、例外として、事前通知を要しない場合を法定するのであるから、例外規定が定める要件に該当しない限りすべての調査に事前通知を要することになる。したがって、事前通知を欠く調査は違法となりうるから、この例外規定の射程を明らかにしておくことは実務上極めて重要といえる。

まず納税者への実地調査を行う場合において、「納税義務者の申告若しくは過去の調査結果の内容又はその営む事業内容に関する情報その他国税庁、国税局又は税務署がその時点で保有する情報」に鑑みて、次の二つのおそれがある場合には例外として事前通知は不要とされると規定している。

・違法又は不当な行為を容易にし、正確な課税標準等又は税額等の把握を困難にするおそれ
・その他国税に関する調査の適正な遂行に支障を及ぼすおそれ

この事前通知が不要となる場合の例外要件規定はやはり抽象的と言わざるを得ない。いかなる場合に例外規定が適用されるのかについて、法解釈を踏まえた検討がなされるべきである。

そこで、解釈通達を参照しながら事前通知の不要な場合について具体的に検証する。

まず、法規定の①の傍線部分の「**その営む事業内容に関する情報**」の範囲について、手続通達4－7は、「法第七四条の一〇に規定する『その営む事業内容に関する情報』には、事業の規模又は取引内容若しくは決済手段などの具体的な営業形態も含まれるが、**単に不特定多数の取引先との間において現金決済による取引をしているということのみをもって事前通知を要しない場合に該当するとはいえないことに留意する。**」としている。

改正前の調査は事実上、小売店などで現金商売を主として行う事業に対しては抜き打ち調査が当然とされてきたが、「現金決済＝即事前通知不要」とならないことを明確にしている点は法の趣旨を踏まえた指摘といえよう。

さらに同①「**違法又は不当な行為**」の範囲について、手続通達4－8は、「法第七四条の一〇に規定する『違法又は不当な行為』には、事前通知をすることにより、事前通知前に行った違法又は不当な行為の発見を困難にする目的で、事前通知後は、このような行為を行わず、又は、適法な状態を作出することにより、結果として、事前通知後に、違法又は不当な行為を行ったと評価される状態を生じさせる行為が含まれることに留意する。」と述べているが、この内容は「**違法又は不当な行為を容易にし、正確な課税標準等又は税額等の把握を困難にするおそれ」があると認める場合の判断要素を示して、その外縁を明らかにしたものということができよう。**

さらに、手続通達4－9は「法第七四条の一〇に規定する『違法又は不当な行為を容易にし、正確な課税標準等又は税額等の把握を困難にするおそれ』があると認める場合」（前掲傍線部分②）とは、たとえば、次の(1)から(5)までに掲げるような場合が該当するとしている。

(1) 事前通知をすることにより、納税義務者において、法第一二七条第二号又は同条第三号に掲げる行為を行うことを助長することが合理的に推認される場合。

(2) 事前通知をすることにより、納税義務者において、調査の実施を困難にすることを意図し逃亡することが合理的に推認される場合。

(3) 事前通知をすることにより、納税義務者において、調査に必要な帳簿書類その他の物件を破棄し、移動し、隠匿し、改ざんし、変造し、又は偽造することが合理的に推認される場合。

(4)　事前通知をすることにより、納税義務者において、過去の違法又は不当な行為の発見を困難にする目的で、質問検査等を行う時点において適正な記帳又は書類の適正な記載と保存を行っている状態を作出することが合理的に推認される場合。

(5)　事前通知をすることにより、納税義務者において、その使用人その他の従業者若しくは取引先又はその他の第三者に対し、上記(1)から(4)までに掲げる行為を行うよう、又は調査への協力を控えるよう要請する（強要し、買収し又は共謀することを含む。）ことが合理的に推認される場合。

以上のとおり、違法または不当な行為を(1)ないし(5)の場合に分け、類型化し、それぞれ例示するような行為が合理的に推認できる場合としている。

とりわけ、いずれも合理的に推認できる場合とされているが、「推認」とは、推量とは異なり、間接証拠により経験則に基づいて合理的に推定することであり、推定と認定が証拠に基づいて行われるという、まさに裁判官の事実認定の要素を構成するものであることに注意を要する。その意義は、調査手続が訴訟のリスクを負っていることを国税庁自体が明確にしたものといえよう。

さらに、前掲傍線部分③**「その他国税に関する調査の適正な遂行に支障を及ぼすおそれがあると認める場合」**について次のように例示されている。

手続通達４－10では、「法第七四条の一〇に規定する『その他国税に関する調査の適正な遂行に支障を及ぼすおそれ』があると認める場合」として、たとえば、次の(1)から(3)までに掲げるような場合を示している。

(1) 事前通知をすることにより、税務代理人以外の第三者が調査立会いを求め、それにより調査の適正な遂行に支障を及ぼすことが合理的に推認される場合。

(2) 事前通知を行うため相応の努力をして電話等による連絡を行おうとしたものの、応答を拒否され、又は応答がなかった場合。

(3) 事業実態が不明であるため、実地に臨場した上で確認しないと事前通知先が判明しない等、事前通知を行うことが困難な場合。

以上のように手続通達の内容を確認すると、事前通知の不要な場合とはいかなる場合かについて具体的に想定できる。

九　まとめ

これらの手続通達内容は、法の趣旨を踏まえると妥当な解釈指針であるということができる。少なくとも、今後、改正通則法の税務調査手続規定の解釈適用を争点とする訴訟が集積されることにより、各条文の適正な解釈が収斂されていくことになるが、現段階では前記の通達の内容は大いに参考になろう。

なお、平成二十三年の通則法の改正以前は、事前通知が法律要件として定められていたわけではないから抜き打ちの調査に対しても調査手続の違法性を主張することはできなかった。しかし、通則法改正により、事前通知なしに実地の調査を開始した場合には、通則法七四条の一〇が定める事前通知を要しない場合に該当することを、いかに調査担当者が合理的に推認できたかという、その根拠を立証する責任を調査担当者が負担することとなる。調査手続が法定されることにより、恣意的な調査は抑止され、調査の透明性と手続の予見可能性が確保されることは確かである。

一方、通則法の改正により、さらに納税者はもちろん税理士も適法な税務調査には積極的に協力し、受忍義務を甘受せざるを得ないことは当然であろう。


注(1)　松沢智『租税手続法』（中央経済社、一九九七年）九二頁。

注(2)　増田英敏『租税憲法学（第三版）』（成文堂、二〇〇六年）一八五頁。

注(3)　曽和俊文「質問検査権をめぐる紛争と法」芝池義一・田中治・岡村忠生編『租税行政と権利保護』（ミネルヴァ書房、一九九五年）一〇四頁以下参照。

注(4)　千葉地判昭和四十六年一月二十七日『判時』六一八号一一頁。

注(5)　最（大）判昭和四十七年十一月二十二日『刑集』二六巻九号五五四頁。

注(6)　最決昭和四十八年七月十日『刑集』二七巻七号一二〇五頁。

注(7)　曽和俊文、前掲注(3)、一〇七頁。

注(8)　最判昭和六十三年十二月二十日『訟月』三五巻六号九七九頁。

注(9)　松沢智、前掲注(1)、五九頁以下。

注(10)　松沢智、同、六一頁。

注(11)　志場喜徳郎ほか共編『国税通則法精解』（大蔵財務協会、二〇〇〇年）二三二頁。

注(12)　大阪高判平成十年三月十九日『判タ』一〇一四号一八三頁。

注(13)　ＴＡＩＮＳ「調査に生かす判決情報」平成十七年十一月「『調査に生かす判決情報』の発信に当たって――より適正・公平

な課税のために」（東京国税局課税第一部国税訟務官室）。

注⑭　前掲注⑹同。

注⑮　金子宏『租税法（第二〇版）』（弘文堂、二〇一五年）八四六頁以下。

注⑯　国税庁Ｗｅｂサイト（http://www.nta.go.jp/shiraberu/zeiho-kaishaku/jimu-unei/sonota/120912/）、本稿執筆時。

注⒄　「日本経済新聞」（平成二十六年五月二十九日付朝刊第二面）。

第十四章　修正申告と更正の請求

一　はじめに

前章では租税手続法の最大の論点である、税務調査の問題を紛争予防の視点から取り上げた。国税通則法の改正により税務調査手続が法整備されたことは税務調査実務に大きな影響を与えることになった。

国税庁のホームページにおける改正の影響に関する見解では、従来の税務行政上の運用を法定化したので、さしたる影響はないとの立場を表明しているが、調査手続上の違法を減らすなどその影響が大きいことが証明されている。一方、納税者が税務調査手続の違法性を明確な法規定を根拠に主張できるようになったことに、重要な法的意義が存在するといえる。調査手続に法の支配を確立する大変革となった事実を軽視すべきではない。

調査手続の違法性について、手続規定に基づいて明確に論証できることになったのであるから、違法な調査手続により収集された証拠による課税処分は、手続の違法性を根拠に取り消されることになる。

改正国税通則法は、七四条の一一において、「調査終了の際の手続」について明確な規定を創設した。改正以前は質問検査権の受忍義務を納税者に課しながら、調査終了後に、更正決定があるか、是認されたのかについてさえ明確な説明がされてこなかった。当該改正により、説明義務を担当調査官に課したうえで、従来から事実上行われてきた修正申告の慫慂《しょうよう》を、「修正申告の勧奨」ができる旨を規定するとともに、修正申告した場合の納税者の不服申立権の喪失という不利益を納税者に説明する義務が課された。さらに、修正申告書を提出しても、「更正の請求」はできる旨が規定された。更正の請求による納税者の権利救済の方途が明確に定められたことになる。

そこで、本章では、修正申告と更正の請求という税額の是正手続の論点を整理し、紛争予防のための視点について述べていきたい。

二　調査終了手続の法整備の意義——修正申告の勧奨と更正の請求

改正された国税通則法七四条の一一は、「**調査の終了の際の手続**」と題して以下のような規定を定めている。すなわち、実地の税務調査を行った結果、「**更正決定等をすべきと認められない場合**」には、「当該調査において質問検査等の相手方となった者に対し、その時点において更正決定等をすべきと認められない旨を書面により通知するものとする。」と定めたうえで、更正決定等をすべきと認められる納税者に対しては次のように対応すべきことを明確に定めている。

同条二項は、「**国税に関する調査の結果、更正決定等をすべきと認める場合には、当該職員は、当該納税義務者に対し、その調査結果の内容**（更正決定等をすべきと認めた額及びその理由を含む。）を説明するものとする。」と定め、同第三項は「**前項の規定による説明をする場合において、当該職員は、当該納税義務者に対し修正申告又は期限後申告を勧奨することができる。この場合において、当該調査の結果に関し当該納税義務者が納税申告書を提出した場合には不服申立てをすることはできないが更正の請求をすることはできる旨を説明するとともに、その旨を記載し**

た書面を交付しなければならない。」（※筆者傍線）と定めている。

この規定の内容をチャートで示すと、下図のとおりである。調査終了後の流れが明確に定められたことは重要である。

改正前は、質問検査権の行使の事前通知も税務職員の裁量に委ねられていたが、改正後は税務調査の実施の細目である調査の日時、場所、調査目的等について事前通知が必要とされたために、まず調査開始時点で事前通知がなされる。

事前通知を経て調査が実施され、調査が終了すると、調査結果について納税者に調査担当税務職員は説明責任を負うことになる。申告内容に誤りが存在すると認定した場合には、調査担当税務職員は、納税者（被調査者）に更正決定等をすべきと認めた金額およびその理由を含む調査結果の内容を説明することを求められている（下図①－1）。

そして、さらに調査結果の内容を説明する際に当該職員は納税者（被調査者）に修正申告等を勧奨することができる（下図①－2）。修正申告の勧奨は、従来から事実上行われてきた行為を法が追認した形になる。次に詳述するが、調査の圧力を背景に納税者に修正申告

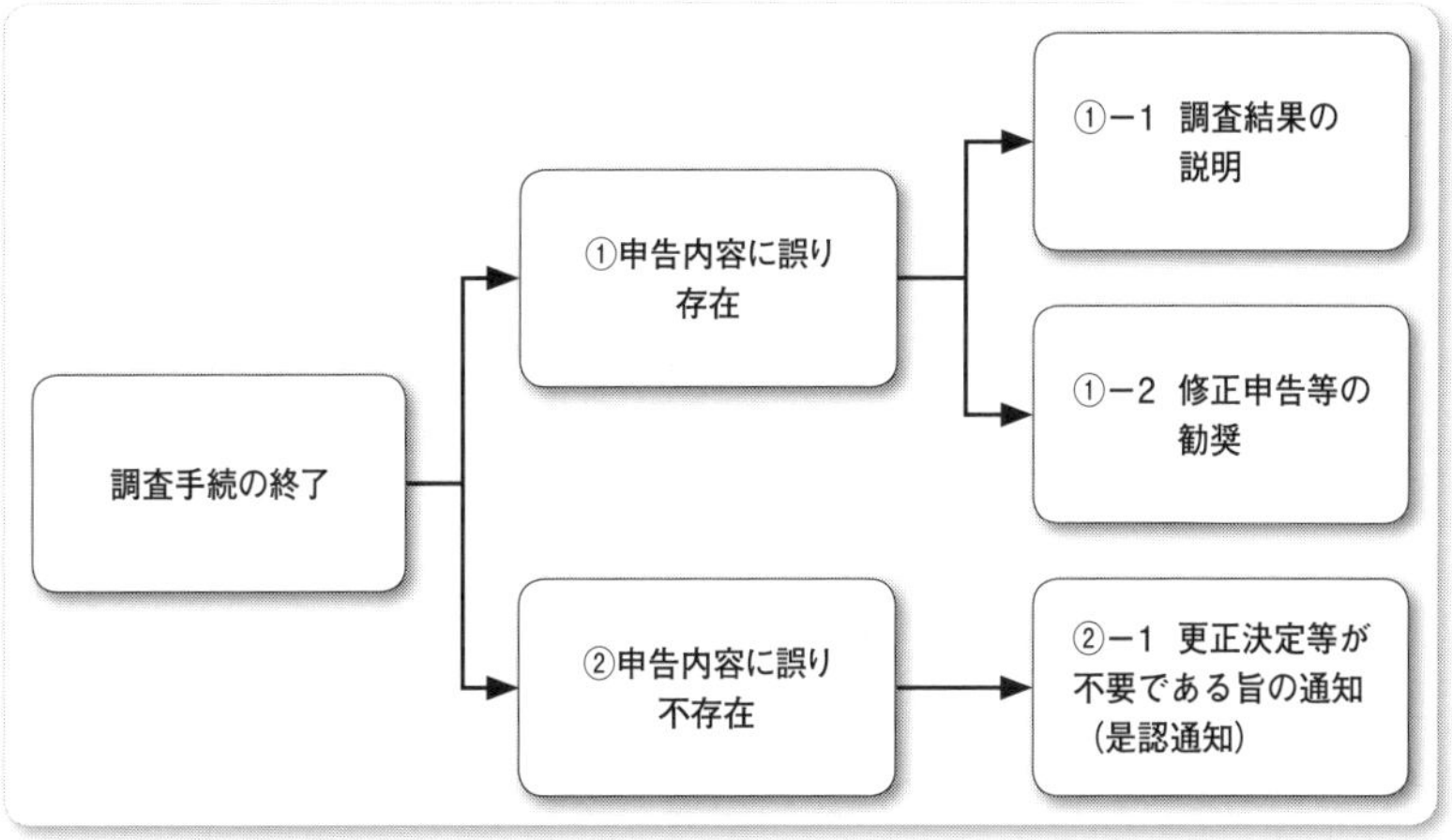

を慫慂《しょうよう》することに対して、従来から批判が加えられてきた。

この修正申告の勧奨の法定化は、納税者の権利との関係で後退したかのように評価されがちであるが、実はその評価は適切とはいえない。前掲の傍線部のとおり、この勧奨に従って納税者が修正申告書等を提出した場合には、納税者は不服申立てすることはできないが、当該職員は更正の請求をすることができる旨を説明するとともに、その説明内容について記載した書面を納税者に交付しなければならない。

改正前は、修正申告書を提出すると不服申立ての道が閉ざされたが、更正の請求ができることが明文規定として定められたことで、納税者の権利救済の新たなチャンネルが創設されたことは重要な意義を有する。

仮に修正申告書を提出した納税者が調査立ち合いの顧問税理士とは別の税理士にセカンドオピニオンを求め、修正申告が誤りであったことを指摘された場合にも、納税者の権利救済の道が開かれたことを意味する。更正の請求が可能であることが明文化されたのである。

更正の請求をしたが、税務署長より更正の理由なしとする通知処分を受けた場合には、この通知処分に対しては不服申立てすることが可能となる。更正すべき理由のない通知処分は棄却処分と解されているために、その処分内容に不服があれば争訟の道が開かれているところに、更正の請求ができると法が規定した大きな意義があるといえよう。

三　勧奨による修正申告と納税者の権利救済の問題

ところで、納税者が租税行政庁の勧奨により修正申告に応じた場合（修正申告の慫慂）の国税通則法改正以前の最大の問題は、たとえ勧奨によって修正申告に応じたとしても、自発的な修正申告とみなされ、後日修正申告の内容に不満が生じても、更正を受けた場合と異なり、納税者側の権利救済の道が閉ざされるという点にあった。

そもそも根拠規定とされる国税通則法は、租税行政庁の職員の高圧的な勧奨により修正申告に応じた場合と、本来の、自発的に納税者自らの意思によって修正申告をした場合とを区別していない。そのため修正申告の法的効果は同一となる。

「修正申告の勧奨」は、行政指導の一形態と理解されているようであるが、単なる行政指導とは本質を異にしているところに問題が存在する。

行政指導の伝統的理解によれば、行政指導を受けても国民は任意に服従を拒否でき、拒否したとしても何ら法的不利益を受けないのであれば「公権力の行使」としての性格付けはできないから、訴訟提起して争うこともできないことになる。

修正申告の勧奨には、租税行政庁の優位性が存在し事実上の強制手段（調査期間の延長や更正処分がその背後に控えている）が存在する点にその本質がある。すなわち、これに応じてなされた「修正申告」は、「納税者の名において」なされた修正申告であるが、この勧奨に応じなければ、「更正処分」がなされるという前提が存在するために、強制された行政指導で納税者に選択の自由意思が存在せず、優位・劣後の関係にある。

修正申告をしてしまうと、たとえ勧奨によったとしても納税者自らの意思により修正申告をしたのであるから、そこには行政処分が存在せず、処分取消しを求めて取消訴訟を提起することは事実上不可能となる。

「修正申告の勧奨」の実質は、納税者に対し修正申告をさせることにより更正理由の附記に精力をとられないとする行政処理事務の便宜化のみならず、不服申立権を放棄させて、その後の納税者の権利救済手続である審査請求・

訴訟への道を閉ざすこととなる、更正処分に代えた強制的な行政指導であるということができるとして、批判の対象とされてきた注(1)。

平成二十三年の通則法の改正は、税務調査過程において前記のような問題を内包して事実上なされてきた修正申告の勧奨を、前記のとおり、「修正申告の勧奨をすることができる」として法定化すると同時に、修正申告した場合には、「不服申立てをすることはできない」ことを納税者に明示したのである。

これは、修正申告後は、修正申告にかかわる不服申立権が剥奪されることを明らかにしたのである。一方、修正申告をしてもその申告に誤りがあったならば「更正の請求をすることはできる旨を説明する」ことを改正通則法は担当調査官に命じている。

四 「修正申告」と「更正の請求」とのアンバランス

申告納税制度は、課税要件事実の認定から各個別租税法規定の解釈・適用過程と納税申告による課税標準および税額の確定手続に至るまで、租税行政庁の介在を排除することを本質としている。国民自らが主体的に納税義務を履行することを本旨としているのが、申告納税制度である。

申告した課税標準および税額を変更する際にも、納税者自らが自発的に変更可能な制度として、納税者に不利益な増額変更は**修正申告**（国税通則法一九条）が、納税者に有利な減額変更は**更正の請求**（国税通則法二三条）が制度的に用意されている。

申告納税制度は納税者自らが自己の納税義務の範囲を確定させることのできる納税制度である。しかし、納税者が常に正確に納税額を計算し申告できるとは限らない。むしろ、思い違いや恣意が混入して誤った申告が行われることが少なくない。

課税庁による更正がある前に、自己の申告納税額が過少であることに気付いた納税者は、修正申告することによりその納税額を増額是正できる。修正申告は納税者の側から見れば自己に不利益な納税額の変更であり、不利益変更には法は制約を課していない。納税者はいつでも修正申告により自らの納税額を是正できる。

ところが、納税申告によりすでに確定させた税額が過大であることに気付いた場合には、納税者が税額を自ら是正することはできない。この場合には、税務署長に更正の請求をしなければならない。この更正の請求は、税務署長の調査によりその理由があるかどうかが審査され、理由がないと判断された場合にはその請求は受け入れられない（税通二三条四項）。

納税者にとって不利益な変更である修正申告はいわば自動確定であるのに対して、有利な変更は調査を要件とされ、その理由の存否が税務署長により審査されるという構造を採用している。この制度設計自体に不自然さを感じる。

適正な税額を納税することが租税法律主義の要請であるから、過少申告、過大申告の是正は納税者の義務である。課税庁はどちらもなしうるが、納税者は税額が過大か過少かにより是正手続が異なることはバランスを欠くことに問題があるといえる。納税者の申告による納税義務を具体的に確定させる申告納税制度の下では、その申告納税額の適正性の確保のための手続も、国民主権の理念と整合性を持たせるべきである。

納税額の減額是正は、更正の請求の排他性の原則と、その要件規定の厳格解釈により納税者の権利救済の壁の一つとして厳然とそびえている。

五　「更正の請求の排他性の原則」と納税者の権利救済

その自己の申告額が過少であることに気付いた納税者が自己に不利益に申告内容を変更する（納税額の増額変更）手続として修正申告手続が用意されている（国税通則法一九条）。

一方、申告額が過大であることに気付いた納税者が減額是正する場合には更正の請求手続が用意されている（税通二三条）。法が減額修正するための手続を更正の請求手続として用意しているのだから、申告額が過大な場合には、原則として更正の請求手続により救済されるべきであり、他の手続による救済手段を用いることは許されない、と解されている。このことを「更正の請求の原則的排他性」という[注(2)]。この考え方は「抗告訴訟の排他性」の観念にならったものとされる。

最高裁をはじめとする裁判例も、この更正の請求の排他性を支持し、国税通則法等が更正の請求制度を準備している以上、この手続によるのでなければ減額修正を認めないとする判断で一貫している[注(3)]。権利救済制度を法が用意している以上、その制度を利用すべきであり、他の救済制度が利用可能であっても利用の余地を遮断すべきであるとの考え方を採用している。

なお、更正の請求期間を徒過すると、確定申告、修正申告の内容は自動的に確定する。さらに租税争訟制度が不服申立前置主義をとることから、更正の請求に係る処分も不服申立期間を徒過すると、確定申告や修正申告の内容については永久的に不可争力が生じると一般に解されている[注(4)]。

すなわち、納税者は一度申告をすると自己に不利な申告是正はいくつかのチャンネルが用意されているにもかかわらず、自己に有利な申告是正のための手段は更正の請求手続しか残されていない、というのが更正の請求の排他性がもたらす問題といえる。

六　救済手段としての「更正の請求」の使い勝手

それでは、この更正の請求手続が用意されているのであるから、納税者の救済はその手続によるべきである、とされるが、果たしてこの制度は納税者にとって使い勝手がよいのであろうか。

前述のように、増額修正手続である修正申告は、申告により自動的に修正額が確定するが、更正の請求には多くの制約が課されている。

その制約要因とは、具体的には、主として次の二つに整理できる。

第一は、納税者により更正の請求がなされた場合には、税務署長がその可否を調査によりチェックし、「理由あり」と判断した場合にのみ救済（減額修正）が認められる。増額修正手続である修正申告の場合には申告により自動的に確定する。

第二は、更正の請求は法定申告期限から五年以内に限り認められるという期間制限が厳格に適用され、その期間が修正申告に比較して相対的に短い。この期間制限が徒過してしまうと「更正の請求の排他性」により、納税者救済の門戸は閉ざされてしまう。期間徒過後は納税者としては課税当局による減額更正処分を求める以外にないのであるが、この処分は課税当局の自由裁量により運用されている。納税者は嘆願書や陳情書により減額更正処分を課税当局に「お願い」することにならざるを得ない。

調査や期間制限といった制度的要因は、納税者にとっては過重な負担となり、決して使い勝手のよい制度とはいえない。

七　国税通則法二三条の「更正の請求」の要件の射程

申告納税制度導入とともに、納税者が自らの納税額を変更する手段として修正申告（増額変更）と更正の請求（減額変更）が制度化された。修正申告は納税者に不利に納税額を是正する手段で、納税者に有利に納税額を是正する手段が更正の請求であるということもできる。したがって、納税者の権利保護の視点からは、とりわけ更正の請求が重要な手続として位置づけられる。

この更正の請求制度を定めた国税通則法二三条の解釈・適用をめぐり、納税者と租税行政庁が鋭く対立し、租税訴訟が頻発してきた。

紛争頻発の原因は、更正の請求の要件規定を租税行政庁が限定的に解釈する傾向にあるということができる。ここでは、要件規定の適正な解釈について整理する。そのうえで、最も紛争が生じる選択権行使の誤りと更正の請求の問題について、紛争予防の視点から検討したい。

租税法は、税額控除か損金算入かを選択するといった処理について、選択権を納税者に付与する規定を多く定めている。納税者が選択権行使の誤りに気付いて、更正の請求を求めても、基本的に税務署長は更正の理由なしとする通知処分を下すことが通例とされている。納税者は「選択誤り」は更正の請求の要件を充足すると考えるが、税務署長は「選択誤り」は、「要件規定が定める誤り」に該当しないとの解釈を採用しているところに紛争の原因が存在するのである。

この更正の請求の問題について、筆者は学会誌『税法学』五六三号三〇一頁以下（二〇一〇年）に、「更正の請求と納税者の権利救済」と題して、納税者の権利救済の視点から問題提起を図る論考を発表した。本章では、まず同論文のエッセンスを、税理士と紛争予防の視点から整理することにする。

国税通則法二三条は、「当該申告書に記載した課税標準等若しくは税額等の計算が国税に関する法律の規定に従っていなかったこと又は当該計算に誤りがあったことにより、当該申告書の提出により納付すべき税額（当該税額に関し更正があった場合には、当該更正後の税額）が過大であるとき」には、法定申告期限から五年以内に限り、税務署長に対し、その申告に係る課税標準等または税額等につき更正をすべき旨の請求をすることができる、と定めている。

更正の請求の要件の構造は、①「租税法に従っていない場合」もしくは「計算に誤りがある場合」を原因として、②その結果として申告額が過大となった場合に「更正の請求」を認めるというものである。

②の申告額の過大とは、何らかの税額算定プロセスに誤りが介在することにより、申告税額が、適法かつ適正な方法により計算された真実の税額を超過した場合をいうのである。

すなわち、過大でもなく過少でもない、適正な課税標準もしくは税額は、客観的な証拠に基づいて認定された課税要件事実に、適正に解釈された租税法をあてはめることにより算出される。したがって、次の①ないし⑤のプロセスのいずれの段階においても誤りがないことが検証されることにより、初めて適正な税額が自動的に算出されるのである。

①課税要件事実の認定
②私法上の法律構成（契約解釈）
③租税法の発見・選択・課税要件の解釈
④租税法の適用（租税法の課税要件事実へのあてはめ）
⑤申告・納税

そうすると、税額の過大となる原因は次の五つの場合に類型化できる。

第一に課税要件事実の認定に誤りがある場合
第二に私法上の法律構成に誤りがある場合
第三に租税法の選択および解釈に誤りがある場合
第四に課税要件事実への租税法のあてはめ（租税法の適用）に誤りがある場合
第五に申告手続に誤りがある場合

これらの第一の場合ないし第五の場合を通則法二三条の要件に対応させると、過大となる原因のすべてが「租税法に従っていない場合」もしくは「計算に誤りがある場合」に包摂される。

第一の課税要件事実の認定の誤り、第二の私法上の法律構成の誤り、第三の租税法の選択および解釈の誤り、第四の租税法のあてはめの誤り、そして、第五の申告手続の誤り、のいずれもが、「租税法に従っていない場合」の具体的な原因となりうる。

また第一ないし第五の過大税額算出をもたらす、すべての具体的原因は「計算に誤りがある場合」にも該当しうる。したがって、単純な申告書などへの記載漏れや記載誤りも前記第五の申告手続における誤りに属するものであるといえる。事実認定から申告納税手続までの一連のプロセスは、税額計算の計算プロセスという一面を有するのであり、申告手続上の誤りも「計算の誤り」から除外する合理的理由は見当たらないことに注意を要する。

そうすると、申告書の記載誤りは「計算の誤り」に包摂されるものであり、「更正の請求」の要件を充足すると判断するのが妥当であり合理的であるということも、ここに確認しておく。

八　更正の請求の要件の解釈の幅――「更正の請求」の要件の解釈と租税法律主義

(1)　選択権行使と更正の請求をめぐる判例の動向

更正の請求の可否を争点とした判例の動向をまず確認しよう。国税通則法二三条は、①「国税に関する法律の規定に従っていなかった」か、もしくは②「当該計算に誤りがあった」ことを原因として、結果として③「納付すべき税額が過大」となった場合を、更正の請求の適用要件として定めていることは前述のとおりである。

この要件の充足の可否をめぐる紛争は頻発している。その中でも、納税者が申告時に選択権を行使した方法が結果として税負担が大きく、選択可能であった他の方法のほうが有利であった場合に、納税者が選択誤りであるとして更正の請求をした場合に、要件を充足するか、といった納税者の選択権行使の誤りが右記の要件を充足するかが紛争の争点とされてきた。

租税法には、納税者の選択権の行使を想定した規定が多く見られる。たとえば、租税特別措置法二六条は社会保険診療報酬の所得計算の特例として、診療報酬に係る概算経費控除制度を定め、実額控除と概算控除の選択を納税者に委ねている。

ここでは、この選択権行使をめぐる判例の動向を簡潔にトレースしておこう[注(5)]。

選択権行使と更正の請求との関係をめぐるリーディングケースは、社会保険診療報酬に関する次の二つの裁判例が存在する。この二つのケースは、社会保険診療報酬に係る必要経費を、概算控除によるか実額控除によるかの選択権を納税者に付与している制度の下において、確定申告時に納税者が選択した方式を事後に更正の請求により変更することが可能かどうかが争点とされた事例である。

最高裁昭和六十二年二月十日判決[注(6)]は、納税義務者が申告において概算経費を選択した場合に、更正の請求によりこれを実額経費に改めることを認めなかった。他方で、最高裁平成二年六月五日判決[注(7)]は、納税義務者が申告において概算経費を選択した場合に、修正申告により実額経費に変更することを認めている。

この二つの裁判例については、学説上もさまざまな議論があるが、申告における納税者の選択を意思表示とみて、そこに誤りがあったときには選択を改めることを認めるという見解が有力である[注(8)]。

その後の最近の注目裁判例として、次の事例を挙げることができる。

東京地裁平成十八年十二月八日判決[注(9)]は、消費税額の総額計算方式と積上計算方式との選択が誤っていたとして更正の請求がなされたが、その可否が争点とされた事例である。

納税義務者は総額計算方式に従った税額計算を行っていたが、積上計算方式による税額計算をすべく更正の請求を行った。以下のとおり、判旨は、納税義務者は積上計算方式を選択していたにもかかわらず、誤って総額計算方式と同様の計算をしてしまったものであるから、「計算に誤りがあったこと」に該当するといえるとして、更正の請求を認めた。

また、福岡高裁平成十八年十月二十四日判決[注(10)]は、法人税法六八条の適用の可否が争点とされた。法人税法六八条は、法人が支払いを受ける利子・配当等に係る源泉徴収所得税を法人税額から控除することを認めているが、その控除のための手続要件として、確定申告書に「当該金額として記載された金額を限度とする」と定められている（法税六八条三項）。原告である納税者は、確定申告書にこの金額を過少に記載したため、これを後に更正の請求により是正しようとした。

第一審判決である熊本地裁平成十八年一月二十六日判決[注(11)]はこれを認めたが、控訴審の福岡高裁は、原判決を取り消し、原告の請求を棄却した。上告審の最高裁平成二十一年七月十日判決[注(12)]は、原審の福岡高判を破棄し、原告の請求を認容し、注目を集めた。

(2) 選択権行使と更正の請求――注目裁判例から学ぶ要件の法的限界と紛争予防

ここでは、誤って納税者が選択権行使をした場合において、更正の請求の要件の充足の可否を争点とする裁判例を素材に、同要件の解釈の限界もしくは更正の請求自体の困難性を明らかにしたい。

先に挙げた注目裁判例[注(13)]を具体的に見ていこう。本件は、事業者である原告が仕入税額の計算方式を積上計算方式を用いることを申告書に注記しながら、誤って総額計算方式による申告をしたことを是正するために更正の請求をしたが、その選択誤りが更正の請求の要件を充足するか否かが争点とされた事例である[注(14)]。

魚介類販売等を業とする株式会社で、神奈川県を中心に二六店の小売店舗を有している原告は、法定申告期限内である平成十五年九月三十日、本件課税期間における消費税および地方消費税につき確定申告を行ったが、原告が、本件確定申告において、積上計算方式を選択していたにもかかわらず、総額計算方式によったかのように誤って表示したことにより税負担が過大になった。

本件の争点は、納税者の誤りが国税通則法二三条一項一号が定める更正の請求の要件を充足するか否かにある。原告は、予備的に本件確定申告の錯誤無効を主張しており、その主張が認容されるかも争点とされた。

裁判所は通則法二三条一項一号が定める更正の請求の要件の充足の可否を、以下の三つの視点から判断している。

①積上計算方式と総額計算方式との関係と申告時においていずれを選択する意思を有していたか?

「総額計算方式と積上計算方式の関係について、消費税法の規定上は、総額計算方式が原則的な計算方式で、積上計算方式は特則であるといえるものの、消費税法施行規則二二条一項の『法第四五条第一項第二号に掲げる課税標準額に対する消費税額の計算については、当該端数処理をした後の消費税額等に相当する額を基礎として行うことができる。』との文言からすれば、積上計算要件を満たした事業者が、当該課税期間の消費税額の計算につき、総額計算方式により算出するか、積上計算方式により算出するかは専ら当該納税者の自由な選択にゆだねられていると解される。そうすると、①本件確定申告において、いずれの計算方式が採用されているのかということは、結局のところは、原告が、上記のいずれの計算方式によるものとして、本件確定申告をしたのかという問題に帰着するのであって、上記の規定上の原則・特則という関係から演繹的にいずれの計算方式によるかが決定されるものではないということになる。」（※筆者傍線）

②原告（納税者）の積上計算方式の選択の意思の認定と「計算に誤りがあったこと」の該当性

「②（エ）上記（ア）から（ウ）までの各事情を総合すれば、原告は、本件確定申告において、本件課税期間の消費税額等の算出方法につき、全店舗とも積上計算方式を選択していたと認められる。」（中略）「ウ　以上によれば、本件確定申告は、原告の経営する全店舗の消費税額につき、消費税法施行規則二二条一項所定の③積上計算方式を選択して申告し、本来であれば『端数を処理した後の消費税額等を基礎として』計算すべき（消費税法施行規則二二条一項）であったにもかかわらず、コンピュータが介在することによって、たまたま誤って当該店舗の本体価格と当該取引で受領した消費税等相当額の合計額から総額計算方式で算定された消費税額を逆算するのと同様の計算をしてしまったものであるから、納税申告書に記載した課税標準等又は税額等の『計算に誤りがあったこと』（国税通則法二三条一項一号）に該当するといえる。」（※筆者傍線）

③裁判所の判断の構造

本判決の論理は、はじめに総額計算方式と積上計算方式の両者の消費税法における関係を整理したうえで、その選択は納税者の自由な選択に委ねられるものであるとの考え方を明確にした。さらに、傍線部①のとおり、「結局のところは、原告が、上記のいずれの計算方式によるものとして、本件確定申告をしたのかという問題に帰着する」のであるから、納税者の意思を無視して原則的方式が選択されるべきなどといった被告の主張は認容できないとしている。

納税者の選択権に委ねた以上は、その選択に誤りがあったか否かは納税者がいずれの計算方式を採用しようと選択権を行使したのかに尽きるのであるとして、判断の基準を納税者の意思によることをまず明示している。

そうすると、判断を下すためには納税者の選択の意思の所在を正確に認定することが必要となるが、傍線部②のとおり、「上記（ア）から（ウ）までの各事情を総合すれば、原告は、本件確定申告において、本件課税期間の消費税額等の算出方法につき、全店舗とも積上計算方式を選択していたと認められる。」として、原告の選択の意思が積上計算方式を選択したと認定できるとしている。

すなわち、傍線部③「積上計算方式を選択して申告し、本来であれば『端数を処理した後の消費税額等を基礎として』計算すべき（消費税法施行規則二二条一項）であったにもかかわらず、（中略）たまたま誤って（中略）総額計算方式で算定された消費税額を逆算するのと同様の計算をしてしまったものであるから」、通則法の定める要件である「計算の誤り」に該当するということができる、と判示している。

このように、本判決の判断の論理は、課税要件規定の選択権の行使は納税者の意思決定に委ねられており、選択権の行使に誤りがあると判断するためには、納税者の真実の意思の所在を認定する必要がある。なおかつ、真実の意思と選択権行使の結果が一致しない場合には、そこに「誤り」が介在しているのであるから、更正の請求の要件を充足する、という論理により結論を導き出している。

本件事例をシンプルにすると、たとえば、納税者がA・Bの両計算方式を選択可能であった場合に、納税者の真実の意思は「A方式」の選択にあったにもかかわらず、選択の表示誤りによって、結果的に「B方式」を選択してしまった場合といえよう。

その場合には、納税者の真実の意思とは異なる選択であるBの選択自体に誤りが存在したのであり、その誤りを原告が立証することに成功したのであるといえよう。選択自体の誤りは「計算の誤り」に包摂されるものであるといえる。したがって、更正の請求の要件を充足すると裁判所は判断したものである。

計算の誤りをいかに立証するかが裁判の行方を左右するのであり、選択の意思の立証は困難であることを納税者は肝に銘じるべきである。

注(1)　松沢智『租税法の基本原理』（中央経済社、二〇〇七年）一九二頁以下。

注(2)　金子宏『租税法（第二〇版）』（弘文堂、二〇一五年）八二二頁。

注(3)　最判昭和三十九年十月二十二日『民集』一八巻八号一七六二頁。

注(4)　占部裕典「更正の請求の機能――租税争訟における『更正の請求の排他性』の機能と限界」同『租税債務確定手続』（信山社、一九九八年）第二章。

注(5)　渋谷雅弘「更正の請求をめぐる今日の論点」『租税法研究』三七号九二頁以下（二〇〇九年）参照。

注(6)　最判昭和六十二年二月十日『判時』一二六一号五四頁。

注(7)　最判平成二年六月五日『民集』四四巻四号六一二頁。

注(8)　渋谷雅弘、前掲注(5)、九三頁。

注(9)　東京地判平成十八年十二月八日『判タ』一二四八号一六二頁。

注(10)　福岡高判平成十八年十月二十四日『判夕』一二一七号一四八頁。

注(11)　熊本地判平成十八年一月二十六日『判タ』一二七四号一五三頁。

注(12)　最判平成二十一年七月十日『裁時』一四八七号九頁。

注(13)　前掲注(9)同。

注(14)　なお本件の詳細な判例評釈は、増田英敏「更正の請求の発動要件としての『計算に誤りがあったこと』の意義」『ＴＫＣ税研情報』一六巻五号一頁以下（二〇〇七年）参照。

第十五章　更正処分と納税者の権利救済

一　はじめに

税理士にとって、リーガルマインドの錬成が紛争予防の視点からも有益であるとともに、巡回監査や書面添付の理論的バックボーンになるはずであると筆者は考えた。租税正義を理念として、リーガルマインドを構築することは紛争予防とクライアントの信頼を獲得するうえで不可欠であると確信する。

ところで、租税法律主義は予測可能性と法的安定性を納税者に付与する租税法の基本原理である。したがって、税理士実務の基本に租税法律主義に基づいた法的思考を構築することにより、租税法上の法的紛争を予測することも可能になるはずである。

法的ではない、主観的判断は状況によりブレることは必然といえよう。一方、法的判断は、クライアントにその判断の根拠を明示できるばかりでなく、税務調査時にも調査官を説得する唯一の根拠となり得る。なぜならば、租税行政を担う調査官もまた、租税法律主義の支配の下に置かれているからである。課税をめぐる国と納税者の鋭い利害対立があるがゆえに、納税者は国との紛争に直面するリスクを負っていることは自明である。

本書における「紛争予防」とは、調査官による指摘があったから修正申告に安易に応じることを意味するのではない。修正申告の勧奨に安易に応じれば、結果として依頼者である納税者から損害賠償の請求を求められかねない。租税正義の理念を忘れた安易な妥協は、かえって納税者との紛争を誘発する。

つまり本書における「紛争予防」とは、**確固たるリーガルマインドに立脚した法的判断を常に導出することによる、租税正義を根底にした紛争予防**である。

このことを確認して、租税手続法上の適法性の主たる要件である更正処分の問題を以下、整理していくことにする。

二　申告納税制度と更正処分

税理士の職務は申告納税制度の下で納税者の適法・適正な納税申告を支援し、租税正義の実現を担うことにある。申告納税制度の下においては納税義務の具体的範囲は、納税者の申告により確定する。しかし、国税通則法二四条は次のように定めて、納税者の申告を更正できる権限を租税行政庁に付与している。

すなわち、国税通則法は、「税務署長は、納税申告書の提出があった場合において、その納税申告書に記載された課税標準等又は税額等の計算が国税に関する法律の規定に従っていなかったとき、その他当該課税標準等又は税額等がその調査したところと異なるときは、その調査により、当該申告書に係る課税標準等又は税額等を更正する」(同法二四条) ことができると定めている。

この更正は、税務署長が独自に行う場合と納税者が更正の請求に基づいて行う場合とに分類できるが、さらに税額を増加させる更正を増額更正といい、税額を減少させる更正を減額更正ということができる。

したがって、租税行政庁も、二次的に納税者の課税標準等又は税額等を確定する権限を法により付与されているということができる。

なお、ここで取り上げる更正処分は、租税行政庁による税額を増額させる更正である増額更正をいう。租税行政庁（税務署）は、申告納税制度の下では、納税者の申告が適法にされているかどうかを検証する、チェック機関であると位置づけることができよう。

いくら課税の公平が図れるように立法された租税法であっても、その解釈・適用に誤りがあれば課税の公平は担保されない。納税者の申告に誤りがないかどうかをチェックし、租税法律主義における合法性の原則が堅持されているかどうかを点検する任務が、租税行政庁に委ねられているといってよい。

したがって、適法な申告がなされていないことが調査により確認されれば、更正処分の手続を経て是正する権限を、租税行政庁は有するのである。

三　更正処分の適法要件——適法な調査による証拠収集と処分理由の附記注(1)

(1)　青色申告に対する更正の適法要件の構造

青色申告に対する更正について、法人税法一三〇条一項は、納税義務者の帳簿書類を調査し、その調査によって所得金額または純損失等の金額に誤りがあると認められる場合に限って更正を行うことができると定めている。また、同条二項は、更正を行う場合には、更正通知書に更正の理由を附記しなければならないことを定めている。なお同様の規定は所得税法にも定められている（所得税法一五五条）。

同条は、青色申告に対する更正は、①**調査の要件**注(2)と、②**理由附記の要件**の、この二つの要件の充足を、手続法上の適法要件とすることを法定したものである。更正は租税実体法の適法性がまず問われる。また実体法上の適法性の検証は、帳簿等の調査手続を経ることが不可欠であるが、法は調査手続の充足だけでなく、さらに、更正の理由附記という手続法上の要件をも加重していることに注意を要する。

租税法律主義が実体法上の適法性のみならず、手続法上の適法性を要請しているのであるから当然ではあるが、とりわけ、戦後の民主主義憲法に対応すべく、主権者である納税者の納税方式を賦課課税方式から申告納税方式へとドラスティックに変革したことに、青色申告に対する更正に対して、手続法上の要件を二重に（厳格に）定めた淵源がある。この点を看過して同規定の解釈が行われてはならない。そこで、まず、同規定の立法趣旨を簡単に確認しておこう。

法が青色申告に対する更正の適法要件として、①調査要件と②理由附記の要件、という二つの厳格な要件を課している、その趣旨は以下のとおりである。

税務署長は、複式簿記の原理に基づく合理的な帳簿を備え付け、その帳簿にすべての取引記録を記帳し、かつ帳簿保存義務を履行する納税者に対してのみ、青色申告を承認する。

青色申告は帳簿の記載と保存により申告の適法性が証拠により担保されているのであるから、申告納税制度においては、青色申告による納付税額には「実体的確定力」が付与されているといえる。税務署長の承認により青色申告の法的効力が発生するのであるから、青色申告には法制度上の高い信頼性が付与されている。その信頼の表れとして、青色申告には種々の特典が付与されているのである。

その信頼性のゆえに、青色申告には推計課税は許されず、また、その青色申告を税務署長が更正する場合には、申告の信頼性を疑うに足りる証拠が必要とされるがゆえに帳簿等に対する調査が必要であり、さらに、更正の合理的理由が開示されるべきであるといった、合理的手法によることが求められる――という点に、法人税法第一三〇条が青色申告者に対する更正については二つの要件を定めた立法理由が存在する。

(2) 理由附記の規定の趣旨と機能―学説の確認

租税法の基本書とされる金子宏『租税法（第二〇版）』八三〇頁以下（弘文堂、二〇一五年）は同規定の趣旨を、「更正通知書に理由を附記することが要求されているのは、税務署長の判断の慎重・合理性を担保してその恣意を抑制する（処分適正化機能）とともに、処分の理由を相手方に知らせて不服の申立に便宜を与える（争点明確化機能）ためである」と説明されている。

そのうえで、「附記すべき理由は、例文的・抽象的なものでは足りず、（中略）帳簿書類更正処分の具体的根拠を明らかにするものでなければならない（中略）ここに更正の理由とは、①更正の原因となる事実、②それへの法の適用、および、③結論の三つを含む趣旨であると解されるが、②に関連して生ずる法の解釈の問題や収入・支出の法的評価ないし法的判断の問題については、結論のみを示せば足り、結論に到達した理由ないし根拠を示す必要はないと解すべきであろう。」と述べている。

つまり、附記すべき理由については、抽象的な内容ではなく帳簿書類との関連において具体的に処分の法的根拠を示すべきであるとされているのである。

一方で、右記の「②に関連して生ずる法の解釈の問題や収入・支出の法的評価ないし法的判断の問題については、結論のみを示せば足り、結論に到達した理由ないし根拠を示す必要はないと解すべきであろう。」との見解は、前後の文脈からは論旨が矛盾しないように理解しておくべきである。少なくとも「結論のみを示せば足りる」との文言を強調して解すると、処分適正化機能を担保しえないことになるからである。

右記②の法の解釈の問題とは、たとえば交際費該当性が要件とされる要件規定について、該当規定の解釈により、要件を、二要件（①支出の目的、②支出の相手方の要件）に解すべきか、三要件（①支出の目的、②支出の相手方、そして、③行為の形態の要件）に解すべきかについて、いくつかの解釈が導出できる場合には、二要件もしくは三要件といった処分に適用した要件を、「結論のみ示せばよい」と述べられているのである。

たとえば、三要件説を適用して処分した場合には、なぜ三要件を採用したのかという理由までも処分理由に附記することまでは求めておらず、三要件を採用して処分したと結論を示すことで理由附記の要件を充足すると理解すべきである。

同じく金子宏東京大学名誉教授の別稿の記述を紹介しよう。同教授の論旨を明確に示しているので確認しておきたい。

まず、租税法律主義の手続保障の原則の支配の下にある租税法の分野では、租税の賦課、徴収過程に恣意性が介入してはならないが、「人間のすることである以上、法の解釈についても事実認定についても、誤りは往々にしておこりうるし、処分の過程に恣意性が入り込むこともあり得ないではない。」から、更正処分の適法性を担保する仕組みが必要である。

その「更正処分の適法性を担保するために最も効果的な対策の一つは、処分理由の附記である。処分に理由を附記しなければならず、その処分理由には適法性の根拠となる事実認定と法の解釈・適用に関して具体的に記載しなければならないことにすれば、必然的に処分の適法性は担保されることになる」注(3)と述べられている。

金子宏名誉教授は、更正処分という法的処分には、処分の適法性を担保するために、事実認定と、処分の根拠となる法の解釈・適用という法的判断の過程までを「理由附記」の内容として具体的に示すべきであるとの立場に立脚するものと理解することができる。

四　納税者の権利救済と理由附記——判例法理の確認

本件は、財団法人である原告の行う事業のうち、市からの委託業務である公益事業部門については非収益事業に該当するとして、非課税扱いされてきたが、税務調査により剰余金が生じていることにより、課税扱いと変更され、課税処分がなされたが、主たる争点は、①本件各事業が法人税法二条一三号に規定する収益事業に該当するか、②本件各更正処分に係る更正の理由附記は法人税法一三〇条の要件を満たした適法なものであるか否か、の二点であった。

原審の大阪地裁平成二十四年二月二日判決注(4)は、「大量反復的に行われる課税処分において、その法適用関係や適用要件の解釈を逐一明らかにしなければならないものとすれば、更正処分庁の負担は多大なものとなりかねない。」（※筆者傍線）から、「帳簿の記載自体は否認せず、納税者の法的評価の誤りを理由として更正をする場合においては、前記のとおり更正の根拠を具体的に明示している限り、それを超えて更正処分庁がその判断過程を具体的に示さなかったとしても、それをもって直ちに違法となると解することはできない。」と判示して、原告の請求を棄却した。

この裁判所の棄却理由の根拠は、「大量反復的に行われる課税処分における行政負担」を考慮するという、いわゆる後述する租税行政特質論を根拠とする課税庁の主張を認容したものである。

一方、控訴審の大阪高裁平成二十五年一月十八日判決注(5)は、原審の判断を破棄して、青色申告に係る法人税について更正をする場合の理由附記の程度について、以下のように、これまでの判例法理の到達点を確認しながら、規定の立法趣旨および青色申告制度の機能を十分斟酌して、手続上の違法性がある以上、課税処分は取り消されるべきであるとの判断を示した。

法人税法一三〇条二項における青色申告に対する更正の理由附記の趣旨を確認のうえ、理由附記の程度をめぐる三つの論点について、次のように判示している。

(1)　帳簿書類を否認して更正する場合――帳簿記載以上に信憑力のある資料の摘示が必要（帳簿の証拠力）

「どの程度の記載をすべきかは、処分の性質と理由付記を命じた各法律の規定の趣旨・目的に照らして決定すべきである（最高裁昭和三十八年五月三十一日判決・民集一七巻四号六一七頁）ところ、帳簿書類の記載を否認して更正をする場合においては、法人税法が青色申告制度を採用し、青色申告に係る所得の計算については、それが法定の帳簿組織による正当な記載に基づくものである以上、その帳簿の記載を無視して更正されることがないことを納税者に保障した趣旨に鑑み、単に更正に係る勘定科目とその金額を示すだけではなく、そのような更正をした根拠を帳簿記載以上に信憑力のある資料を摘示することによって具体的に明示することを要するものというべきである。」

(2) 帳簿書類の記載自体を否認することなしに更正する場合――更正処分庁が当該評価判断に至った過程を検証しうる程度に記載する必要

「他方、帳簿書類の記載自体を否認することなしに更正をする場合においては、その更正は納税者による帳簿の記載を覆すものではないから、そのような更正をした根拠について帳簿記載以上に信憑力のある資料を摘示することは要しないが、更正の根拠を、上記の更正処分庁の恣意抑制及び不服申立ての便宜という理由付記制度の制度目的を充足する程度に具体的に明示するものであることを要すると解され、更正処分庁が当該評価判断に至った過程を検証しうる程度に記載する必要があるというべきである（以上につき、最高裁昭和六十年判決）。」

(3) 更正の理由を納税者が推知できる場合――理由を納税義務者が推知できるか否かは、理由附記の程度に影響しないし、緩和されない

「また、更正の理由付記は、単に納税者に更正の理由を示すに止まらず、更正の妥当公正を担保する趣旨をも含むものであるから、更正の理由を納税者が推知できる場合であっても、その理由を納税義務者が推知できると否とにかかわりがなく、付記すべき理由の程度が緩和されるものではないというべきである（最高裁昭和三十八年十二月二十七日判決・民集一七巻一二号一八七一頁参照）。」

(4) 結論として「理由附記の不備は課税処分の取消事由に該当する」と判示

右のとおり、判例の現時点における到達点を三つの段階に分けて整理し、理由附記の適法性の要件を明示した。そのうえで、当該要件を本件更正通知書に附記された内容にあてはめて、本件各附記理由には不備があるとした。

そして、「本件各付記理由は、法人税法一三〇条二項の求める理由付記として不備があり、違法であるといわざるを得ず、その余の争点につき判断するまでもなく、本件各更正処分及びこれを前提とする本件賦課決定処分はいずれも取消しを免れない。」と結論づけた。

本件の高裁の判旨は、手続上の違法性は課税処分自体の違法事由となるとすることを確認した点に重要な意義があるといえる。

五　まとめ

申告納税制度における納税者の納税義務の範囲の確定は、納税者自らの申告による。しかし、租税行政庁の調査により適法でないことが立証されれば、更正処分により、申告は否定される。租税行政庁は、納税者の納税義務の第二次確定権限を有するのである。

更正処分に納得できない納税者は、自己の申告納税権の否定を意味する更正処分について、権利救済の制度、すなわち、不服申立および処分取消しを求める提訴権を有する。この権利救済手続についても、これまで、租税行政庁が他の行政とは別格であり、特別であるといった、いわゆる**租税行政特質論**を主張し、裁判所がその主張を受け入れる傾向が見られた。

その特質論とは、租税行政は、①早期かつ安定的に税収を確保する責務がある、②租税行政は、税法の執行の過程において、納税者間の公平を図る責務がある、③課税の公平を実現するために、取引の実質や経済実態に即した課税を行うべきである、といった特質論が主張されてきた[注(6)]。

学説は、この特質論に批判的であったが、近時は、ここに紹介した大阪高裁判決にみられるように、判例も特質論に疑問を呈していることは注目に値する。

手続的正義を重視する判例の傾向は顕著であり、歓迎すべきであることを指摘して結びとする。

注(1) 本章の記述は、増田英敏「租税法律主義と手続保障――課税処分の適法性の要件としての理由附記の問題を中心に」『税経通信』二〇一五年一月号一九五頁以下に多くを負っている。同論文をあわせて参照されたい。

注(2) 税務調査の適法要件の詳細は、本書二一〇頁「第十三章　紛争予防と租税手続法」を参照されたい。

注(3) 金子宏「ルール・オブ・ローと租税法」同『租税法理論の形成と解明』(有斐閣、二〇一〇年)一二三頁。

注(4) 大阪地判平成二十四年二月二日『税資』二六二号－順号一一八七〇。

注(5) 大阪高判平成二十五年一月十八日『判時』二二〇三号二五頁。

注(6) 田中治「租税行政の特質論と租税救済」芝池義一・田中治・岡村忠生編『租税行政と権利保護』(ミネルヴァ書房、一九九五年)二九頁以下。

第十六章　税理士の注意義務と損害賠償責任

一　はじめに

本書の最終章では、税理士の損害賠償責任について、最近の裁判例を素材に整理しておきたい。まず、税理士がその職務に反する行為をした場合には、財務大臣が懲戒処分をすることができる。懲戒処分については、税理士法四四条が、①戒告、②一年以内の業務停止、③税理士業務の禁止、の三種の処分を規定している。懲戒処分の内容は厳格なものといえよう。

税理士が、故意に、真正の事実に反して税務代理もしくは税務書類の作成をしたとき、または、第三六条が定める「脱税相談等の禁止」の規定に違反する行為をしたときは、「一年以内の税理士業務の停止又は税理士業務の禁止の処分をすることができる」、と税理士法四五条が税理士に対する懲戒処分の要件を明確に定めている注⑴。

懲戒処分は、財務大臣が処分の要件に該当する行為を税理士が行った場合に、該当税理士に対してなされるものである。

一方、税理士が問われる損害賠償責任は、基本的には委任契約関係にある依頼者が税理士の善管注意義務違反を根拠に問う民事上の賠償責任である。

ここでは、税理士の法律上の専門家責任問題（損害賠償責任）について裁判例を素材に整理検討することにより、本書のまとめとしたい。

素材とする事例は、相続税申告を受任した税理士が被告として依頼者から損害賠償責任を問われた事件注(2)である。簡単に事件の概要を整理する。

二　税理士の損害賠償責任の範囲——素材となる事案

(1)　素材とする事案の概要

本件は、訴外Aの相続人である原告（以下、「X」という）らが、税理士である被告（以下、「Y」という）において、訴外Aの課税対象となる相続財産を調査すべき義務を怠り、あるいは同人に過大な相続税を納税する危険を説明すべき義務を怠った結果、同人が相続していない○○番の土地（以下、「本件土地」という）についても相続税を納付して損害を被った旨を主張して、Yに対し、不法行為に基づき、訴外Aの妻であるX1につき損害金一二三三万余円およびこれに対する上記納付日の翌日である平成十年九月二十三日から支払済みまで民法所定の年五分の割合による遅延損害金、訴外Aの子らである原告乙、同丙、同丁および同戊につき各自損害金三〇八万余円およびこれに対する前同様の平成十年九月二十三日から支払済みまで民法所定の年五分の割合による各遅延損害金の支払をそれぞれ求めた事案である。

(2)　争点と当事者の主張、そして判旨

本件の主たる争点は、①Yに善管注意義務違反が認められるか否か、②相当因果関係の存否、③本件損害額の妥

当性の有無の存否の三点にある。

争点①について、原告X等の主張は、「税理士Yは、税務に関する専門家であるから、依頼された税務の処理に当たり高度の注意義務を負っているのであって、相続税の計算をする際、相続財産の範囲を調査確認し、依頼者である相続人が過大な相続税を支払うことのないよう注意する義務があるというべきである。そして、この注意義務は、相続税の納税者が過少に申告して後から加算税を課される場合であっても、過大に申告して本来納付する必要のない相続税を納付した場合であっても、その納税者において損害を受ける点では同じであるから、過少申告がないよう注意すべき義務と程度に差はないと解される。」としたうえで、本件土地の所有権が移転していたか否か等について、その法的原因となる客観的証拠を調査し、認定すべきであるが、それを怠ったのであるから過失を免れないと主張している。

また、「Yは、税務の専門家として、自己が担当した税務申告において過剰な申告となる可能性がある場合には、その旨を申告者に明確に説明しなければならず、被相続人以外の名義の高額な財産を相続財産として申告することになる場合は、その申告者に対し、書面による承諾を求める義務があるというべきである。しかるに、Yは、本件土地を相続財産に含めると訴外Aにおいて二四〇〇万円余りの相続税を追加して負担することになるのに、訴外Aに対し、書面による承諾を求めておらず、この点に過失が認められる。」と主張している。

これに対して、被告の税理士Yは「税理士は、真正な事実（税理士法四五条一項）に基づき、相当な注意をもって税務代理、税務書類作成等の業務を行うべきものであるが、ここでいう真正な事実とは、実体的な真実を意味する。したがって、他人の所有名義の不動産であっても、実体的に相続財産に含まれると判断されるときは、税務書類等において相続財産として扱うことになる。」としたうえで、「Yは、本件申告書を作成する前に、本件土地の登記簿謄本および固定資産評価証明書を確認し、訴外Dの名義になっていることを確認した。そこで、Yは、訴外Aを含む訴外Cの相続人らに本件土地の所有関係につき尋ねたところ、上記相続人全員から、訴外Cの生前は同人が本件土地を所有しており、その遺産に含まれる旨の回答を得た。特に、訴外Aは、Yに対し、本件土地は〇〇家の本家の土地であるから、長男である自己が相続すべきものであると主張した。」などの事実関係を明らかにした。

そのうえで、「Yは、以上の調査を経て、本件土地を訴外Cの遺産に属するものと認めることが真正な事実に合致すると判断した。そこで、Yは、その旨を含む財産目録を作成し、訴外Cの相続人全員の確認をとった上、各自の署名・押印を得た。したがって、Yに注意義務違反は認められない。」と反論した。

また、②相当因果関係の存否について、原告Xは、Yが説明義務を果たしていれば、訴外Aは、真正な登記手続を経て本件土地の取得が確実になるまでは、これを相続財産に含まないよう主張したはずであるから、Yの説明義務違反と③の損害額との間には相当因果関係が認められる、と主張している。一方、Yは、「訴外Aは、訴外Cの遺産相続に関して、自らが本件土地を相続することを強く主張し、本件土地が訴外Dの名義のまま残っており、訴外Dの相続人らの承諾を得るなどしない限り、自己名義に所有権移転登記ができないことも知っていた。したがって、Yの説明義務違反と訴外Aの相続税納付との間には相当因果関係が認められない。」と主張している。

この争点について裁判所は、「税理士であるYは、税務の専門家として、税務に関する法令、実務の専門知識を駆使して、納税義務者の信頼に応えるべき立場にあるから、納税義務者のため税務代理、税務書類作成等の業務を行うに当たっては、課税対象となる財産の範囲を調査し、これを納税義務者に説明すべき義務を負うものというべきである。」としたうえで、Yおよび関係当事者の供述の信用性や、遺産分割協議書の内容や土地の利用状況などを検証しているのであるから調査義務違反があるとはいえないと判断している。

さらに、裁判所は「本件確認書に署名押印し、更に本件申告書にも押印していることからすれば、Yが、訴外Aに対し、本件土地を同人の相続財産に含めることで、納付する相続税額が増加する旨を説明したとのY本人の供述（Y本人調書九頁）は採用することができる。そして、Yは、これまで認定説示したとおりの調査を行い、本件土地が訴外Dの所有名義になっていることも認識していたのであるから、被告が、訴外Aに対し、本件土地の相続登記のために、訴外Dの相続人らの遺産分割協議書が必要である旨を伝えたとのY本人の供述（Y本人調書七頁）も採用することができる。

そうすると、Yが訴外Aに対する説明義務に違反したということはできない。なお、相続財産となる土地が増えれば納付する相続税が増加することは一般人にも容易に認識できることであるし、訴外Aは本件確認書等で本件土地の相続税評価額を確認していたものと認められるから、Yに訴外Aから書面による承諾を得る義務があったということはできず、この点に関する原告らの主張は採用することができない。

以上のとおり、Yに注意義務違反すなわち過失を認めることはできないから、争点②・③につき検討するまでもなく、Yの訴外Aに対する不法行為は成立しない。」と判示している。

本件を素材に、税理士の損害賠償責任について検証していく。

三　判旨の論理構造――損害賠償請求訴訟の要件事実論的分析

原告である依頼者と被告税理士は、相続税の申告に関して民法六四三条に基づく委任契約を締結していた。委任契約により**受任者である当該税理士は、委任の本旨に従い委任事務処理義務について委任者である依頼者に対して、善管注意義務をもって委任事務を処理すべきことを民法六四四条により要求される。**したがって、税理士がこの注意を怠って委任者である依頼者に損害を与えた場合は、債務不履行として損害賠償義務を負うことになる。

要件事実論の観点から本件訴訟の構造を整理し、裁判所の判断について検討を行うことにする。

まず、**一般的には、税理士の委任契約をめぐる損害賠償請求訴訟の訴訟物は、第一は税理士の委任事務処理義務の不完全履行に基づく損害賠償請求権、第二は委任事務処理義務の履行遅滞に基づく損害賠償請求権、第三は委任事務処理義務の履行不能による損害賠償請求権、の三種となる**注(3)。

本件の訴訟物類型は、申告書の提出の履行遅滞でも、履行不能にも該当しない、第一の不完全履行に該当する。そうすると、不完全履行に基づく損害賠償請求権の訴訟物に対する請求原因と抗弁は次のようになる。

第一の訴訟物に対する原告の請求原因は、①原告Xが被告Yに一定の法律行為をすることを委託し、Yがこれを承諾する委任契約を締結したこと、②不完全履行の具体的事実（たとえばYが善管注意義務に違反したこと）、③損害の発生およびその数値・損害額、④右記②と③の間の因果関係、の四点がセットとなり請求原因を構成する。Yの抗弁としては、「請求原因②の不完全履行はYの責めに帰すことのできない事由に基づくこと」が主張になる。

本件を要件事実論的に分析すると、訴訟物は相続税の申告をめぐる不完全履行による損害賠償請求権であり、原告Xの請求原因は、次のとおりとなる。

①原告（依頼者）と税理士である被告とは相続税の申告という委任事務処理に関して委任契約を締結した。

②被告（税理士）は課税対象となる相続財産の調査義務および過大な相続税納税の危険についての説明義務の懈

怠の事実により善管注意義務違反の事実の存在。
③過大な相続税を納付したという損害を受けた事実。
④右記②と③の因果関係の存在。

なお、本件では、原告Xは被告Yの善管注意義務違反が過失にも相当するとして不法行為責任をも有しているとして、本件の争点は、②の請求原因である善管注意義務違反の事実の存否と、④の善管注意義務違反と過大な相続税納付、という**「損害発生との相当因果関係の存否」**にある。

裁判所は、税理士の専門家としての善管注意義務の程度を、「税理士であるYは、税務の専門家として、税務に関する法令、実務の専門知識を駆使して、納税義務者の信頼に応えるべき立場にあるから、納税義務者のため税務代理、税務書類作成等の業務を行うに当たっては、課税対象となる財産の範囲を調査し、これを納税義務者に説明すべき義務を負うものというべきである。」として、課税対象となる財産の範囲を調査するとともに依頼者に説明義務を負うものであるが、「税理士は、税務の専門家であって、法律の専門家ではないから、ある財産を遺産に含めて相続税の課税対象として処理する場合に、所有権の移転原因を厳密に調査する義務があるとまではいえず」として、所有権移転の原因までも厳密に調査する義務は負わないとして、その限界を明示している。

所有権移転原因までも厳密に調査する義務を税理士は負わないとする証左として、「税務署が納税行為の適正を判断する際に先代名義の不動産の有無を考慮している現状」を挙げている。すなわち、税理士にだけ調査負担義務を税務署も課していない、という点を強調したものと読み取れる。

被告Yが、相続財産の範囲について調査した事実として、Yは、(1)「各自の署名押印のある相続財産等の確認書の提出を受けた事実」の存在すること、⑵「本件相続税申告に当たり、本件土地の登記簿謄本及び固定資産評価証明書を調査したものと認められる」こと、⑶「本件土地の利用状況を調査したものと認められる」こと、⑷「調査経過に加え、前提事実のとおり、本件申告書が本件協議書の作成後に××税務署に提出されていることにも照らせば、Yは、本件申告書の作成前に、本件協議書の内容を確認したものと認められる。」ことを確認して、調査義務違反には該当しないと判断した。

さらに、説明義務違反についても、裁判所は、訴外Aが四三〇〇万円という高額な納税資金を銀行から借り入れたこと、確認書に署名押印していること、申告書に押印していること、遺産分割協議書が登記に必要であることを伝えた事実、という間接事実を総合すると、説明義務に違反したとは判断できないとした。

本判決は、⑴ないし⑷の認定事実から、Yが相続税申告過程において相続財産の範囲を調査した事実を認定し、申告過程における事実より説明義務の履行についても推認した。

本判決は、前述の請求原因の②の善管注意義務違反の事実を否定するYの抗弁を認容し、善管注意義務違反がないのであるから過失も存在しないとして、不法行為責任をも否定している。

本判決では税理士の善管注意義務の範囲は、税理士が税務の専門家であるから、相続税申告にあたり相続財産を特定するために必要な調査を行った事実の存否に限定されるものであり、租税法ではなく民法上の所有権の移転原因をもその調査義務の範囲に含めるべきではないと判示している。

四　判例の動向と素材事案の判例上の位置づけ

本件と同様に税理士の善管注意義務違反を根拠とした損害賠償請求訴訟事例は多数に上る。近年の相続税申告をめぐる訴訟事例で、相続財産の申告漏れと土地の過少評価による修正申告によって過少申告加算税および延滞税が課された損害は、税理士の善管注意義務違反であるとして税理士が提訴された事件が挙げられる。

東京地裁平成二十一年九月二十五日判決注(4)は、「税理士は、独立した公正な立場において、申告納税制度の理念にそって、納税義務者の信頼にこたえ、租税に関する法令に規定された納税義務の適正な実現を図ることを使命とする税務に関する専門家（税理士法一条参照）であるから、受任者である被告は、委任者である原告らから依頼された委任事務を、税務に関する専門家としての高度の注意をもって処理すべき義務を負うというべきである。（中略）この事実からすれば、被告は、本件鑑定書において本件原木土地に産業廃棄物が埋められているという事実が減価要素として既に考慮されているにもかかわらず、再度、これを減価要素として考慮して本件原木土地を〇円と評価しており、同一の減価要素を二重に考慮して相続財産を評価したものであって、これが相続財産の評価を誤ったものであることは明らかであるから、被告が本件問題点①を含んだまま本件当初申告をした行為は、税務の専門家として適正に相続財産を評価すべき注意義務に違反する行為であるといわざるを得ない。」として、減価要素を二重控除したという事実誤認が税理士の善管注意義務違反に相当することを判示した。

さらに、税理士費用や不動産鑑定費用を債務控除として計上したことは、「相続税法一三条一項によれば、原告らにおいて相続税の申告に当たり相続財産の価額から控除できる債務は、『被相続人の債務で相続開始の際現に存するもの（公租公課を含む。）』（同条項一号）及び『被相続人に係る葬式費用』（同二号）に限定されているのであるから、被告が相続税申告に係る費用を債務として計上したことは、法令解釈を誤ったものというべきである。そうすると、被告が、本件問題点③を含んだまま本件当初申告をした行為は、税務の専門家として法令解釈を適正に行って相続財産を評価すべき注意義務に違反する行為であるといわざるを得ない。」と判示した。法令解釈の誤りは税務の専門家として税理士に要求された善管注意義務を履行していない、として被告税理士の事実誤認および法令解釈の誤りは善管注意義務違反に該当するとして原告の請求を認容した事例である。

本件は、税理士と依頼者との委任契約の内容の債務不履行を根拠とした損害賠償請求訴訟事例のうち、債務の不完全履行が税理士の善管注意義務違反に起因するものとして争われた事例と位置づけることができる注(5)。

税理士の専門家責任が争点とされた裁判例は多数に上る。ここで詳細に紹介する余裕はないが、税理士の善管注意義務の具体的内容と範囲が争点とされた裁判事例を、所得税関係等、税目ごとに整理され網羅的に取り上げている文献、たとえば、大江晋也・岩下忠吾編『事例から見た税理士の注意義務』（ぎょうせい、一九九七年）を参照されたい。

五　税理士の専門家責任——債務不履行責任と不法行為責任の関係と競合

税理士と依頼者との関係は、税理士の業務に関連して、申告書類の作成等の委任契約や、税務相談等の準委任契約等に分類される。本件における両者の関係は、相続税の申告書類を適正に作成するという前者の委任契約に基づくものといえる。

依頼者と税理士の契約関係が委任契約であろうと準委任契約であろうと、業務委嘱を受けた税理士と税務委嘱を依頼した依頼者との関係は契約関係であるから、その民事責任は契約が履行されない場合の債務不履行として税理士の民事責任が問われることになる。

この税理士と依頼者との間に生じた民事責任は、契約により委嘱された事務処理が税理士の懈怠によって生じる**「債務不履行」**による民事責任と、懈怠ではなく故意・過失によって納税者の権利利益を侵害する**「不法行為」**に基づく責任があるとされている注(6)。

債務不履行責任が、税理士の委任契約に基づく責任であるということができるのに対して、不法行為責任とは、一般の過失責任に基づくものであり、税理士の業務において、そもそも、どの範囲で両者の責任が成立するのかを本件の検討に際して明確にしておく必要がある。

依頼者が税理士の専門家責任を追及する場合の損害賠償を請求する根拠として、債務不履行責任と不法行為責任が求められる。

税理士が税務の専門家であるところから、専門家としての職務の専門性により、高度の注意義務を負っており、それだけに厳格で重い責任が課されるものとされている。さらには、高度の注意義務とならんで、依頼者との信頼関係が重要であり、依頼者の信頼を裏切る忠実義務違反からも専門家責任が問われている。

一般的には、税理士の他、医師、弁護士等の専門家と依頼者との間には、専門家が依頼者に対して専門的サービスを提供する合意としての契約関係が存在している。専門家責任とは、したがって、これまで論じられてきたように、依頼者から専門家に対する契約責任の追及ということが問題とされるのである。

しかしながら、依頼者と専門家との間に契約関係が存在するといっても、契約責任ではなくて、不法行為責任を追及することがかなり試みられてきたということである。とりわけ、医師の専門家責任を追及する場合には、不法行為責任を根拠とされることが多いとされてきている注(7)。

そこで、ここでは不法行為責任と債務不履行責任の異同を明らかにしておこう。両者は、「不法行為責任と債務不履行責任（契約責任）はいずれも、被害者（契約責任の場合は債権者）に生じた損害を、その原因者（加害者・債務者）に一定の要件の下で負担させるという点で共通した機能を果たしている注(8)」という機能の点で同様である。

しかし、「契約責任は、本来的には契約から生じた給付利益の実現に向けた義務（給付義務）違反が帰責の根拠であり、原則として、契約によって債務者が約した給付利益が実現されなかったことが賠償されるべき損害となる。これに対し、不法行為においては当事者間に契約に基づく特定の義務があらかじめ存在するわけではなく、他人の財産的、人格的利益（いわゆる完全性利益）を害しないようにすべきという一般的な義務違反に基づいて損害賠償義務が発生する。したがって、そこで賠償されるものは侵害された財産的・人格的利益である」注(9)という点で賠償される対象が契約の目的物か、一般的な財産的・人格的利益かという点で相違がある。

現在までのところ、裁判例にあらわれた税理士の不法行為責任の事例では、税理士の第三者に対する責任の事案のみであるが、そもそも税理士の不法行為責任を考える場合には、不法行為責任と契約責任との請求権競合の議論に立ち返って論ずることも有益であるとされる注(10)。

税理士の専門家責任として、一つの違法の行為について、税理士の債務の不履行の責任を負うほか、民法七〇九条の定める要件を充足する事実があるときは、不法行為責任を負う。これはまさに不法行為責任の債務不履行責任の競合という問題である。この一つの違法行為について債務不履行の責任と不法行為責任とを併せて適用可能かという問題である。

この両者の適用可能性の問題については、これまで、それが、①債務不履行による損害賠償請求権と不法行為による損害賠償請求権との競合（請求権競合）であり、両者を訴訟で主張しうるとする見解（請求権競合説）と、②債務不履行法条（民法四一五条）と不法行為法条（民法七〇九条）との二つの法律条文が競合している（法条競合）にすぎないものであって、請求権の競合はなく、両法条は前者が一般法規、後者が特例法規の関係であって、それらが競合するようなときは、債務不履行の法条（前者）が適用されるのであるとする見解（法条競合説）が主として対立しているが、学説・判決における通説は、請求権競合説のようである[注11]、とされる。**すなわち、一つの違法の行為につき、債務不履行の要件を充足していて債務不履行による損害賠償を請求することも可能であり、不法行為の要件を充足していて不法行為による損害賠償を請求することも可能である場合を請求権競合の場合というが、この両者の請求が可能であるとする説が請求権競合説であり、学説・判例ともこの立場を通説としている。**

税理士の債務不履行の責任と不法行為責任が一つの違法の行為について適用可能の関係にある場合には、訴訟においては、法条競合説によれば、債務不履行による損害賠償請求権を主張することになるが、請求権競合説によれば、債務不履行による損害賠償請求権も、不法行為による損害賠償請求権も、どちらも主張をすることができることになる。

両者が競合する場合も、過失の立証責任の問題や損害賠償請求権の消滅時効については、債務不履行の場合は十年（民法一六七条一項）であり、不法行為の場合は三年（民法七二四条）である。

税理士に対する損害賠償請求権では、過失の立証責任は債務不履行の場合は債務者である税理士に、そして不法行為の場合には被害者である依頼者もしくは第三者にあるという相違が生じる[注12]。

本件では、原告は、善管注意義務違反は過失であるから、委任契約に基づく債務不履行責任とともに過失に基づく不法行為責任をも合わせて損害賠償請求権の根拠としているようであるが、善管注意義務違反が認められないのであるから過失も存在しない、として原告の請求を棄却している。

六 善管注意義務の水準論

専門家責任の事例では、専門家が依頼者に対して専門的サービスを提供する合意としての契約関係が存在している場合が通常である。依頼者に対する専門家の義務が、契約上の義務である場合であるとされる。これには、専門家としての委嘱契約上の義務がある場合の他、委任契約上の善管注意義務または請負契約上に付随する信義則上の注意義務、さらには委任契約に伴う説明・助言義務であったりする。説明・助言義務は、善管注意義務の一内容であるとされたり、あるいは、黙示の合意から成立するとされたりしている。税理士の職務については、税理士法二条において、税務代理（同一項）、税務書類の作成（同二項）、税務相談（同三項）その他が規定されており、委任契約の内容について、一定のものが明らかにされている注(13)。

いずれにせよ、税理士の善管注意義務の水準は税理士が専門家であるところから、相当に高いことが通常認められる。

この税理士の負う善管注意義務について、松沢智教授は、「『善良なる管理者の注意義務』である。これは、前述したように、当該事務についての周到な専門家を標準とする高い程度が要求され、職業専門家としての知識経験に基づき、周到な注意力をもってすれば、通常は当該結果の発生が予見し得るにもかかわらず、右の注意力を欠き、予見し得なかったものをいうものと解される。そこに、プロフェッショナルとしての重い責任が要求されよう。」注(14)

と述べておられる。

そこで、税理士という専門家に求められる高度な善管注意義務の内容については次の整理が有益であり、参考となる。

すなわち、「税理士の責任については、善管注意義務または高度注意義務に対する違反があるかどうかを検討することで処理が可能である。税理士の業務が、税理士と依頼者との間の委任契約に基づくものであるとすると、そこにおいて生じる税理士の義務は、基本的には契約上の義務ということができる。**しかし、当事者間において、専門的な知識や能力に格段の違いがある以上、依頼者からの明示的な依頼、指図がない場合でも、一般に、税理士はその専門的な知識をもって、依頼者の利益の実現に努める義務がある。このように、税理士の業務が高度の専門性を必要とするという意味を明示するためには、高度注意義務という表現を用いた方があるいは適切なのかもしれない。しかし、そこにいう高度の注意義務とは、法令や実務に通じた標準的な専門家に要求される注意義務という意味で、素人のそれよりも『高度』であるという意味であって、それ以上でも、それ以下でもない。**」注(15)から、伝統的な民事責任論における善管注意義務と同様に考えてよいということであろう。

税理士や専門家について求められる注意義務の具体的な内容は、当該専門職の種類、その業務に対する一般的な期待水準や当該依頼契約の内容とその締結に至る経緯、依頼者の社会的な地位や知識の程度等を総合的に勘案して決定すべきことになろう注(16)。

税理士の専門家責任が争点とされた事例は多数に上る。税理士の善管注意義務の範囲と内容については、税理士が租税法の法律専門家であることは疑念の余地はないが、租税法が私法上の法律関係を前提としているところから、租税法以外の私法上の法律関係についても高度な専門家責任を問われるのか否かについては検討を要する。弁護士と同様の法律関係について専門家責任が求められるとしたら、税理士試験制度やその後の研修制度も踏まえると税理士には苛酷なものとなろう。

本判決では「税理士は、税務の専門家であって、法律の専門家ではないから、ある財産を遺産に含めて相続税の課税対象として処理する場合に、所有権の移転原因を厳密に調査する義務があるとまではいえず」と判示しているが、この判示は税務署も不動産の所有関係については複雑であるところから直接納税者自身に照会をかけている点を考慮すると、税理士に所有権の移転の法的原因についての詳細を調査する義務はない、と判断しているようであるが、検討の余地の残るところである。

本判決は、税理士の善管注意義務の内容を委任契約の内容に基づいて、相続財産の範囲に関する必要な調査義務を履行したものと、認定事実に基づいて判断しており、さらには説明義務を履行したとの判断は、当事者の供述や客観的証拠からも妥当なものと評価できる。

七　まとめ

租税法律主義の下における税理士の専門家責任は、明確に規定された租税法を税理士が適正に解釈し、主要事実は何か、そして、主要事実が明らかでない場合には間接事実の丹念な蓄積により認定された事実（認定事実）に、租税法をあてはめていくという、リーガルマインドを忠実に実務に反映していくことにより果たされるものといえ

よう。

一方で、税理士の専門家責任は、個別の契約内容、契約締結の状況、法令の規定の明確さ、納税者への説明の程度等の、種々の要素を総合的に考慮して、個別に確定されるべきものであろう。これらの要素のうちでも、とりわけ、税理士と依頼者との委任契約の内容が税理士の責任の範囲と程度を決める基本的要素である、というべきである注(17)・注(18)。

注(1)　国税庁ホームページにおいて税理士に対する懲戒処分等の考え方について、「税理士・税理士法人に対する懲戒処分等の考え方（平成二十七年四月一日以後にした不正行為に係る懲戒処分等に適用）」と題して、以下のとおり財務省告示として公表されている。

財務省告示第一〇四号

税理士法（昭和二十六年法律第二三七号）第四五条及び第四六条の規定に基づく税理士に対する懲戒処分並びに第四八条の二〇の規定に基づく税理士法人に対する処分に当たっての考え方を次のとおり公表する。

平成二十年三月三十一日

財務大臣　額賀　福志郎

改正

平成二十七年一月三十日財務省告示第三五号

Ⅰ　総則

第1　量定の判断要素及び範囲

税理士法（昭和二十六年法律第二三七号。以下「法」という。）に規定する税理士に対する懲戒処分及び税理士法人に対する処分（以下「懲戒処分等」という。）の量定の判断に当たっては、Ⅱに定める不正行為の類型ごとの量定の考え方を基本としつつ、以下の点を総合的に勘案し、決定するものとする。

① 不正行為の性質、態様、効果等
② 税理士の不正行為の前後の態度
③ 懲戒処分等の前歴
④ 選択する懲戒処分等が他の税理士及び社会に与える影響
⑤ その他個別事情

なお、Ⅱに定める量定の考え方によることが適切でないと認められる場合には、法に規定する懲戒処分等の範囲を限度として、量定を決定することができるものとする。

第2 税理士の使用人等が不正行為を行った場合の使用者である税理士等に対する懲戒処分

1 税理士又は税理士法人の使用人その他の従業者（自ら委嘱を受けて税理士業務に従事する場合の所属税理士を除く。以下「使用人等」という。）が不正行為を行った場合における、使用者である税理士又は使用者である税理士法人の社員税理士（以下「使用者税理士等」という。）に対する懲戒処分は、次に掲げるところによるものとする。

(1) 使用人等の不正行為を使用者税理士等が認識していたときは、当該使用者税理士等がその不正行為を行ったものとして懲戒処分をする。

(2) 使用人等の不正行為を使用者税理士等が認識していなかったときは、内部規律や内部管理体制に不備があること等の事由により、認識できなかったことについて当該使用者税理士等に相当の責任があると認められる場合には、当該使用者税理士等が過失によりその不正行為を行ったものとして懲戒処分をする。

なお、上記に該当しないときでも、使用人等が不正行為を行ったことについて使用者税理士等の監督が適切でなかったと認められる場合には、当該使用者税理士等が法第四一条の二（使用人等に対する監督義務）の規定に違反したものとして懲戒処分をする。

2 税理士法人の社員税理士が不正行為を行った場合における、税理士法人の他の社員税理士に対する懲戒処分は、次に掲げるところによるものとする。

(1) 社員税理士の不正行為を他の社員税理士が認識していたときは、当該他の社員税理士もその不正行為を行ったものとして懲戒処分をする。

(2) 社員税理士の不正行為を他の社員税理士が認識していなかったときは、当該税理士法人の内部規律や内部管理体制に不備があること等の事由により、認識できなかったことについて他の社員税理士に相当の責任があると認められる場合には、当該他の社員税理士も過失によりその不正行為を行ったものとして懲戒処分をする。

第3 不正行為の類型の異なるものが二以上ある場合

Ⅱに定める不正行為の類型の異なるものが二以上ある場合の量定は、それぞれの不正行為の類型について算定した量定を合計したものを基本とする。

第4 税理士業務等の停止期間

税理士業務又は税理士法人の業務の停止期間は、一月を単位とする。

Ⅱ 量定の考え方

第1 税理士に対する量定

税理士に対する懲戒処分の量定は、次に定めるところによるものとする。

1 税理士が法第四五条第一項又は第二項（脱税相談等をした場合の懲戒）の規定に該当する行為をしたときの量定の判断要素及び量定の範囲は、次の区分に応じ、それぞれ次に掲げるところによる。

(1) 故意に、真正の事実に反して税務代理若しくは税務書類の作成をしたとき、又は法第三六条（脱税相談等の禁止）の規定に違反する行為をしたとき。

税理士の責任を問い得る不正所得金額等（国税通則法第六八条に規定する国税の課税標準等又は税額等の計算の基礎となるべき事実の全部又は一部を隠ぺいし、又は仮装したところの事実に基づく所得金額、課税価格その他これらに類するものをいう。以下同じ。）の額に応じて、六月以上二年以内の税理士業務の停止又は税理士業務の禁止

(2) 相当の注意を怠り、真正の事実に反して税務代理若しくは税務書類の作成をしたとき、又は法第三六条の規定に違反する行為をしたとき。

税理士の責任を問い得る申告漏れ所得金額等（国税通則法第一八条に規定する期限後申告書若しくは同法第一九条に規定する修正申告書の提出又は同法第二四条に規定する更正若しくは同法第二五条に規定する決定の処分に係る所得金額のほか、課税価格その他これらに類するものをいう。以下同じ。）の額に応じて、戒告又は二年以内の税理士業務の停止（以下省略）

注(2) ここでは、相続税申告を代理した税理士に対する損害賠償事件として、那覇地判平成二十三年十月十九日ＬＥＸ／ＤＢ２５４８０５９３を素材として採用した。本件事例の詳細は、増田英敏「税理士の注意義務と損害賠償責任の範囲」『ＴＫＣ税研情報』二一巻五号一七頁以下（二〇一二年）を参照されたい。

注(3) 大江忠『要件事実民法(4)債権各論（第三版）』（第一法規、二〇一〇年）四八一頁。

注(4) 東京地判平成二十一年九月二十五日『判時』二〇七〇号七二頁、『判タ』一三二九号一六四頁。

注(5) 水野忠恒『租税行政の制度と理論』（有斐閣、二〇一一年）二一五頁以下では、「税理士責任が争われた裁判例」が紹介されているが、本件の判例上の位置づけに有益である。要参照。

注(6) 税理士の専門家責任を債務不履行責任と不法行為責任の二つの民事責任を区別する説に対して、首藤重幸教授は以下のように述べて、両者を区別する実益はなく、不法行為責任は納税者以外の第三者に対する民事責任としてとらえるべきであるとする。すなわち、「前述の区分を主張する論者は、不法行為責任の例として、税理士の守秘義務違反（税理士法三八条）や納税者から税金納付のために交付された金銭を税理士が自己のために費消した場合を挙げている。しかし、税理士の守秘義務は納税者との契約によって特定・成立するものであり、税務代理等にかんする委任契約（もしくは請負契約）の存在なくしては考えられないものである。金銭の私消にしても、契約の本旨に従った善管注意義務に対する違反として把握されうるものであり、論者自身のいう基準からしても、あえて不法行為責任の対象にする必要があるのであろうか。税理士業務に関連する債務不履行の形態は、履行遅滞、履行不能、不完全履行の三つの形態のなかで『不完全履行』に該当するものがほとんどであり、しかもそのうちの『積極的債権侵害』の性格をもつものが典型的であろうし、また大部分であろう。この積極的債権侵害とは、たんに給付義務を履行しないことによって消極的な損害を生ぜしめることではなく、不完全な履行行為のために積極的な損害を生ぜしめることである。この積極的債権侵害の性格については学説の対立があり、債権者の積極的行為があるのであるから不法行為であるとする説が主張されるが、この積極的な損害は給付義務に付随する注意義務もしくは安全義務の違反によるものであり債務不履行と理解してよいと思われる。以上のことからして、税理士と納税者のあいだの民事責任は、原則として債務不履行責任として把握すればよいと思われる。そして税理士の不法行

為責任は、直接の契約関係にたたない、税理士の当該契約当事者の一方たる納税者以外の第三者に対する民事責任について考慮するべきものであろう。なお、そこに存在する注意義務は、『善良なる管理者の注意義務』である。」（同「税理士の責任」『日税研論集』二四巻一二二頁以下（一九九三年））と整理されている。

注(7)　水野忠恒、前掲注(5)、二〇二頁。

注(8)　吉村良一『不法行為法（第三版）』（有斐閣、二〇〇五年）二七三頁。

注(9)　吉村良一、同、二七三頁。

注(10)　水野忠恒、前掲注(5)、二〇三頁。

注(11)　新井隆一「税理士の民事責任・序説」『日税研論集』三九巻二九頁（一九九八年）。

注(12)　新井隆一、同、三〇頁参照。

注(13)　水野忠恒、前掲注(5)、二〇三頁。

注(14)　松沢智『税理士の職務と責任（新版）』（中央経済社、一九九一年）一一六頁。本書は「税理士の職務と責任」とのタイトルに表されているように、税理士法を基礎に、法律家としての税理士の職務と責任について網羅的な検討がなされており、有益である。

注(15)　田中治「税理士の業務における不完全履行の責任」『日税研論集』三九巻一一一頁以下（一九九八年）。

注(16)　田中治、同、一一二頁。なお、以下の指摘は、税理士の専門家責任を検討する上で重要な視点といえよう。すなわち、「いわゆる専門家の業務過誤をめぐる不法行為責任が問題となる事例につき、不法行為を理由とする損害賠償を規定する七〇九条に関しては、加害者たる『専門家』の類型自体が問題となり得る。各事例における専門家の個別具体的な職種及び業務等が、責任の有無及び範囲に影響を与えることになるから、当該問題を検討するうえでは、七〇九条適用の可否を専門家類型ごとに整理する必要がある。そのうえで、いわゆる準法律家と呼ばれる司法書士、行政書士及び税理士の不法行為責任が問題となる場面において、七〇九条所定の要件をめぐっては、とりわけ、注意義務懈怠の有無が『故意又は過失』との関係で重要であり、このほかにも専門家の行為における違法性の存否、並びに、業務過誤と損害発生との間の因果関係の有無が争点となる」（能見善久・加藤新太郎編『判例民法八　不法行為』（第一法規、二〇〇九年）一八二頁）との指摘は、税理士の専門家責任を検討する上で有益である。

注(17)　田中治、同、一一四頁。

注(18)　なお、本稿執筆直前に、筆者は、相続税の申告を受任した税理士が、名義預金が相続財産に含まれることを的確に指導しなかったために、前提知識を欠いた妻である相続人が、相続税法六八条の租税逋脱犯として刑事訴追された事件（神戸地

裁判平成二十六年一月十七日LEX／DB25446363）の判例評釈を、増田英敏「相続税法六八条『偽りその他不正の行為』と名義預金等の申告漏れ」『TKC税研情報』二四巻二号二〇頁以下（二〇一五年）と題して公表した。同事件では、妻の逋脱の意図を明確に否定した供述調書の信用性が認められ、無罪の判決を被告人は勝ち得たが、実は税理士の専門家責任が問われる事件として再検討がなされるべき事案として、読者には特に参照されたい。

あとがき

確定稿を読み返すと、五年間の連載の重みを感じる。連載の開始は、筆者が研究を実務に展開することを決意し、法律事務所を開設した時期と重なる。特に意識はしなかったが、振り返ると偶然ではないという気がする。人生には偶然はないのかもしれない。

大学での授業（研究）と弁護士実務との両立により時間的にはタイトになったが、両者は相互に有機的に機能してそれぞれの職務の質を高めていると思う。大学教授（研究者）と弁護士の両立を図ることができているのは、次のお二人の弁護士のおかげである。今村記念法律事務所の宮岡孝之弁護士（所長弁護士）と私の無二のパートナーである大山勉弁護士のサポートに深謝する。

時間との闘いであったが、必死で向き合った連載原稿であるからこそ、いま読み返すと十分とはいえないまでも、租税正義の視点から紛争予防の問題の核心を突いた内容として上梓できたという筆者なりの自負はある。とはいえ、最終的には読者のみなさんに評価していただく以外にない。

私は、多くのすばらしい師に恵まれた。とりわけ、ロッキード裁判の裁判官を務められた故松沢智先生には租税法における法的思考（リーガルマインド）練成の薫陶を受けた。

金子宏先生には、名著『租税法』（弘文堂刊）を通して、租税法の解釈・適用のあり方を勉強させていただいている。光栄なことに、今年も、発行日当日に最新刊の第二〇版を研究室にお届けいただいた。感謝に堪えない。直筆のサインは私にとって宝ものである。

要件事実論の第一人者である伊藤滋夫先生には、租税法における要件事実論の有用性を懇切にご教示いただいた。本書にも取り上げさせていただいた。

また、木村弘之亮先生（前慶應義塾大学教授）には原理・原則から租税法上の問題を思索することの重要性を常に教えていただいている。来年、先生は古稀を迎えられるが、次々と新しい研究分野を開拓される先生のエネルギーには圧倒されるばかりである。

ところで、「はしがき」でも述べたが、飯塚毅先生が創設されたＴＫＣ全国会の会員税理士の方々の研修で、松沢先生の講演のお手伝いをさせていただいたのがきっかけで、税理士の方々に租税法の講義をさせていただく機会を得ることができた。筆者にとって剣豪の修行にも似た鍛錬の場となった。このような鍛錬の場がなければ税理士実務を意識しながら租税法の理論を開拓することは不可能であったといえよう。自己の幸運を感謝せずにはいられない。

租税法の専門家に租税法の話をさせていただくということは、大学教授が学生を相手に講義するのとはおのずと異なる。毎回の講演の準備では、税理士実務の実際を意識し、税理士の方々の問題意識を探りながら、税理士実務に活かすことのできる租税法の理論を租税正義の視点から開拓してきた。ブレない理論構築には、やはり、『租税正義』の視点が不可欠であることを痛感している。

本書は、講演や研修講師を通して、税理士の方々にとって何が重要な理論かを探求し、その理論を租税正義と紛争予防を縦軸に体系化したものである。

『租税法はだれのためにあるか。』

租税法は納税者のためにあるのである。そうでなければ、租税法は税金を取るための手段に過ぎなくなる。本論で繰り返し述べたように、租税法は、国民を幸福にする「租税正義の実現」という崇高な目的のために存在しているのである。

税理士は、その租税法を熟知し、納税者を支援し、申告納税制度を支えることを職務としているのである。したがって、税理士は租税正義を実現する専門家であるということができよう。

この「租税正義の実現」という、使命感に燃えて税理士の職務を遂行することによって、その結果として、租税法の解釈・適用上の紛争は予防できる。

紛争予防により、クライアントに幸福をもたらし、税理士自らもクライアントの信頼を獲得することにより、専門家としての幸福を手に入れることも可能となる。まさに「利他」と「自利」の精神である。このことを忘れてはならない。

税理士法

〔昭和二十六年六月十五日法律第二百三十七号
令和七年六月一日施行〕

第一章　総則

（税理士の使命）

第一条　税理士は、税務に関する専門家として、独立した公正な立場において、申告納税制度の理念にそつて、納税義務者の信頼にこたえ、租税に関する法令に規定された納税義務の適正な実現を図ることを使命とする。

（税理士の業務）

第二条　税理士は、他人の求めに応じ、租税（印紙税、登録免許税、関税、法定外普通税（地方税法（昭和二十五年法律第二百二十六号）第十条の四第二項に規定する道府県法定外普通税及び市町村法定外普通税をいう。）、法定外目的税（同項に規定する法定外目的税をいう。）その他の政令で定めるものを除く。第四十九条の二第二項第十一号を除き、以下同じ。）に関し、次に掲げる事務を行うことを業とする。

一　税務代理（税務官公署（税関官署を除くものとし、国税不服審判所を含むものとする。以下同じ。）に対する租税に関する法令若しくは行政不服審査法（平成二十六年法律第六十八号）の規定に基づく申告、申請、請求若しくは不服申立て（これらに準ずるものとして政令で定める行為を含むものとし、酒税法（昭和二十八年法律第六号）第二章の規定に係る申告、申請及び審査請求を除くものとする。以下「申告等」という。）につき、又は当該申告等若しくは税務官公署の調査若しくは処分に関し税務官公署に対してする主張若しくは陳述につき、代理し、又は代行すること（次号の税務書類の作成にとどまるものを除く。）をいう。）

二　税務書類の作成（税務官公署に対する申告等に係る申告書、申請書、請求書、不服申立書その他租税に関する法令の規定に基づき、作成し、かつ、税務官公署に提出する書類（その作成に代えて電磁的記録（電子的方式、磁気的方式その他人の知覚によつては認識することができない方式で作られる記録であつて、電子計算機による情報処理の用に供されるものをいう。以下同じ。）を作成する場合における当該電磁的記録を含む。以下同じ。）で財務省令で定めるもの（以下「申告書等」という。）を作成することをいう。）

三　税務相談（税務官公署に対する申告等、第一号に規定する主張若しくは陳述又は申告書等の作成に関し、租税の課税標準等（国税通則法（昭和三十七年法律第六十六号）第二条第六号イからへまでに掲げる事項及び地方税（森林環境税及び特別法人事業税を含む。以下同じ。）に係るこれらに相当するものをいう。以下同じ。）の計算に関する事項について相談に応ずることをいう。）

2　税理士は、前項に規定する業務（以下「税理士業務」という。）のほか、税理士の名称を用いて、他人の求めに応じ、税理士業務に付随して、財務書類の作成、会計帳簿の記帳の代行その他財務に関する事務を業として行うことができる。ただし、他の法律においてその事務を業として行うことが制限されている事項については、この限りでない。

3　前二項の規定は、税理士が他の税理士又は税理士法人（第四十八条の二に規定する税理士法人をいう。次章、第四章及び第五章において同じ。）の補助者として前二項の業務に従事することを妨げない。

第二条の二　税理士は、租税に関する事項について、裁判所において、補佐人として、弁護士である訴訟代理人とともに出頭し、陳述をすることができる。

2　前項の陳述は、当事者又は訴訟代理人が自らしたものとみなす。ただし、当事者又は訴訟代理人が同項の陳述を直ちに取り消し、又は更正したときは、この限りでない。

（税理士の業務における電磁的方法の利用等を通じた納税義務者の利便の向上等）

第二条の三　税理士は、第二条の業務を行うに当たつては、同条第一項各号に掲げる事務及び同条第二項の事務における電磁的方法（電子情報処理組織を使用する方法その他の情報通信の技術を利用する方法をいう。第四十九条の二第二項第八号において同じ。）の積極的な利用その他の取組を通じて、納税義務者の利便の向上及びその業務の改善進歩を図るよう努めるものとする。

（税理士の資格）

第三条　次の各号の一に該当する者は、税理士となる資格を有する。ただし、第一号又は第二号に該当する者については、租税に関する事務又は会計に関する事務で政令で定めるものに従事した期間が通算して二年以上あることを必要とする。

一　税理士試験に合格した者

二　第六条に定める試験科目の全部について、第七条又は第八条の規定により税理士試験を免除された者

三　弁護士（弁護士となる資格を有する者を含む。）

四　公認会計士（公認会計士となる資格を有する者を含む。）

2　公認会計士法（昭和二十三年法律第百三号）第十六条の二第一項の規定により同法第二条に規定する業務を行うことができる者は、この法律の規定の適用については、公認会計士とみなす。

3　第一項第四号に掲げる公認会計士は、公認会計士法第十六条第一項に規定する実務補習団体等が実施する研修のうち、財務省令で定める税法に関する研修を修了した公認会計士とする。

（欠格条項）

第四条　次の各号のいずれかに該当する者は、前条の規定にかかわらず、税理士となる資格を有しない。

一　未成年者

二　破産手続開始の決定を受けて復権を得ない者

三　国税（森林環境税及び特別法人事業税を除く。以下この条、第二十四条、第三十六条、第四十一条の三、第四十六条及び第五十四条の二第一項において同じ。）若しくは地方税に関する法令又はこの法律の規定により拘禁刑に処せられた者で、その刑の執行を終わり、又は執行を受けることがなくなつた日から五年を経過しないもの

四　国税若しくは地方税に関する法令若しくはこの法律の規定

により罰金の刑に処せられた者又は国税通則法、関税法（昭和二十九年法律第六十一号）（とん税法（昭和三十二年法律第三十七号）及び特別とん税法（昭和三十二年法律第三十八号）において準用する場合を含む。）の規定により通告処分（科料に相当する金額に係る通告処分を除く。）を受けた者で、それぞれその刑の執行を終わり、若しくは執行を受けることがなくなつた日又はその通告の旨を履行した日から三年を経過しないもの

五　国税又は地方税に関する法令及びこの法律以外の法令の規定により拘禁刑以上の刑に処せられた者で、その刑の執行を終わり、又は執行を受けることがなくなつた日から三年を経過しないもの

六　懲戒処分により税理士業務を行うことを禁止された者で、当該処分を受けた日から三年を経過しないもの

七　第四十八条第一項の規定により第四十四条第三号に掲げる処分を受けるべきであつたことについて決定を受けた者で、当該決定を受けた日から三年を経過しないもの

八　国家公務員法（昭和二十二年法律第百二十号）、国会職員法（昭和二十二年法律第八十五号）又は地方公務員法（昭和二十五年法律第二百六十一号）の規定により懲戒免職の処分を受け、当該処分を受けた日から三年を経過しない者

九　国家公務員法若しくは国会職員法の規定による懲戒免職の処分を受けるべき行為をしたと認められたことにより退職手当支給制限等処分（国家公務員退職手当法（昭和二十八年法律第百八十二号）第十四条第一項第三号に該当することにより同項の規定による一般の退職手当等（同法第五条の二第二項に規定する一般の退職手当等をいう。以下この号において同じ。）の全部若しくは一部を支給しないこととする処分又は同法第十五条第一項第三号に該当することにより同項の規定による一般の退職手当等の額の全部若しくは一部の返納を命ずる処分をいう。以下この号において同じ。）を受けた者又は地方公務員法の規定による懲戒免職の処分を受けるべき行為をしたと認められたことにより退職手当支給制限等処分に相当する処分を受けた者で、これらの処分を受けた日から三年を経過しないもの

十　弁護士法（昭和二十四年法律第二百五号）若しくは外国弁護士による法律事務の取扱い等に関する法律（昭和六十一年法律第六十六号）、公認会計士法、弁理士法（平成十二年法律第四十九号）、司法書士法（昭和二十五年法律第百九十七号）、行政書士法（昭和二十六年法律第四号）、社会保険労務士法（昭和四十三年法律第八十九号）又は不動産の鑑定評価に関する法律（昭和三十八年法律第百五十二号）の規定による懲戒処分により、弁護士会からの除名、公認会計士の登録の抹消、弁理士、司法書士若しくは行政書士の業務の禁止、社会保険労務士の失格処分又は不動産鑑定士の登録の消除の処分を受けた者でこれらの処分を受けた日から三年を経過しないもの（これらの法律の規定により再び業務を営むことができることとなつた者を除く。）

十一　税理士の登録を拒否された者のうち第二十二条第四項の規定に該当する者又は第二十五条第一項第一号の規定により税理士の登録を取り消された者で、これらの処分を受けた日から三年を経過しないもの

第二章　税理士試験

（受験資格）

第五条　税理士試験（次条第一号に定める科目の試験に限る。）は、次の各号のいずれかに該当する者でなければ、受けることができない。

一　次に掲げる事務又は業務に従事した期間が通算して二年以上になる者

イ　税務官公署における事務又はその他の官公署における国税（関税、とん税、特別とん税、森林環境税及び特別法人事業税を除く。第二十四条、第三十六条、第四十一条の三、第四十六条及び第五十四条の二第一項を除き、以下同じ。）若しくは地方税に関する事務

ロ　行政機関における政令で定める会計検査、金融検査又は会社その他の団体の経理に関する行政事務

ハ　銀行、信託会社（信託業法（平成十六年法律第百五十四号）第三条又は第五十三条第一項の免許を受けた者をいう。）、保険会社又は特別の法律により設立された金融業務を営む法人における政令で定める貸付けその他資金の運用（貸付先の経理についての審査を含む。）に関する事務

ニ　法人（国又は地方公共団体の特別会計を含む。）又は事業を営む個人の会計に関する事務で政令で定めるもの

ホ　税理士若しくは税理士法人、弁護士、弁護士法人若しくは弁護士・外国法事務弁護士共同法人又は公認会計士若しくは監査法人の業務の補助の事務

ヘ　弁理士、司法書士、行政書士その他の政令で定める法律上資格を有する者の業務

二　学校教育法（昭和二十二年法律第二十六号）の規定による大学若しくは高等専門学校を卒業した者でこれらの学校において社会科学に属する科目を修めたもの又は同法第九十一条第二項の規定により同法による大学を卒業した者と同等以上の学力があると認められた者で財務省令で定める学校において社会科学に属する科目を修めたもの

三　司法修習生となる資格を得た者

四　公認会計士法第八条第一項に規定する公認会計士試験の短答式による試験に合格した者又は当該試験を免除された者（当該試験の試験科目の全部について試験を免除された者を含む。）

五　国税審議会が社会科学に属する科目に関し前三号に掲げる者と同等以上の学力を有するものと認定した者

2　前項第一号イからへまでに掲げる事務又は業務の二以上に従事した者は、これらの事務又は業務の二以上に従事した期間を通算した場合に、その期間が二年以上になるときは、同号に該

当する者とみなして、同項の規定を適用する。

3　第一項第一号イからヘまでに掲げる事務又は業務に類する事務又は業務として国税審議会の認定を受けた事務又は業務は、同号イからヘまでに掲げる事務又は業務とみなして、前二項の規定を適用する。

4　第一項第五号及び前項に規定する国税審議会の認定の手続については、財務省令で定める。

（試験の目的及び試験科目）

第六条　税理士試験は、税理士となるのに必要な学識及びその応用能力を有するかどうかを判定することを目的とし、次に定める科目について行う。

一　次に掲げる科目（イからホまでに掲げる科目にあつては、国税通則法その他の法律に定める当該科目に関連する事項を含む。以下「税法に属する科目」という。）のうち受験者の選択する三科目。ただし、イ又はロに掲げる科目のいずれか一科目は、必ず選択しなければならないものとする。

イ　所得税法

ロ　法人税法

ハ　相続税法

ニ　消費税法又は酒税法のいずれか一科目

ホ　国税徴収法

ヘ　地方税法のうち道府県民税（都民税を含む。）及び市町村民税（特別区民税を含む。）に関する部分又は地方税法のうち事業税に関する部分のいずれか一科目

ト　地方税法のうち固定資産税に関する部分

二　会計学のうち簿記論及び財務諸表論の二科目（以下「会計学に属する科目」という。）

（試験科目の一部の免除等）

第七条　税理士試験において試験科目のうちの一部の科目について政令で定める基準以上の成績を得た者に対しては、その申請により、その後に行われる税理士試験において当該科目の試験を免除する。

2　税法に属する科目その他財務省令で定めるもの（以下この項及び次条第一項第一号において「税法に属する科目等」という。）に関する研究により修士の学位（学校教育法第百四条に規定する学位をいう。次項及び次条第一項において同じ。）又は同法第百四条第三項に規定する文部科学大臣の定める学位で財務省令で定めるものを授与された者で税理士試験において税法に属する科目のいずれか一科目について政令で定める基準以上の成績を得た者が、当該研究が税法に属する科目等に関するものであるとの国税審議会の認定を受けた場合には、試験科目のうちの当該一科目以外の税法に属する科目について、前項に規定する政令で定める基準以上の成績を得たものとみなす。

3　会計学に属する科目その他財務省令で定めるもの（以下この項及び次条第一項第二号において「会計学に属する科目等」という。）に関する研究により修士の学位又は学校教育法第百四条第三項に規定する文部科学大臣の定める学位で財務省令で定めるものを授与された者で税理士試験において会計学に属する

科目のいずれか一科目について政令で定める基準以上の成績を得た者が、当該研究が会計学に属する科目等に関するものであるとの国税審議会の認定を受けた場合には、試験科目のうちの当該一科目以外の会計学に属する科目について、第一項に規定する政令で定める基準以上の成績を得たものとみなす。

4　税理士試験の試験科目であつた科目のうち試験科目でなくなつたものについて第一項に規定する成績を得た者については、当該科目は、前条第一号に掲げられている試験科目とみなす。

5　第二項及び第三項に規定する国税審議会の認定の手続については、財務省令で定める。

第八条　次の各号のいずれかに該当する者に対しては、その申請により、税理士試験において当該各号に掲げる科目の試験を免除する。

一　大学等（学校教育法の規定による大学若しくは高等専門学校又は同法第百四条第七項第二号に規定する大学若しくは大学院に相当する教育を行う課程が置かれる教育施設をいう。次号において同じ。）において税法に属する科目等の教授、准教授又は講師の職にあつた期間が通算して三年以上になる者及び税法に属する科目等に関する研究により博士の学位を授与された者については、税法に属する科目

二　大学等において会計学に属する科目等の教授、准教授又は講師の職にあつた期間が通算して三年以上になる者及び会計学に属する科目等に関する研究により博士の学位を授与された者については、会計学に属する科目

三　公認会計士法第三条に規定する公認会計士試験に合格した者又は同法第十条第二項の規定により公認会計士試験の論文式による試験において会計学の科目について公認会計士・監査審査会が相当と認める成績を得た者については、会計学に属する科目

四　官公署における事務のうち所得税、法人税、相続税、贈与税、消費税若しくは酒税の賦課又はこれらの国税に関する法律の立案に関する事務に従事した期間が通算して十年以上になる者については、税法に属する科目のうち国税に関するもの

五　官公署における国税に関する事務のうち前号に規定する事務以外の事務に従事した期間が通算して十五年以上になる者については、税法に属する科目のうち国税に関するもの

六　官公署における事務のうち道府県民税（都民税を含む。）、市町村民税（特別区民税及び森林環境税を含む。）、事業税（特別法人事業税を含む。）若しくは固定資産税の賦課又はこれらの地方税に関する法律の立案に関する事務に従事した期間が通算して十年以上になる者については、税法に属する科目のうち地方税に関するもの

七　官公署における地方税に関する事務のうち前号に規定する事務以外の事務に従事した期間が通算して十五年以上になる者については、税法に属する科目のうち地方税に関するもの

八　第六号に規定する事務に従事した期間が通算して十五年以上になる者については、税法に属する科目

九　第七号に規定する事務に従事した期間が通算して二十年以上になる者については、税法に属する科目

十　次に掲げる者で、官公署における国税若しくは地方税に関する事務を管理し、若しくは監督することを職務とする職又は国税若しくは地方税に関する高度の知識若しくは経験を必要とする事務を処理することを職務とする職として財務省令で定めるものに在職した期間が通算して五年以上になるもののうち、国税審議会の指定した研修（財務省令で定める要件を満たす研修のうち、国税審議会が税理士試験の試験科目のうち会計学に属する科目について前条第一項に規定する成績を得た者が有する学識と同程度のものを習得することができるものと認めて指定したものをいう。）を修了した者については、会計学に属する科目

イ　第四号から第六号までに規定する事務に従事した期間が通算して二十三年以上になる者

ロ　第七号に規定する事務に従事した期間が通算して二十八年以上になる者

ハ　イに規定する期間を通算した年数の二十三分の二十八に相当する年数とロに規定する期間を通算した年数とを合計した年数が二十八年以上になる者

2　前項第一号又は第四号から第九号までに規定する職又は事務のうち、試験の免除科目を同じくする職又は事務の二以上に従事した者に対しては、それぞれ当該職又は事務についてこれらの号に規定する年数を十年とする割合により年数を換算してこれらの職又は事務の二以上に従事した期間を通算した場合に、その期間が十年以上になるときは、その申請により、税理士試験において当該科目の試験を免除する。この場合において、第一号又は第八号若しくは第九号に規定する職又は事務に従事した者については、当該職又は事務に従事した期間を税法に属する科目のうち国税に関するもの又は地方税に関するもののいずれかを免除する他の事務に従事した期間に通算することができるものとする。

（受験手数料等）

第九条　税理士試験を受けようとする者は、実費を勘案して政令で定める額の受験手数料を納付しなければならない。

2　第七条第二項又は第三項の規定による認定を受けようとする者は、実費を勘案して政令で定める額の認定手数料を納付しなければならない。

3　第一項の規定により納付した受験手数料は、税理士試験を受けなかつた場合においても還付しない。

（合格の取消し等）

第十条　国税審議会は、不正の手段によつて税理士試験を受け、又は受けようとした者に対しては、その試験を停止し、又は合格の決定を取り消すことができる。

2　国税審議会は、第七条第二項若しくは第三項の規定による認定又は第八条第一項各号の規定による免除を決定した後、当該認定又は免除を受けた者が虚偽又は不正の事実に基づいてその認定又は免除を受けた者であることが判明したときは、その認

定又は免除を取り消すことができる。

3　国税審議会は、第一項の規定による処分を受けた者に対し、情状により三年以内の期間を定めて税理士試験を受けることができないものとすることができる。

（合格証書等）

第十一条　税理士試験に合格した者には、当該試験に合格したことを証する証書を授与する。

2　試験科目のうちの一部の科目について政令で定める基準以上の成績を得た者には、その基準以上の成績を得た科目を通知する。

（試験の執行）

第十二条　税理士試験は、国税審議会が行う。

2　税理士試験は、毎年一回以上行う。

（試験の細目）

第十三条　この法律に定めるもののほか、税理士試験（第八条第一項第十号の規定による指定を含む。）の執行に関する細目については、財務省令で定める。

第十四条から第十七条まで　削除

第三章　登録

（登録）

第十八条　税理士となる資格を有する者が、税理士となるには、税理士名簿に、財務省令で定めるところにより、氏名、生年月日、事務所の名称及び所在地その他の事項の登録を受けなければならない。

（税理士名簿）

第十九条　税理士名簿は、日本税理士会連合会に備える。

2　税理士名簿の登録は、日本税理士会連合会が行う。

3　日本税理士会連合会は、財務省令で定めるところにより、第一項の税理士名簿を電磁的記録をもつて作成することができる。

（変更登録）

第二十条　税理士は、第十八条の規定により登録を受けた事項に変更を生じたときは、遅滞なく変更の登録を申請しなければならない。

（登録の申請）

第二十一条　第十八条の規定による登録を受けようとする者は、同条に規定する事項その他の財務省令で定める事項を記載した登録申請書を、第三条第一項各号のいずれかに該当する者であることを証する書面を添付の上、財務省令で定める税理士会を経由して、日本税理士会連合会に提出しなければならない。

2　前項の規定による登録申請書には、その副本三通を添付するものとし、同項の税理士会は、当該申請書を受理したときは、遅滞なく当該副本一通ずつを当該申請者の住所地の所轄税務署長並びに当該住所地を管轄する市町村（特別区を含む。以下同じ。）及び都道府県の長に送付するものとする。

（登録に関する決定）

第二十二条　日本税理士会連合会は、前条第一項の規定による登録申請書を受理した場合においては、当該申請者が税理士となる資格を有し、かつ、第二十四条各号のいずれにも該当しない者であると認めたときは税理士名簿に登録し、当該申請者が税理士となる資格を有せず、又は同条各号のいずれかに該当する者であると認めたときは登録を拒否しなければならない。この場合において、次条第一項の規定による通知に係る者につき登録をしようとするとき、又は登録を拒否しようとするときは、第四十九条の十六に規定する資格審査会の議決に基づいてしなければならない。

2　日本税理士会連合会は、前項の規定により登録を拒否しようとするときは、あらかじめ当該申請者にその旨を通知して、相当の期間内に自ら又はその代理人を通じて弁明する機会を与えなければならない。

3　日本税理士会連合会は、第一項の規定により税理士名簿に登録したときは当該申請者に税理士証票を交付し、同項の規定により登録を拒否するときはその理由を付記した書面によりその旨を当該申請者に通知しなければならない。

4　日本税理士会連合会は、第一項の規定により登録を拒否する場合において、当該申請者が税理士となる資格又は第二十四条各号に規定する登録拒否事由に関する事項について、記載すべき事項を記載せず、又は虚偽の記載をして前条第一項の規定による登録申請書を提出した者であるときは、前項の規定による通知の書面においてその旨を明らかにしなければならない。

（国等と日本税理士会連合会との間の通知）

第二十三条　税務署長並びに市町村及び都道府県の長は、第二十一条第一項の規定による登録申請書を提出した者が税理士となる資格を有せず、又は次条各号の一に該当する者であると認めたときは、第二十一条第二項の規定により登録申請書の副本の送付を受けた日から一月以内に、その事実を日本税理士会連合会に通知するものとする。

2　日本税理士会連合会は、前条第一項の規定により登録を拒否したときは、その旨を国税庁長官並びに当該申請者の住所地を管轄する市町村及び都道府県の長に通知しなければならない。

（登録拒否事由）

第二十四条　次の各号のいずれかに該当する者は、税理士の登録を受けることができない。

一　懲戒処分により、弁護士、外国法事務弁護士、公認会計士、弁理士、司法書士、行政書士若しくは社会保険労務士の業務を停止された者又は不動産の鑑定評価に関する法律第五条に規定する鑑定評価等業務（第四十三条において「鑑定評価等業務」という。）を行うことを禁止された不動産鑑定士で、現にその処分を受けているもの

二　報酬のある公職（国会又は地方公共団体の議会の議員の職、非常勤の職その他財務省令で定める公職を除く。第四十三条において同じ。）に就いている者

三　不正に国税又は地方税の賦課又は徴収を免れ、若しくは免れようとし、又は免れさせ、若しくは免れさせようとした者で、その行為があつた日から二年を経過しないもの

四　不正に国税又は地方税の還付を受け、若しくは受けようとし、又は受けさせ、若しくは受けさせようとした者で、その行為があつた日から二年を経過しないもの
五　国税若しくは地方税又は会計に関する事務について刑罰法令に触れる行為をした者で、その行為があつた日から二年を経過しないもの
六　第四十八条第一項の規定により第四十四条第二号に掲げる処分を受けるべきであつたことについて決定を受けた者で、同項後段の規定により明らかにされた期間を経過しないもの
七　次のイ又はロのいずれかに該当し、税理士業務を行わせることがその適正を欠くおそれがある者
イ　心身に故障があるとき。
ロ　第四条第三号から第十一号までのいずれかに該当していた者が当該各号に規定する日から当該各号に規定する年数を経過して登録の申請をしたとき。
八　税理士の信用又は品位を害するおそれがある者その他税理士の職責に照らし税理士としての適格性を欠く者

（登録を拒否された場合等の審査請求）

第二十四条の二　第二十二条第一項の規定により登録を拒否された者は、当該処分に不服があるときは、国税庁長官に対して審査請求をすることができる。

2　第二十一条第一項の規定による登録申請書を提出した者は、当該申請書を提出した日から三月を経過しても当該申請に対してなんらの処分がされない場合には、当該登録を拒否されたものとして、国税庁長官に対して審査請求をすることができる。この場合においては、審査請求があつた日に日本税理士会連合会が第二十二条第一項の規定により当該登録を拒否したものとみなす。

3　前二項の規定による審査請求を棄却する場合において、審査請求人が第二十二条第四項の規定に該当する者であるときは、国税庁長官は、裁決書にその旨を附記しなければならない。

4　第一項又は第二項の場合において、国税庁長官は、行政不服審査法第二十五条第二項及び第三項並びに第四十六条第二項の規定の適用については、日本税理士会連合会の上級行政庁とみなす。

（登録の取消し）

第二十五条　日本税理士会連合会は、税理士の登録を受けた者が、次の各号のいずれかに該当するときは、第四十九条の十六に規定する資格審査会の議決に基づき、当該登録を取り消すことができる。

一　税理士となる資格又は第二十四条各号に規定する登録拒否事由に関する事項について、記載すべき事項を記載せず若しくは虚偽の記載をして第二十一条第一項の規定による登録申請書を提出し、その申請に基づき当該登録を受けた者であることが判明したとき。
二　第二十四条第七号（イに係る部分に限る。）に規定する者に該当するに至つたとき。
三　二年以上継続して所在が不明であるとき。

2　日本税理士会連合会は、前項第一号又は第二号のいずれかに該当することとなつたことにより同項の規定により登録を取り消すときは、その理由を付記した書面により、その旨を当該処分を受ける者に通知しなければならない。

3　前条第一項及び第四項の規定は、第一項の規定により登録を取り消された者において当該処分に不服がある場合について準用する。この場合において、同条第四項中「第四十六条第二項」とあるのは、「第四十六条第一項」と読み替えるものとする。

（登録の抹消）

第二十六条　日本税理士会連合会は、税理士が次の各号のいずれかに該当することとなつたときは、遅滞なくその登録を抹消しなければならない。

一　その業務を廃止したとき。

二　死亡したとき。

三　前条第一項の規定による登録の取消しの処分を受けたとき。

四　前号に規定するもののほか、第四条第二号から第六号まで又は第八号から第十号までのいずれかに該当するに至つたことその他の事由により税理士たる資格を有しないこととなつたとき。

2　税理士が前項第一号、第二号又は第四号のいずれかに該当することとなつたときは、その者、その法定代理人又はその相続人は、遅滞なくその旨を日本税理士会連合会に届け出なければならない。

（登録及び登録のまつ消の公告）

第二十七条　日本税理士会連合会は、税理士の登録をしたとき、及び当該登録をまつ消したときは、遅滞なくその旨及び登録をまつ消した場合にはその事由を官報をもつて公告しなければならない。

（税理士証票の返還）

第二十八条　税理士の登録がまつ消されたときは、その者、その法定代理人又はその相続人は、遅滞なく税理士証票を日本税理士会連合会に返還しなければならない。税理士が第四十三条の規定に該当することとなつた場合又は第四十五条若しくは第四十六条の規定による税理士業務の停止の処分を受けた場合においても、また同様とする。

2　日本税理士会連合会は、前項後段の規定に該当する税理士が税理士業務を行うことができることとなつたときは、その申請により、税理士証票をその者に再交付しなければならない。

（登録の細目）

第二十九条　この法律に定めるもののほか、登録の手続、登録のまつ消、税理士名簿、税理士証票その他登録に関する細目については、財務省令で定める。

第四章　税理士の権利及び義務

（税務代理の権限の明示）

第三十条　税理士は、税務代理をする場合においては、財務省令で定めるところにより、その権限を有することを証する書面を税務官公署に提出しなければならない。

（特別の委任を要する事項）

第三十一条　税理士は、税務代理をする場合において、次の行為をするときは、特別の委任を受けなければならない。

一　不服申立ての取下げ

二　代理人の選任

（税理士証票の提示）

第三十二条　税理士又は税理士法人が税務代理をする場合において、当該税務代理に係る税理士が税務官公署の職員と面接するときは、当該税理士は、税理士証票を提示しなければならない。

（署名の義務）

第三十三条　税理士又は税理士法人が税務代理をする場合において、租税に関する申告書等を作成して税務官公署に提出するときは、当該税務代理に係る税理士は、当該申告書等に署名しなければならない。この場合において、当該申告書等が租税の課税標準等に関する申告書又は租税に関する法令の規定による還付金の還付の請求に関する書類であるときは、当該申告書等には、併せて本人（その者が法人又は法人でない社団若しくは財団で代表者若しくは管理人の定めがあるものであるときは、その代表者又は管理人）が署名しなければならない。

2　税理士又は税理士法人が税務書類の作成をしたときは、当該税務書類の作成に係る税理士は、当該書類に署名しなければならない。

3　税理士は、前二項の規定により署名するときは、税理士である旨その他財務省令で定める事項を付記しなければならない。

4　第一項又は第二項の規定による署名の有無は、当該書類の効力に影響を及ぼすものと解してはならない。

（計算事項、審査事項等を記載した書面の添付）

第三十三条の二　税理士又は税理士法人は、国税通則法第十六条第一項第一号に掲げる申告納税方式又は地方税法第一条第一項第八号若しくは第十一号に掲げる申告納付若しくは申告納入の方法による租税の課税標準等を記載した申告書を作成したときは、当該申告書の作成に関し、計算し、整理し、又は相談に応じた事項を財務省令で定めるところにより記載した書面を当該申告書に添付することができる。

2　税理士又は税理士法人は、前項に規定する租税の課税標準等を記載した申告書で他人の作成したものにつき相談を受けてこれを審査した場合において、当該申告書が当該租税に関する法令の規定に従つて作成されていると認めたときは、その審査した事項及び当該申告書が当該法令の規定に従つて作成されている旨を財務省令で定めるところにより記載した書面を当該申告書に添付することができる。

3　税理士又は税理士法人が前二項の書面を作成したときは、当該書面の作成に係る税理士は、当該書面に税理士である旨その他財務省令で定める事項を付記して署名しなければならない。

（調査の通知）

第三十四条　税務官公署の当該職員は、租税の課税標準等を記載した申告書を提出した者について、当該申告書に係る租税に関しあらかじめその者に日時場所を通知してその帳簿書類（その作成又は保存に代えて電磁的記録の作成又は保存がされている場合における当該電磁的記録を含む。以下同じ。）を調査する場合において、当該租税に関し第三十条の規定による書面を提出している税理士があるときは、併せて当該税理士に対しその調査の日時場所を通知しなければならない。

2　前項の場合において、同項に規定する申告書を提出した者の同意がある場合として財務省令で定める場合に該当するときは、当該申告書を提出した者への通知は、同項に規定する税理士に対してすれば足りる。

3　第一項に規定する税理士が数人ある場合において、同項に規定する申告書を提出した者がこれらの税理士のうちから代表する税理士を定めた場合として財務省令で定める場合に該当するときは、これらの税理士への同項の規定による通知は、当該代表する税理士に対してすれば足りる。

（意見の聴取）

第三十五条　税務官公署の当該職員は、第三十三条の二第一項又は第二項に規定する書面（以下この項及び次項において「添付書面」という。）が添付されている申告書を提出した者について、当該申告書に係る租税に関しあらかじめその者に日時場所を通知してその帳簿書類を調査する場合において、当該租税に関し第三十条の規定による書面を提出している税理士があるときは、当該通知をする前に、当該税理士に対し、当該添付書面に記載された事項に関し意見を述べる機会を与えなければならない。

2　添付書面が添付されている申告書について国税通則法又は地方税法の規定による更正をすべき場合において、当該添付書面に記載されたところにより当該更正の基因となる事実につき税理士が計算し、整理し、若しくは相談に応じ、又は審査していると認められるときは、税務署長（当該更正が国税庁又は国税局の当該職員の調査に基づいてされるものである場合においては、国税庁長官又は国税局長）又は地方公共団体の長は、当該税理士に対し、当該事実に関し意見を述べる機会を与えなければならない。ただし、申告書及びこれに添付された書類の調査により課税標準等の計算について法令の規定に従つていないことが明らかであること又はその計算に誤りがあることにより更正を行う場合には、この限りでない。

3　国税不服審判所の担当審判官又は行政不服審査法第九条第一項の規定により国税庁長官若しくは地方公共団体の長が指名した者は、租税についての審査請求に係る事案について調査する場合において、当該審査請求に関し第三十条の規定による書面を提出している税理士があるときは、当該税理士に対し当該事案に関し意見を述べる機会を与えなければならない。

4　前三項の規定による措置の有無は、これらの規定に規定する調査に係る処分、更正又は審査請求についての裁決の効力に影響を及ぼすものと解してはならない。

（脱税相談等の禁止）

第三十六条　税理士は、不正に国税若しくは地方税の賦課若しくは徴収を免れ、又は不正に国税若しくは地方税の還付を受けることにつき、指示をし、相談に応じ、その他これらに類似する行為をしてはならない。

（信用失墜行為の禁止）

第三十七条　税理士は、税理士の信用又は品位を害するような行為をしてはならない。

（非税理士に対する名義貸しの禁止）

第三十七条の二　税理士は、第五十二条又は第五十三条第一項から第三項までの規定に違反する者に自己の名義を利用させてはならない。

（秘密を守る義務）

第三十八条　税理士は、正当な理由がなくて、税理士業務に関して知り得た秘密を他に洩らし、又は窃用してはならない。税理士でなくなつた後においても、また同様とする。

（会則を守る義務）

第三十九条　税理士は、所属税理士会及び日本税理士会連合会の会則を守らなければならない。

（研修）

第三十九条の二　税理士は、所属税理士会及び日本税理士会連合会が行う研修を受け、その資質の向上を図るように努めなければならない。

（事務所の設置）

第四十条　税理士（税理士法人の社員（財務省令で定める者を含む。第四項において同じ。）を除く。次項及び第三項において同じ。）及び税理士法人は、税理士業務を行うための事務所を設けなければならない。

2　税理士が設けなければならない事務所は、税理士事務所と称する。

3　税理士は、税理士事務所を二以上設けてはならない。

4　税理士法人の社員は、税理士業務を行うための事務所を設けてはならない。

（帳簿作成の義務）

第四十一条　税理士は、税理士業務に関して帳簿を作成し、委嘱者別に、かつ、一件ごとに、税務代理、税務書類の作成又は税務相談の内容及びそのてん末を記載しなければならない。

2　前項の帳簿は、閉鎖後五年間保存しなければならない。

3　税理士は、財務省令で定めるところにより、第一項の帳簿を電磁的記録をもつて作成することができる。

（使用人等に対する監督義務）

第四十一条の二　税理士は、税理士業務を行うため使用人その他の従業者を使用するときは、税理士業務の適正な遂行に欠けるところのないよう当該使用人その他の従業者を監督しなければならない。

（助言義務）

第四十一条の三　税理士は、税理士業務を行うに当たつて、委嘱者が不正に国税若しくは地方税の賦課若しくは徴収を免れている事実、不正に国税若しくは地方税の還付を受けている事実又は国税若しくは地方税の課税標準等の計算の基礎となるべき事実の全部若しくは一部を隠ぺいし、若しくは仮装している事実があることを知つたときは、直ちに、その是正をするよう助言しなければならない。

（業務の制限）

第四十二条　国税又は地方税に関する行政事務に従事していた国又は地方公共団体の公務員で税理士となつたものは、離職後一年間は、その離職前一年内に占めていた職の所掌に属すべき事件について税理士業務を行つてはならない。但し、国税庁長官の承認を受けた者については、この限りでない。

（業務の停止）

第四十三条　税理士は、懲戒処分により、弁護士、外国法事務弁護士、公認会計士、弁理士、司法書士、行政書士若しくは社会保険労務士の業務を停止された場合又は不動産鑑定士の鑑定評価等業務を禁止された場合においては、その処分を受けている間、税理士業務を行つてはならない。税理士が報酬のある公職に就き、その職にある間においても、また同様とする。

第五章　税理士の責任

（懲戒の種類）

第四十四条　税理士に対する懲戒処分は、次の三種とする。

一　戒告

二　二年以内の税理士業務の停止

三　税理士業務の禁止

（脱税相談等をした場合の懲戒）

第四十五条　財務大臣は、税理士が、故意に、真正の事実に反して税務代理若しくは税務書類の作成をしたとき、又は第三十六条の規定に違反する行為をしたときは、二年以内の税理士業務の停止又は税理士業務の禁止の処分をすることができる。

2　財務大臣は、税理士が、相当の注意を怠り、前項に規定する行為をしたときは、戒告又は二年以内の税理士業務の停止の処分をすることができる。

（一般の懲戒）

第四十六条　財務大臣は、前条の規定に該当する場合を除くほか、税理士が、第三十三条の二第一項若しくは第二項の規定により添付する書面に虚偽の記載をしたとき、又はこの法律若しくは国税若しくは地方税に関する法令の規定に違反したときは、第四十四条に規定する懲戒処分をすることができる。

（懲戒の手続等）

第四十七条　地方公共団体の長は、税理士について、地方税に関し前二条に規定する行為又は事実があると認めたときは、財務大臣に対し、当該税理士の氏名及び税理士事務所又は税理士法人の事務所の所在地並びにその行為又は事実を通知するものとする。

2　税理士会は、その会員について、前二条に規定する行為又は事実があると認めたときは、財務大臣に対し、当該会員の氏名及び税理士事務所又は税理士法人の事務所の所在地並びにその行為又は事実を通知しなければならない。

3　何人も、税理士について、前二条に規定する行為又は事実があると認めたときは、財務大臣に対し、当該税理士の氏名及びその行為又は事実を通知し、適当な措置をとるべきことを求めることができる。

4　財務大臣は、前二条の規定により税理士の懲戒処分をしようとするときは、国税審議会に諮り、その議決に基づいてしなければならない。当該懲戒処分に係る審査請求について、行政不服審査法第四十六条第一項の規定により裁決をしようとするときも、同様とする。

5　財務大臣は、前二条の規定により税理士の懲戒処分をするときは、その理由を付記した書面により、その旨を当該税理士に通知しなければならない。

（登録抹消の制限）

第四十七条の二　日本税理士会連合会は、税理士が懲戒の手続に付された場合においては、その手続が結了するまでは、第二十六条第一項第一号の規定による当該税理士の登録の抹消をすることができない。

（除斥期間）

第四十七条の三　懲戒の事由があつたときから十年を経過したときは、懲戒の手続を開始することができない。

（懲戒処分の公告）

第四十七条の四　財務大臣は、第四十五条又は第四十六条の規定により懲戒処分をしたときは、遅滞なくその旨を、財務省令で定める方法により不特定多数の者が閲覧することができる状態に置く措置をとるとともに、官報をもつて公告しなければならない。

（懲戒処分を受けるべきであつたことについての決定等）

第四十八条　財務大臣は、税理士であつた者につき税理士であつた期間内に第四十五条又は第四十六条に規定する行為又は事実があると認めたときは、当該税理士であつた者がこれらの規定による懲戒処分を受けるべきであつたことについて決定をすることができる。この場合において、財務大臣は、当該税理士であつた者が受けるべきであつた懲戒処分の種類（当該懲戒処分が第四十四条第二号に掲げる処分である場合には、懲戒処分の種類及び税理士業務の停止をすべき期間）を明らかにしなければならない。

2　第四十七条第一項から第三項までの規定は、税理士であつた者につき税理士であつた期間内に第四十五条又は第四十六条に規定する行為又は事実があると認めた場合について準用する。

3　第四十七条第四項及び第五項並びに前二条の規定は、第一項の規定による決定について準用する。

第五章の二　税理士法人

（設立）

第四十八条の二　税理士は、この章の定めるところにより、税理士法人（税理士業務を組織的に行うことを目的として、税理士が共同して設立した法人をいう。以下同じ。）を設立することができる。

（名称）

第四十八条の三　税理士法人は、その名称中に税理士法人という文字を使用しなければならない。

（社員の資格）

第四十八条の四　税理士法人の社員は、税理士でなければならない。

2　次に掲げる者は、社員となることができない。

一　第四十三条の規定に該当することとなつた場合又は第四十五条若しくは第四十六条の規定による税理士業務の停止の処分を受けた場合において、当該業務の停止の期間を経過しない者

二　第四十八条の二十第一項の規定により税理士法人が解散又は業務の停止を命ぜられた場合において、その処分の日以前三十日内にその社員であつた者でその処分の日から三年（業務の停止を命ぜられた場合にあつては、当該業務の停止の期間）を経過しないもの

（業務の範囲）

第四十八条の五　税理士法人は、税理士業務を行うほか、定款で定めるところにより、第二条第二項の業務その他の業務で税理士が行うことができるものとして財務省令で定める業務の全部又は一部を行うことができる。

第四十八条の六　前条に規定するもののほか、税理士法人は、第二条の二第一項の規定により税理士が処理することができる事務を当該税理士法人の社員又は使用人である税理士（以下この条及び第四十八条の二十第四項において「社員等」という。）に行わせる事務の委託を受けることができる。この場合において、当該税理士法人は、委託者に、当該税理士法人の社員等のうちからその補佐人を選任させなければならない。

（登記）

第四十八条の七　税理士法人は、政令で定めるところにより、登記をしなければならない。

2　前項の規定により登記をしなければならない事項は、登記の後でなければ、これをもつて第三者に対抗することができない。

（設立の手続）

第四十八条の八　税理士法人を設立するには、その社員になろうとする税理士が、共同して定款を定めなければならない。

2　会社法（平成十七年法律第八十六号）第三十条第一項の規定は、税理士法人の定款について準用する。

3　定款には、少なくとも次に掲げる事項を記載しなければならない。

一　目的

二　名称

三　事務所の所在地

四　社員の氏名及び住所

五　社員の出資に関する事項

六　業務の執行に関する事項

（成立の時期）

第四十八条の九　税理士法人は、その主たる事務所の所在地において設立の登記をすることによつて成立する。

（成立の届出等）

第四十八条の十　税理士法人は、成立したときは、成立の日から二週間以内に、登記事項証明書及び定款の写しを添えて、その旨を、その主たる事務所の所在地を含む区域に設立されている税理士会（以下この章において「本店所在地の税理士会」という。）を経由して、日本税理士会連合会に届け出なければならない。

2　日本税理士会連合会は、財務省令で定めるところにより、税理士法人の名簿を作成し、これを国税庁長官に提出しなければならない。

3　日本税理士会連合会は、財務省令で定めるところにより、前項の名簿を電磁的記録をもつて作成することができる。

（業務を執行する権限）

第四十八条の十一　税理士法人の社員は、すべて業務を執行する権利を有し、義務を負う。

2　税理士法人の社員は、定款によつて禁止されていないときに限り、特定の行為の代理を他人に委任することができる。

（社員の常駐）

第四十八条の十二　税理士法人の事務所には、その事務所の所在地を含む区域に設立されている税理士会の会員である社員を常駐させなければならない。

（定款の変更）

第四十八条の十三　税理士法人は、定款に別段の定めがある場合を除き、総社員の同意によつて、定款の変更をすることができる。

2　税理士法人は、定款を変更したときは、変更の日から二週間以内に、変更に係る事項を、本店所在地の税理士会を経由して、日本税理士会連合会に届け出なければならない。

（社員の競業の禁止）

第四十八条の十四　税理士法人の社員は、自己若しくは第三者のためにその税理士法人の業務の範囲に属する業務を行い、又は他の税理士法人の社員となつてはならない。

2　税理士法人の社員が前項の規定に違反して自己又は第三者のためにその税理士法人の業務の範囲に属する業務を行つたときは、当該業務によつて当該社員又は第三者が得た利益の額は、税理士法人に生じた損害の額と推定する。

（業務の執行方法）

第四十八条の十五　税理士法人は、税理士でない者に税理士業務を行わせてはならない。

（税理士の権利及び義務等に関する規定の準用）

第四十八条の十六　第一条、第二条の三、第三十条、第三十一条、第三十四条から第三十七条の二まで、第三十九条及び第四十一条から第四十一条の三までの規定は、税理士法人について準用する。

（法定脱退）

第四十八条の十七　税理士法人の社員は、次に掲げる理由によつて脱退する。

一　税理士の登録の抹消

二　定款に定める理由の発生

三　総社員の同意
四　第四十三条の規定に該当することとなつたこと。
五　第四十五条又は第四十六条の規定による税理士業務の停止の処分を受けたこと。
六　除名

（解散）
第四十八条の十八　税理士法人は、次に掲げる理由によつて解散する。
一　定款に定める理由の発生
二　総社員の同意
三　他の税理士法人との合併
四　破産手続開始の決定
五　解散を命ずる裁判
六　第四十八条の二十第一項の規定による解散の命令
2　税理士法人は、前項の規定による場合のほか、社員が一人になり、そのなつた日から引き続き六月間その社員が二人以上にならなかつた場合においても、その六月を経過した時に解散する。
3　税理士法人は、第一項第三号の事由以外の事由により解散したときは、解散の日から二週間以内に、その旨を、本店所在地の税理士会を経由して、日本税理士会連合会に届け出なければならない。

（裁判所による監督）
第四十八条の十八の二　税理士法人の解散及び清算は、裁判所の監督に属する。
2　裁判所は、職権で、いつでも前項の監督に必要な検査をすることができる。
3　税理士法人の解散及び清算を監督する裁判所は、財務大臣に対し、意見を求め、又は調査を嘱託することができる。
4　財務大臣は、前項に規定する裁判所に対し、意見を述べることができる。

（清算結了の届出）
第四十八条の十八の三　清算が結了したときは、清算人は、その旨を日本税理士会連合会に届け出なければならない。

（解散及び清算の監督に関する事件の管轄）
第四十八条の十八の四　税理士法人の解散及び清算の監督に関する事件は、その主たる事務所の所在地を管轄する地方裁判所の管轄に属する。

（検査役の選任）
第四十八条の十八の五　裁判所は、税理士法人の解散及び清算の監督に必要な調査をさせるため、検査役を選任することができる。
2　前項の検査役の選任の裁判に対しては、不服を申し立てることができない。
3　裁判所は、第一項の検査役を選任した場合には、税理士法人が当該検査役に対して支払う報酬の額を定めることができる。この場合においては、裁判所は、当該税理士法人及び検査役の陳述を聴かなければならない。

（合併）
第四十八条の十九　税理士法人は、総社員の同意があるときは、他の税理士法人と合併することができる。

2　合併は、合併後存続する税理士法人又は合併により設立する税理士法人が、その主たる事務所の所在地において登記をすることによつて、その効力を生ずる。

3　税理士法人は、合併したときは、合併の日から二週間以内に、登記事項証明書（合併により設立する税理士法人にあつては、登記事項証明書及び定款の写し）を添えて、その旨を、本店所在地の税理士会を経由して、日本税理士会連合会に届け出なければならない。

4　合併後存続する税理士法人又は合併により設立する税理士法人は、合併により消滅する税理士法人の権利義務を承継する。

（債権者の異議等）

第四十八条の十九の二　合併をする税理士法人の債権者は、当該税理士法人に対し、合併について異議を述べることができる。

2　合併をする税理士法人は、次に掲げる事項を官報に公告し、かつ、知れている債権者には、各別にこれを催告しなければならない。ただし、第三号の期間は、一月を下ることができない。

一　合併をする旨

二　合併により消滅する税理士法人及び合併後存続する税理士法人又は合併により設立する税理士法人の名称及び主たる事務所の所在地

三　債権者が一定の期間内に異議を述べることができる旨

3　前項の規定にかかわらず、合併をする税理士法人が同項の規定による公告を、官報のほか、第六項において準用する会社法第九百三十九条第一項の規定による定款の定めに従い、同項第二号又は第三号に掲げる方法によりするときは、前項の規定による各別の催告は、することを要しない。

4　債権者が第二項第三号の期間内に異議を述べなかつたときは、当該債権者は、当該合併について承認をしたものとみなす。

5　債権者が第二項第三号の期間内に異議を述べたときは、合併をする税理士法人は、当該債権者に対し、弁済し、若しくは相当の担保を提供し、又は当該債権者に弁済を受けさせることを目的として信託会社等（信託会社及び信託業務を営む金融機関（金融機関の信託業務の兼営等に関する法律（昭和十八年法律第四十三号）第一条第一項の認可を受けた金融機関をいう。）をいう。）に相当の財産を信託しなければならない。ただし、当該合併をしても当該債権者を害するおそれがないときは、この限りでない。

6　会社法第九百三十九条第一項（第二号及び第三号に係る部分に限る。）及び第三項、第九百四十条第一項（第三号に係る部分に限る。）及び第三項、第九百四十一条、第九百四十六条、第九百四十七条、第九百五十一条第二項、第九百五十三条並びに第九百五十五条の規定は、税理士法人が第二項の規定による公告をする場合について準用する。この場合において、同法第九百三十九条第一項及び第三項中「公告方法」とあるのは「合併の公告の方法」と、同法第九百四十六条第三項中「商号」とあるのは「名称」と読み替えるものとする。

（合併の無効の訴え）

第四十八条の十九の三　会社法第八百二十八条第一項（第七号及び第八号に係る部分に限る。）及び第二項（第七号及び第八号に係る部分に限る。）、第八百三十四条（第七号及び第八号に係る部分に限る。）、第八百三十五条第一項、第八百三十六条第二項及び第三項、第八百三十七条から第八百三十九条まで、第八百四十三条（第一項第三号及び第四号並びに第二項ただし書を除く。）並びに第八百四十六条の規定は税理士法人の合併の無効の訴えについて、同法第八百六十八条第六項、第八百七十条第二項（第六号に係る部分に限る。）、第八百七十条の二、第八百七十一条本文、第八百七十二条（第五号に係る部分に限る。）、第八百七十二条の二、第八百七十三条本文、第八百七十五条及び第八百七十六条の規定はこの条において準用する同法第八百四十三条第四項の申立てについて、それぞれ準用する。

（違法行為等についての処分）

第四十八条の二十　財務大臣は、税理士法人がこの法律若しくはこの法律に基づく命令に違反し、又は運営が著しく不当と認められるときは、その税理士法人に対し、戒告し、若しくは二年以内の期間を定めて業務の全部若しくは一部の停止を命じ、又は解散を命ずることができる。

2　第四十七条、第四十七条の三及び第四十七条の四の規定は、前項の処分について準用する。

3　第一項の規定による処分の手続に付された税理士法人は、清算が結了した後においても、この条の規定の適用については、当該手続が結了するまで、なお存続するものとみなす。

4　第一項の規定は、同項の規定により税理士法人を処分する場合において、当該税理士法人の社員等につき第四十五条又は第四十六条に該当する事実があるときは、その社員等である税理士に対し、懲戒処分を併せて行うことを妨げるものと解してはならない。

（一般社団法人及び一般財団法人に関する法律及び会社法の準用等）

第四十八条の二十一　一般社団法人及び一般財団法人に関する法律（平成十八年法律第四十八号）第四条並びに会社法第六百条、第六百十四条から第六百十九条まで、第六百二十一条及び第六百二十二条の規定は税理士法人について、同法第五百八十条第一項、第五百八十一条、第五百八十二条、第五百八十五条第一項及び第四項、第五百八十六条、第五百九十三条、第五百九十五条、第五百九十六条、第五百九十九条、第六百一条、第六百五条、第六百六条、第六百九条第一項及び第二項、第六百十一条（第一項ただし書を除く。）、第六百十二条並びに第六百十三条の規定は税理士法人の社員について、同法第五百八十九条第一項の規定は税理士法人の社員であると誤認させる行為をした者の責任について、同法第八百五十九条から第八百六十二条までの規定は税理士法人の社員の除名並びに業務を執行する権利及び代表権の消滅の訴えについて、それぞれ準用する。この場合において、同法第六百十三条中「商号」とあるのは「名称」と、同法第六百十五条第一項、第六百十七条第一項及び第二項並びに第六百十八条第一項第二号中「法務省令」とあるのは「財務省令」と、同法第六百十七条第三項中「電磁的記録」とあるのは「電磁的記録（税理士法第二条第一項第二号に規定する電磁的記録をいう。次条第一項第二号において同じ。）」と、同法第八百五十九条第二号中「第五百九十四条第一項（第五百九十八条第二項において準用する場合を含む。）」とあるのは「税理士法第四十八条の十四第一項」と読み替えるものとする。

2　会社法第六百四十四条（第三号を除く。）、第六百四十五条から第六百四十九条まで、第六百五十条第一項及び第二項、第六百五十一条第一項及び第二項（同法第五百九十四条の準用に係る部分を除く。）、第六百五十二条、第六百五十三条、第六百五十五条から第六百五十九条まで、第六百六十二条から第六百六十四条まで、第六百六十六条から第六百七十三条まで、第六百七十五条、第八百六十三条、第八百六十四条、第八百六十八条第一項、第八百六十九条、第八百七十条第一項（第一号及び第二号に係る部分に限る。）、第八百七十一条、第八百七十二条（第四号に係る部分に限る。）、第八百七十四条（第一号及び第四号に係る部分に限る。）、第八百七十五条並びに第八百七十六条の規定は、税理士法人の解散及び清算について準用する。この場合において、同法第六百四十四条第一号中「第六百四十一条第五号」とあるのは「税理士法第四十八条の十八第一項第三号」と、同法第六百四十七条第三項中「第六百四十一条第四号又は第七号」とあるのは「税理士法第四十八条の十八第一項第五号若しくは第六号又は第二項」と、同法第六百五十八条第一項及び第六百六十九条中「法務省令」とあるのは「財務省令」と、同法第六百六十八条第一項及び第六百六十九条中「第六百四十一条第一号から第三号まで」とあるのは「税理士法第四十八条の十八第一項第一号又は第二号」と、同法第六百七十条第三項中「第九百三十九条第一項」とあるのは「税理士法第四十八条の十九の二第六項において準用する第九百三十九条第一項」と、同法第六百七十三条第一項中「第五百八十条」とあるのは「税理士法第四十八条の二十一第一項において準用する第五百八十条第一項」と読み替えるものとする。

3　会社法第八百二十四条、第八百二十六条、第八百六十八条第一項、第八百七十条第一項（第十号に係る部分に限る。）、第八百七十一条本文、第八百七十二条（第四号に係る部分に限る。）、第八百七十三条本文、第八百七十五条、第八百七十六条、第九百四条及び第九百三十七条第一項（第三号ロに係る部分に限る。）の規定は税理士法人の解散の命令について、同法第八百二十五条、第八百六十八条第一項、第八百七十条第一項（第一号に係る部分に限る。）、第八百七十一条、第八百七十二条（第一号及び第四号に係る部分に限る。）、第八百七十三条、第八百七十四条（第二号及び第三号に係る部分に限る。）、第八百七十五条、第八百七十六条、第九百五条及び第九百六条の規定はこの項において準用する同法第八百二十四条第一項の申立てがあった場合における税理士法人の財産の保全について、それぞれ準用する。

4　会社法第八百二十八条第一項（第一号に係る部分に限る。）及び第二項（第一号に係る部分に限る。）、第八百三十四条（第一号に係る部分に限る。）、第八百三十五条第一項、第八百三十七条から第八百三十九条まで並びに第八百四十六条の規定は、税理士法人の設立の無効の訴えについて準用する。

5　会社法第八百三十三条第二項、第八百三十四条（第二十一号に係る部分に限る。）、第八百三十五条第一項、第八百三十七条、第八百三十八条、第八百四十六条及び第九百三十七条第一項（第一号リに係る部分に限る。）の規定は、税理士法人の解散の訴えについて準用する。

6　破産法（平成十六年法律第七十五号）第十六条の規定の適用については、税理士法人は、合名会社とみなす。

第六章　税理士会及び日本税理士会連合会

（税理士会）

第四十九条　税理士は、国税局の管轄区域ごとに、一の税理士会を設立しなければならない。

2　税理士会は、会員である税理士の数が財務省令で定める数を超える場合には、財務省令で定めるところにより、国税庁長官に対し、当該税理士会が設立されている区域内において新たに税理士会を設立することができる区域（以下「指定区域」という。）を定めることを請求することができる。

3　国税庁長官は、前項の規定による請求があつたときは、財務省令で定めるところにより、当該請求をした税理士会が設立されている区域内において指定区域を定めることができる。

4　前項の規定により指定区域が定められたときは、当該指定区域内に税理士事務所又は税理士法人の事務所の登録を受けた税理士は、当該指定区域に一の税理士会を設立することができる。

5　前項の規定により新たに税理士会が設立されたときは、その設立の時において、当該請求をした税理士会が設立された指定区域は第二項の規定による請求をした税理士会（以下この項において「前の税理士会」という。）が設立されていた区域から除かれるものとし、当該前の税理士会が設立されていた区域のうち当該指定区域以外の区域は第三項の規定により国税庁長官が定めたものとし、当該前の税理士会は前項の規定により設立されたものとする。

6　税理士会は、税理士及び税理士法人の使命及び職責にかんがみ、税理士及び税理士法人の義務の遵守及び税理士業務の改善進歩に資するため、支部（第四十九条の三第一項に規定する支部をいう。）及び会員に対する指導、連絡及び監督に関する事務を行うことを目的とする。

7　税理士会は、法人とする。

8　税理士会は、その名称中に税理士会という文字を用いなければならない。

（税理士会の会則）

第四十九条の二　税理士は、税理士会を設立しようとするときは、会則を定め、その会則について財務大臣の認可を受けなければならない。

2　税理士会の会則には、次の事項を記載しなければならない。

一　名称及び事務所の所在地

二　入会及び退会に関する規定
三　役員に関する規定
四　会議に関する規定
五　税理士の品位保持に関する規定
六　会員の研修に関する規定
七　会員の業務に関する紛議の調停に関する規定
八　第二条の業務において電磁的方法により行う事務に関する規定
九　税理士業務に係る使用人その他の従業者に対する監督に関する規定
十　委嘱者の経済的理由により無償又は著しく低い報酬で行う税理士業務に関する規定
十一　租税に関する教育その他知識の普及及び啓発のための活動に関する規定
十二　会費に関する規定
十三　庶務及び会計に関する規定

3　税理士会の会則の変更（政令で定める重要な事項に係るものに限る。）は、財務大臣の認可を受けなければ、その効力を生じない。

（税理士会の支部）
第四十九条の三　税理士会は、一の税務署の管轄区域ごとに支部を設けなければならない。ただし、国税局長の承認を受けたときは、隣接する二以上の税務署の管轄区域を地区として支部を設けることができる。

2　支部は、税理士会の目的の達成に資するため、支部に所属する会員に対する指導、連絡及び監督を行う。

（成立の時期）
第四十九条の四　税理士会は、その主たる事務所の所在地において設立の登記をすることによつて成立する。

（登記）
第四十九条の五　税理士会は、政令で定めるところにより、登記をしなければならない。

2　前項の規定により登記しなければならない事項は、登記の後でなければ、これをもつて第三者に対抗することができない。

（入会及び退会等）
第四十九条の六　税理士は、登録を受けた時に、当然、その登録を受けた税理士事務所又は税理士法人の事務所の所在地を含む区域に設立されている税理士会の会員となる。

2　税理士は、登録を受けた税理士事務所又は税理士法人の事務所を所属税理士会以外の税理士会が設立されている区域に所在地のある税理士事務所又は税理士法人の事務所に変更する旨の申請をしたときは、その変更の登録の申請をした時に、当然、従前の所属税理士会を退会し、変更後の税理士事務所又は税理士法人の事務所の所在地を含む区域に設立されている税理士会の会員となる。

3　税理士法人は、その成立の時に、当然、税理士法人の主たる事務所の所在地を含む区域に設立されている税理士会の会員となる。

4　税理士法人は、主たる事務所以外に事務所を設け、又は税理士法人の各事務所を各所属税理士会以外の税理士会が設立されている区域に移転したときは、税理士法人の事務所の新所在地においてその旨を登記した時に、当然、当該事務所の所在地を含む区域に設立されている税理士会の会員となる。

5　税理士法人は、その事務所の移転又は廃止により、所属税理士会の区域内に税理士法人の事務所を有しないこととなつたときは、旧所在地においてその旨を登記した時に、当然、当該税理士会を退会する。

6　税理士及び税理士法人は、所属税理士会が設立されている区域の変更（第四十九条第五項の規定による区域の変更を含む。）があり、税理士事務所又は税理士法人の事務所の所在地が所属税理士会以外の税理士会が設立されている区域に含まれることとなつたときは、その区域の変更があつた時に、当然、従前の所属税理士会を退会し、その区域の変更後の税理士事務所又は税理士法人の事務所の所在地を含む区域に設立されている税理士会の会員となる。

7　税理士は、第二十六条第一項各号のいずれかに該当することとなつたときは、その該当することとなつた時に、当然、所属税理士会を退会する。

8　税理士法人は、解散した時に、当然、所属税理士会を退会する。

9　税理士及び税理士法人は、税理士事務所又は税理士法人の事務所の所在地を含む区域に設けられている税理士会の支部に所属するものとする。

（役員）

第四十九条の七　税理士会に、会長、副会長その他会則で定める役員を置く。

2　会長は、税理士会を代表し、その会務を総理する。

3　副会長は、会長の定めるところにより、会長を補佐し、会長に事故があるときはその職務を代理し、会長が欠員のときはその職務を行う。

4　役員は、会則又は総会の決議によつて禁止されていないときに限り、特定の行為の代理を他人に委任することができる。

（総会）

第四十九条の八　税理士会は、毎年定期総会を開かなければならない。

2　税理士会は、必要と認める場合には、臨時総会を開くことができる。

3　税理士会の会則の変更、予算及び決算は、総会の決議を経なければならない。

（総会の決議等の報告）

第四十九条の九　税理士会は、総会の決議並びに役員の就任及び退任を財務大臣に報告しなければならない。

（紛議の調停）

第四十九条の十　税理士会は、会員の業務に関する紛議について、会員又は当事者その他関係人の請求により調停をすることができる。

（建議等）

第四十九条の十一　税理士会は、税務行政その他租税又は税理士に関する制度について、権限のある官公署に建議し、又はその諮問に答申することができる。

（合併及び解散）

第四十九条の十二　国税局の管轄区域が変更されたためその区域内にある税理士会が合併又は解散する必要があるときは、その税理士会は、総会の決議により合併又は解散する。

2　合併後存続する税理士会又は合併により設立する税理士会は、合併により消滅する税理士会の権利義務を承継する。

3　第四十八条の十九の二の規定は、税理士会が合併をする場合について準用する。

4　税理士会が合併したときは、合併により解散した税理士会に所属した税理士は、当然、合併後存続し又は合併により設立された税理士会の会員となる。

（清算中の税理士会の能力）

第四十九条の十二の二　解散した税理士会は、清算の目的の範囲内において、その清算の結了に至るまではなお存続するものとみなす。

（清算人）

第四十九条の十二の三　税理士会が解散したときは、破産手続開始の決定による解散の場合を除き、会長及び副会長がその清算人となる。ただし、会則に別段の定めがあるとき、又は総会において会長及び副会長以外の者を選任したときは、この限りでない。

2　次に掲げる者は、清算人となることができない。

一　死刑又は無期若しくは六年以上の拘禁刑に処せられ、復権を得ない者

二　六年未満の拘禁刑に処せられ、その執行を終わるまで又はその執行を受けることがなくなるまでの者

（裁判所による清算人の選任）

第四十九条の十二の四　前条第一項の規定により清算人となる者がないとき、又は清算人が欠けたため損害を生ずるおそれがあるときは、裁判所は、利害関係人若しくは検察官の請求により又は職権で、清算人を選任することができる。

（清算人の解任）

第四十九条の十二の五　重要な事由があるときは、裁判所は、利害関係人若しくは検察官の請求により又は職権で、清算人を解任することができる。

（清算人の職務及び権限）

第四十九条の十二の六　清算人の職務は、次のとおりとする。

一　現務の結了

二　債権の取立て及び債務の弁済

三　残余財産の引渡し

2　清算人は、前項各号に掲げる職務を行うために必要な一切の行為をすることができる。

（債権の申出の催告等）

第四十九条の十二の七　清算人は、その就職の日から二月以内に、少なくとも三回の公告をもつて、債権者に対し、一定の期間内

にその債権の申出をすべき旨の催告をしなければならない。この場合において、その期間は、二月を下ることができない。

2 前項の公告には、債権者がその期間内に申出をしないときは清算から除斥されるべき旨を付記しなければならない。ただし、清算人は、知れている債権者を除斥することができない。

3 清算人は、知れている債権者には、各別にその申出の催告をしなければならない。

4 第一項の公告は、官報に掲載してする。

（期間経過後の債権の申出）

第四十九条の十二の八 前条第一項の期間の経過後に申出をした債権者は、税理士会の債務が完済された後まだ権利の帰属すべき者に引き渡されていない財産に対してのみ、請求をすることができる。

（裁判所による監督）

第四十九条の十二の九 税理士会の解散及び清算は、裁判所の監督に属する。

2 裁判所は、職権で、いつでも前項の監督に必要な検査をすることができる。

（日本税理士会連合会）

第四十九条の十三 全国の税理士会は、日本税理士会連合会を設立しなければならない。

2 日本税理士会連合会は、税理士及び税理士法人の使命及び職責にかんがみ、税理士及び税理士法人の義務の遵守及び税理士業務の改善進歩に資するため、税理士会及びその会員に対する指導、連絡及び監督に関する事務を行い、並びに税理士の登録に関する事務を行うことを目的とする。

3 日本税理士会連合会は、法人とする。

4 税理士会は、当然、日本税理士会連合会の会員となる。

（日本税理士会連合会の会則）

第四十九条の十四 日本税理士会連合会の会則には、次の事項を記載しなければならない。

一 第四十九条の二第二項第一号、第三号から第五号まで、第八号及び第十一号から第十三号までに掲げる事項

二 税理士の登録に関する規定

三 第四十九条の十六に規定する資格審査会に関する規定

四 第四十一条第一項の帳簿及びその記載に関する規定

五 税理士会の会員の研修に関する規定

六 第四十九条の二第二項第十号に規定する税理士業務の実施の基準に関する規定

2 日本税理士会連合会の会則の変更（前項第二号に掲げる事項その他政令で定める重要な事項に係るものに限る。）は、財務大臣の認可を受けなければ、その効力を生じない。

（税理士会に関する規定の準用）

第四十九条の十五 第四十九条の二第一項、第四十九条の四、第四十九条の五、第四十九条の七から第四十九条の九まで及び第四十九条の十一の規定は、日本税理士会連合会について準用する。

（資格審査会）

第四十九条の十六 日本税理士会連合会に、資格審査会を置く。

２　資格審査会は、日本税理士会連合会の請求により、第二十二条第一項の規定による登録若しくは登録の拒否又は第二十五条第一項の規定による登録の取消しについて審議を行うものとする。
３　資格審査会は、会長及び委員四人をもつて組織する。
４　会長は、日本税理士会連合会の会長をもつてこれに充てる。
５　委員は、会長が、財務大臣の承認を受けて、税理士、国税又は地方税の行政事務に従事する職員及び学識経験者のうちから委嘱する。
６　委員の任期は、二年とする。ただし、欠員が生じた場合の補欠の委員の任期は、前任者の残任期間とする。
７　前各項に規定するもののほか、資格審査会の組織及び運営に関し必要な事項は、政令で定める。

（総会の決議の取消し）

第四十九条の十七　財務大臣は、税理士会又は日本税理士会連合会の総会の決議が法令又はその税理士会若しくは日本税理士会連合会の会則に違反し、その他公益を害するときは、その決議を取り消すべきことを命ずることができる。

（貸借対照表等）

第四十九条の十八　日本税理士会連合会は、毎事業年度、第四十九条の十五の規定において準用する第四十九条の八第三項に規定する総会の決議を経た後、遅滞なく、貸借対照表及び収支計算書を官報に公告し、かつ、財産目録、貸借対照表、収支計算書及び附属明細書並びに会則で定める事業報告書及び監事の意見書を、事務所に備えて置き、財務省令で定める期間、一般の閲覧に供しなければならない。

（一般的監督）

第四十九条の十九　財務大臣は、税理士会又は日本税理士会連合会の適正な運営を確保するため必要があるときは、これらの団体から報告を徴し、その行う業務について勧告し、又は当該職員をしてこれらの団体の業務の状況若しくは帳簿書類その他の物件を検査させることができる。
２　前項の規定による報告の徴取又は検査の権限は、犯罪捜査のために認められたものと解してはならない。

（一般社団法人及び一般財団法人に関する法律の準用）

第四十九条の二十　一般社団法人及び一般財団法人に関する法律第四条及び第七十八条の規定は、税理士会及び日本税理士会連合会について準用する。

（政令への委任）

第四十九条の二十一　この法律に定めるもののほか、税理士会及び日本税理士会連合会の設立、運営、合併、解散及び清算に関し必要な事項は、政令で定める。

第七章　雑則

（臨時の税務書類の作成等）

第五十条　国税局長（地方税については、地方公共団体の長）は、租税の申告時期において、又はその管轄区域内に災害があつた場合その他特別の必要がある場合においては、申告者等の便宜を図るため、税理士又は税理士法人以外の者に対し、その申請により、二月以内の期間を限り、かつ、租税を指定して、無報酬で申告書等の作成及びこれに関連する課税標準等の計算に関する事項について相談に応ずることを許可することができる。ただし、その許可を受けることができる者は、地方公共団体の職員及び公益社団法人又は公益財団法人その他政令で定める法人その他の団体の役員又は職員に限るものとする。

2 第三十三条第二項及び第四項、第三十六条並びに第三十八条の規定は、前項の規定による許可を受けた者に準用する。

（税理士業務を行う弁護士等）

第五十一条 弁護士は、所属弁護士会を経て、国税局長に通知することにより、その国税局の管轄区域内において、随時、税理士業務を行うことができる。

2 前項の規定により税理士業務を行う弁護士は、税理士業務を行う範囲において、第一条、第三十条、第三十一条、第三十三条から第三十八条まで、第四十一条から第四十一条の三まで、第四十三条前段、第四十四条から第四十六条まで（これらの規定中税理士業務の禁止の処分に関する部分を除く。）、第四十七条、第四十七条の三、第四十七条の四及び第五十四条から第五十六条までの規定の適用については、税理士とみなす。この場合において、第三十三条第三項及び第三十三条の二第三項中「税理士である旨その他財務省令で定める事項」とあるのは、「第五十一条第一項の規定による通知をした弁護士である旨及び同条第三項の規定による通知をした弁護士法人又は弁護士・外国法事務弁護士共同法人の業務として同項の業務を行う場合にはこれらの法人の名称」とする。

3 弁護士法人又は弁護士・外国法事務弁護士共同法人（これらの法人の社員（弁護士に限る。）の全員が、第一項の規定により国税局長に通知している法人に限る。）は、所属弁護士会を経て、国税局長に通知することにより、その国税局の管轄区域内において、随時、税理士業務を行うことができる。

4 前項の規定により税理士業務を行う弁護士法人又は弁護士・外国法事務弁護士共同法人は、税理士業務を行う範囲において、第三十三条、第三十三条の二、第四十八条の十六（第二条の三及び第三十九条の規定を準用する部分を除く。）、第四十八条の二十（税理士法人に対する解散の命令に関する部分を除く。）、第四十八条の二十及び第五十四条から第五十六条までの規定の適用については、税理士法人とみなす。

（行政書士等が行う税務書類の作成）

第五十一条の二 行政書士又は行政書士法人は、それぞれ行政書士又は行政書士法人の名称を用いて、他人の求めに応じ、ゴルフ場利用税、自動車税、軽自動車税、事業所税その他政令で定める租税に関し税務書類の作成を業として行うことができる。

（税理士業務の制限）

第五十二条 税理士又は税理士法人でない者は、この法律に別段の定めがある場合を除くほか、税理士業務を行つてはならない。

（名称の使用制限）

第五十三条 税理士でない者は、税理士若しくは税理士事務所又はこれらに類似する名称を用いてはならない。

2　税理士法人でない者は、税理士法人又はこれに類似する名称を用いてはならない。

3　税理士会及び日本税理士会連合会でない団体は、税理士会若しくは日本税理士会連合会又はこれらに類似する名称を用いてはならない。

4　前三項の規定は、税理士又は税理士法人でない者並びに税理士会及び日本税理士会連合会でない団体が他の法律の規定により認められた名称を用いることを妨げるものと解してはならない。

（税理士の使用人等の秘密を守る義務）

第五十四条　税理士又は税理士法人の使用人その他の従業者は、正当な理由がなくて、税理士業務に関して知り得た秘密を他に漏らし、又は盗用してはならない。税理士又は税理士法人の使用人その他の従業者でなくなつた後においても、また同様とする。

（税理士等でない者が税務相談を行つた場合の命令等）

第五十四条の二　財務大臣は、税理士又は税理士法人でない者（以下この項において「税理士等でない者」という。）が税務相談を行つた場合（税理士等でない者がこの法律の別段の定めにより税務相談を行つた場合を除く。）において、更に反復してその税務相談が行われることにより、不正に国税若しくは地方税の賦課若しくは徴収を免れさせ、又は不正に国税若しくは地方税の還付を受けさせることによる納税義務の適正な実現に重大な影響を及ぼすことを防止するため緊急に措置をとる必要があると認めるときは、当該税理士等でない者に対し、その税務相談の停止その他当該停止が実効的に行われることを確保するために必要な措置を講ずることを命ずることができる。

2　第四十七条の四の規定は、前項の規定による命令について準用する。

（監督上の措置）

第五十五条　国税庁長官は、税理士業務の適正な運営を確保するため必要があるときは、税理士又は税理士法人から報告を徴し、又は当該職員をして税理士又は税理士法人に質問し、若しくはその業務に関する帳簿書類を検査させることができる。

2　国税庁長官は、第四十八条第一項の規定による決定のため必要があるときは、税理士であつた者から報告を徴し、又は当該職員をして税理士であつた者に質問し、若しくはその業務に関する帳簿書類を検査させることができる。

3　国税庁長官は、前条第一項の規定による命令をすべきか否かを調査する必要があると認めるときは、同項の税務相談を行つた者から報告を徴し、又は当該職員をしてその者に質問し、若しくはその業務に関する帳簿書類を検査させることができる。

4　前三項の規定による報告の徴取、質問又は検査の権限は、犯罪捜査のために認められたものと解してはならない。

（関係人等への協力要請）

第五十六条　国税庁長官は、この法律の規定に違反する行為又は事実があると思料するときその他税理士業務の適正な運営を確保するため必要があるときは、関係人又は官公署に対し、当該職員をして、必要な帳簿書類その他の物件の閲覧又は提供その他の協力を求めさせることができる。

（事務の委任）

第五十七条　国税庁長官は、第五十五条第一項から第三項まで又は前条の規定によりその権限に属せしめられた事務を国税局長又は税務署長に取り扱わせることができる。

2　国税庁長官は、前項の規定により事務を国税局長又は税務署長に取り扱わせることとしたときは、その旨を告示しなければならない。

第八章　罰則

第五十八条　第三十六条（第四十八条の十六又は第五十条第二項において準用する場合を含む。）の規定に違反したときは、その違反行為をした者は、三年以下の拘禁刑又は二百万円以下の罰金に処する。

第五十九条　次の各号のいずれかに該当する場合には、その違反行為をした者は、二年以下の拘禁刑又は百万円以下の罰金に処する。

一　税理士となる資格を有しない者が、日本税理士会連合会に対し、その資格につき虚偽の申請をして税理士名簿に登録させたとき。

二　第三十七条の二（第四十八条の十六において準用する場合を含む。）の規定に違反したとき。

三　第三十八条（第五十条第二項において準用する場合を含む。）又は第五十四条の規定に違反したとき。

四　第五十二条の規定に違反したとき。

2　前項第三号の罪は、告訴がなければ公訴を提起することができない。

第六十条　次の各号のいずれかに該当する場合には、その違反行為をした者は、一年以下の拘禁刑又は百万円以下の罰金に処する。

一　第四十二条の規定に違反したとき。

二　第四十三条の規定に違反したとき。

三　第四十五条若しくは第四十六条又は第四十八条の二十第一項の規定による税理士業務の停止の処分を受けた場合において、その処分に違反して税理士業務を行つたとき。

四　第五十四条の二第一項の規定による命令に違反したとき。

第六十一条　次の各号のいずれかに該当する場合には、その違反行為をした者は、百万円以下の罰金に処する。

一　第五十三条第一項の規定に違反したとき。

二　第五十三条第二項の規定に違反したとき。

三　第五十三条第三項の規定に違反したとき。

第六十二条　次の各号のいずれかに該当する場合には、その違反行為をした者は、三十万円以下の罰金に処する。

一　第四十八条の十九の二第六項（第四十九条の十二第三項において準用する場合を含む。）において準用する会社法第九百五十五条第一項の規定に違反して、同項に規定する調査記録簿等に同項に規定する電子公告調査に関し法務省令で定めるものを記載せず、若しくは記録せず、若しくは虚偽の記載若しくは記録をし、又は当該調査記録簿等を保存しなかつたとき。

二　第四十九条の十九第一項又は第五十五条第一項から第三項まで第二項の規定による報告、質問又は検査について、報告をせず、若しくは虚偽の報告をし、質問に答弁せず、若しくは虚偽の答弁をし、又は検査を拒み、妨げ、若しくは忌避したとき。

第六十三条　法人の代表者又は法人若しくは人の代理人、使用人その他の従業者が、その法人又は人の業務に関し、第五十八条、第五十九条第一項第二号（第四十八条の十六において準用する第三十七条の二に係る部分に限る。）若しくは第四号、第六十条第三号（第四十八条の二十第一項に係る部分に限る。）若しくは第四号、第六十一条又は前条第一号若しくは第二号（第四十九条の十九第一項並びに第五十五条第一項（税理士法人に係る部分に限る。）及び第三項に係る部分に限る。）の違反行為をしたときは、その行為者を罰するほか、その法人又は人に対し、各本条の罰金刑を科する。

第六十四条　次の各号のいずれかに該当する者は、百万円以下の過料に処する。

一　第四十八条の十九の二第六項（第四十九条の十二第三項において準用する場合を含む。次号において同じ。）において準用する会社法第九百四十六条第三項の規定に違反して、報告をせず、又は虚偽の報告をした者

二　正当な理由がないのに、第四十八条の十九の二第六項において準用する会社法第九百五十一条第二項各号又は第九百五十五条第二項各号に掲げる請求を拒んだ者

第六十五条　次の各号のいずれかに該当する場合には、税理士法人の社員若しくは清算人又は税理士会若しくは日本税理士会連合会の役員は、三十万円以下の過料に処する。

一　この法律に基づく政令の規定に違反して登記をすることを怠つたとき。

二　第四十八条の十九の二第二項又は第五項の規定に違反して合併をしたとき。

三　第四十八条の十九の二第六項（第四十九条の十二第三項において準用する場合を含む。）において準用する会社法第九百四十一条の規定に違反して同条の調査を求めなかつたとき。

四　定款又は第四十八条の二十一第一項において準用する会社法第六百十五条第一項の会計帳簿若しくは第四十八条の二十一第一項において準用する同法第六百十七条第一項若しくは第二項の貸借対照表に記載し、若しくは記録すべき事項を記載せず、若しくは記録せず、又は虚偽の記載若しくは記録をしたとき。

五　第四十八条の二十一第二項において準用する会社法第六百五十六条第一項の規定に違反して破産手続開始の申立てを怠つたとき。

六　第四十八条の二十一第二項において準用する会社法第六百六十四条の規定に違反して財産を分配したとき。

七　第四十八条の二十一第二項において準用する会社法第六百七十条第二項又は第五項の規定に違反して財産を処分したとき。

事項索引

<こ>

<さ>

<し>

■著者紹介

増田英敏（ますだ　ひでとし）

1956年茨城県に生まれる。
現在、専修大学法学部教授、法学博士（慶應義塾大学）、弁護士、地方裁判所民事調停委員、租税法学会理事、租税法務学会理事長、日本税法学会常務理事、（公財）租税資料館代表理事。

主要著作
『納税者の権利保護の法理』（成文堂、1997年）
『租税憲法学（第3版）』（成文堂、2006年）
『リーガルマインド租税法（第4版）』（成文堂、2013年）
『基本原理から読み解く　租税法入門』（成文堂、2014年）編著
『租税行政と納税者の救済』（中央経済社、1997年）共編著
その他論文多数。

税理士のための租税法講座　紛争予防税法学

2015年 6月12日　第1版第1刷
2017年 7月18日　第1版第2刷
2022年10月31日　第1版第3刷
2025年 7月28日　第1版第4刷

定価3,520円（本体3,200円＋税10％）

著　者　増　田　英　敏
発行所　株式会社TKC出版
〒162-0825 東京都新宿区神楽坂2-17
中央ビル2階　TEL03(3268)0561
印刷・製本　株式会社TLP
装　丁　株式会社ぺぺ工房

ISBN 978-4-905467-25-0 C2032